Ensaios céticos

Livros do autor na Coleção **L&PM** POCKET:

Ensaios céticos
No que acredito (**L&PM** POCKET PLUS)
Por que não sou cristão

Bertrand Russell

Ensaios céticos

Tradução de MARISA MOTTA

Prefácio de JOHN GRAY

www.lpm.com.br

L&PM POCKET

Coleção **L&PM** POCKET, vol. 657

Título original: *Sceptical Essays*

Primeira edição na Coleção **L&PM** POCKET: março de 2008
Esta reimpressão: fevereiro de 2014

Tradução: Marisa Motta
Capa: Ivan Pinheiro Machado
Foto da capa: Bertrand Russell por Philippe Halsman © Magnum Photos
Revisão: Rosélis Pereira e Lia Cremonese

CIP-Brasil. Catalogação-na-Fonte
Sindicato Nacional dos Editores de Livros, RJ.

R925e	Russell, Bertrand, 1872-1970 　　Ensaios céticos / Bertrand Russell ; tradução de Marisa Motta; com um novo prefácio de John Gray. – Porto Alegre, RS: L&PM Editores, 2014. 　　240p. (Coleção L&PM Pocket; 657) 　　Tradução de: *Sceptical Essays* 　　ISBN 978-85-254-1722-0 　　1. Ceticismo. I. Título. II. Série.
07-4331.	CDD: 149.73 CDU: 165.72

© 1996 The Bertrand Russell Peace Foundation Ltd
Prefácio © 2004 John Gray – Preface to Routledge Classic edition
All rights reserved. Tradução da edição em língua inglesa publicada por Routledge, a member of The Taylor & Francis Group.

Todos os direitos desta edição reservados a L&PM Editores
Rua Comendador Coruja 314, loja 9 – Floresta – 90220-180
Porto Alegre – RS – Brasil / Fone: 51.3225.5777 – Fax: 51.3221-5380

Pedidos & Depto. Comercial: vendas@lpm.com.br
Fale conosco: info@lpm.com.br
www.lpm.com.br

Impresso no Brasil
Verão de 2014

Aimer et penser: c'est la veritable vie des esprits.*

VOLTAIRE

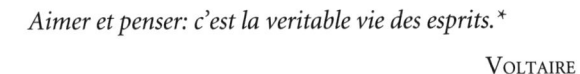

* Amar e pensar: eis a verdadeira vida das almas. (N.E.)

Sumário

Prefácio / 9

1. Introdução: o valor do ceticismo / 15
2. Sonhos e fatos / 28
3. A ciência é supersticiosa? / 37
4. Pode o homem ser racional? / 46
5. A filosofia no século XX / 54
6. As máquinas e as emoções / 77
7. Behaviorismo e valores / 85
8. Ideais de felicidade oriental e ocidental / 94
9. O mal que os homens bons fazem / 103
10. O recrudescimento do puritanismo / 114
11. A necessidade do ceticismo político / 121
12. Livre-pensamento e propaganda oficial / 137
13. Liberdade na sociedade / 157
14. Liberdade *versus* autoridade na educação / 170
15. Psicologia e política / 186
16. O perigo das guerras doutrinárias / 197
17. Algumas perspectivas: alegria e outros / 213

Índice remissivo / 229

Prefácio

John Gray*

Bertrand Russell sempre se considerou um cético. Ao mesmo tempo, nunca duvidou que a vida humana pudesse ser transformada com o uso da razão. Os dois pontos de vista não coexistem com facilidade. Entre os antigos gregos, o ceticismo foi um caminho para a tranqüilidade interna, não um programa de mudança social. No início da era moderna, Montaigne ressuscitou o ceticismo para justificar seu afastamento da vida pública. Para Russell esse distanciamento era impensável. Descendente de uma nobre família *Whig*** – seu avô, o lorde John Russell, introduziu o Grande Ato da Reforma que colocou a Inglaterra no caminho da democracia, em 1832 –, também era neto de John Stuart Mill. A reforma estava em seu sangue. Então, era natural que tentasse mostrar – para si e para os outros – que o ceticismo e a crença na possibilidade de progresso não precisavam estar em desacordo. O resultado é este volume, uma coletânea de alguns dos mais bonitos e interessantes ensaios escritos da língua inglesa, nos quais tenta mostrar que a dúvida cética pode mudar o mundo.

Em *Ensaios céticos*, Russell argumenta que devemos estar preparados para reconhecer a incerteza de nossas crenças. Quando especialistas em determinado campo não

---

* Escritor e filósofo, autor de *Al-Qaeda e o que significa ser moderno*, *Falso amanhecer e os equívocos do capitalismo global*, *Isaiah Berlin*, entre outros. (N.E.)

** Facção política que originou o Partido Liberal. (N.E.)

concordam, nos diz ele, a opinião contrária não está certa; quando não estão de acordo, nenhuma opinião está certa; e quando dizem que as bases são insuficientes para qualquer opinião assertiva, é melhor suspender o julgamento. Essas máximas são excelentes, porém o hábito da reserva intelectual que elas personificam está longe da paixão demonstrada por Russell no seu papel de reformador. Um cético em sua teoria do conhecimento, ele tinha uma abordagem ingênua e crédula das questões humanas. Quando seus instintos reformistas surgiram, ele abraçou as esperanças políticas convencionais e os esquemas de sua época com fervor missionário rigoroso.

Isso está bem ilustrado em suas correspondências com Joseph Conrad – ao contrário de Russell, um verdadeiro cético. Em 1922, Bertrand Russell enviou a Conrad uma cópia de seu livro, *The Problem of China* (*O problema da China*). Como muitos outros países, a China entrou no caos após a Primeira Guerra Mundial. Com a emergência do desastre, Russell advertiu, havia apenas uma única esperança para a China – e para o resto do mundo. A solução dos problemas da humanidade estava no socialismo internacional. Conrad recusou-se a aceitar. O socialismo internacional, como escreveu para Russell, é "o tipo de doutrina à qual não posso acrescentar qualquer espécie de significado definido". Prosseguiu:

> Afinal é um sistema, nem muito recôndito nem muito persuasivo(...) O único remédio para os chineses, e o restante, é a mudança no coração; mas, se examinarmos a história dos últimos mil anos, não há muitas razões para esperar por isso, mesmo que o homem tenha aprendido a voar – uma grande melhora, sem dúvida, mas sem grandes mudanças. Ele não voa como uma águia; mas como um besouro. E você deve ter observado quão feio, ridículo e tolo é o vôo de um besouro.

Russell amava Conrad. E descreveu seu primeiro encontro como "uma experiência sem precedentes(...) tão intensa quanto o amor apaixonado, e ao mesmo tempo completa". Sua admiração por Conrad era profunda e duradoura; o nome que deu a seu filho – o nobre historiador e liberal democrata Conrad Russell – foi em sua homenagem. Em sua *Autobiografia*, Russell escreveu que os comentários de Conrad "mostraram uma sabedoria mais profunda do que demonstrei em minhas esperanças, um tanto artificiais, de uma saída mais feliz para a China". Porém, não conseguia aceitar o ceticismo de Conrad em relação às possibilidades do progresso.

A tensão na perspectiva de Russell se aprofunda. Ao contrário de muitos racionalistas, nem sempre via a ciência com reverência e sem críticas. Como cético da tradição de David Hume, ele sabia que a ciência dependia da indução – de acreditar que, como o mundo é regulado por causa e efeito, o futuro será como o passado. Como escreve no encantador ensaio "A ciência é supersticiosa?": "Os grandes escândalos na filosofia da ciência desde a época de Hume têm sido causalidade e indução. Todos nós acreditamos em ambos, mas Hume deixou transparecer que nossa crença é uma fé cega para a qual não se pode atribuir qualquer fundamento racional." Para Russell, como para Hume, acreditar em causa e efeito é um acréscimo de costume e hábito animais, porém sem os quais não há por que tentar formular teorias científicas. O questionamento científico depende da crença na causalidade, que não pode sobreviver à análise racional. Em resumo, a ciência depende da fé.

A visão de Russell da ciência estava cercada por um conflito não resolvido. Em seu papel de reformista racional, via a ciência como a principal esperança da humanidade. A ciência era a encarnação da racionalidade na prática, e a propagação do ponto de vista científico tornaria a humanidade mais razoável. Como filósofo cético, Russell sabia que a ciência não poderia tornar a humanidade mais racional, pois a própria ciência é produto de crenças irracionais.

De acordo com essa premissa, Russell deve ter visto a ciência em termos estritamente instrumentais e pragmáticos, como uma ferramenta pela qual os seres humanos exerceriam o poder sobre o mundo. Se não a via dessa maneira, era em parte porque sabia que muitos dos fins para os quais a ciência era utilizada eram provavelmente danosos. Grande parte desses ensaios foi escrita nos anos 1920, quando a guerra estava sendo fomentada na Europa e na Ásia. Russell sabia que a ciência seria usada para desenvolver novas armas de destruição. Insistia, para se assegurar, que isso não era inevitável; a humanidade poderia escolher usar o poder da ciência com fins benignos. Entretanto, não acreditava, é claro, que a razão pudesse distinguir entre os bons e maus objetivos. Havia sido um cético moral desde quando decidira abandonar a crença de G.E. Moore nas qualidades éticas objetivas, e reitera a convicção de Hume, em diversas partes deste livro, de que os objetivos da vida não podem ser determinados pela razão.

No ensaio-chave, "Pode o homem ser racional?", invoca a psicanálise como um meio de resolver os conflitos humanos. Por estarmos cientes de nossos desejos inconscientes, segundo ele, podemos ver com mais clareza como realmente somos, e desse modo – por intermédio de um processo que ele não explica – passar a viver em maior harmonia uns com os outros. Escreve: "Combinado a um treinamento do ponto de vista científico, esse método poderia, se ensinado de forma mais ampla, capacitar as pessoas a serem infinitamente mais racionais do que são hoje a respeito de todas as suas crenças objetivas, e sobre os possíveis efeitos de qualquer ação proposta". Continua: "E, se os homens não discordassem sobre tais assuntos, muito provavelmente considerariam as discordâncias remanescentes passíveis de ajustes amigáveis".

A confiança de Russell nos efeitos pacificadores da psicanálise é ao mesmo tempo comovente e cômica. Na medida em que é uma ciência, a psicanálise é similar a qualquer outro ramo do conhecimento. Pode ser utilizada com fins benéficos ou prejudiciais. Os tiranos podem valer-se de uma melhor compreensão dos desejos humanos inconscientes para reforçar seu poder, e os fomentadores da guerra, para incitar o conflito. Os nazistas rejeitaram a psicanálise, porém utilizaram um entendimento rudimentar do mecanismo psicanalítico de projeção para atingir os judeus e outras minorias. A ciência da mente pode ser usada para desenvolver uma tecnologia da repressão. Russell sabia disso, mas preferia não insistir nesse aspecto, por ele mostrar, de forma bastante clara, a debilidade de suas esperanças.

Em suas celebradas memórias, *My Early Beliefs*, Maynard Keynes diz que Russell tinha "duas crenças absurdamente incompatíveis: por um lado, acreditava que todos os problemas do mundo originavam-se do modo preponderadamente irracional de os negócios humanos serem conduzidos; e por outro, que a solução era simples, visto que bastaria termos um comportamento racional". Esta é uma observação precisa, mas não creio que chegue ao cerne do que há de errado com o racionalismo de Russell. A dificuldade não está em ele ter superestimado o grau de racionalidade dos seres humanos. Mas sim, segundo ele, na impotência da razão.

Conrad, na carta em que comenta o livro de Russell sobre a China, escreveu: "nunca fui capaz de ler em livro algum, ou ouvir nas palavras de nenhum homem, algo suficientemente convincente para colocar-me, por um momento sequer, contra meu sentimento profundo de fatalidade que governa o mundo habitado pelo homem". A admiração apaixonada de Russell por Conrad pode ter tido várias fontes. Com certeza, uma foi a suspeita de que o fatalismo cético de Conrad era uma contribuição mais verdadeira para a vida humana do que sua própria crença problemática na razão e na ciência. Como um reformador, acreditava que a razão poderia salvar o mundo. Como cético seguidor de Hume, sabia que a razão poderia apenas ser escrava das paixões. *Ensaios céticos* foi escrito em defesa da dúvida racional. Atualmente, é possível lê-lo como profissão de fé, o testamento da cruzada de um racionalista que duvidou do poder da razão.

I

Introdução:
O VALOR DO CETICISMO

Gostaria de propor para apreciação favorável do leitor uma doutrina que pode, temo, parecer bastante paradoxal e subversiva. A doutrina, nesse caso, é a seguinte: não é desejável acreditar em uma proposição quando não existe nenhum fundamento para supô-la verdadeira. Devo, é claro, admitir que se essa opinião se tornasse comum transformaria completamente nossa vida social e nosso sistema político; uma vez que ambos são no momento irrepreensíveis, esse fato poderia exercer pressão contra eles. Estou, também, ciente (o que é mais grave) de que tenderiam a diminuir os ganhos dos futurólogos, corretores de apostas, bispos, entre outros, que vivem das esperanças irracionais daqueles que nada fizeram para merecer sorte aqui ou em outro mundo. Sustento, apesar dessas graves proposições, que é possível elaborar um argumento de meu paradoxo, e tentarei apresentá-lo.

Em primeiro lugar, gostaria de me defender da idéia de ser considerado um extremista. Sou um *Whig*, com amor britânico pelo compromisso e pela moderação. Conta-se uma história sobre Pirro de Élida, fundador do pirronismo, antiga designação do ceticismo. Ele sustentava que nunca sabemos o suficiente para estarmos certos se um curso de uma ação é mais sábio do que outro. Na juventude, em uma tarde, durante um passeio, viu seu professor de filosofia (de quem absorvera seus princípios) com a cabeça presa em um buraco, incapaz de sair. Depois de contemplá-lo por algum tempo, prosseguiu, argumentando que não havia fundamento suficiente para pensar que faria algo de bom ao retirar o velho homem do buraco. Outros, menos céticos, o salvaram, e acusaram Pirro de não ter coração. O professor, no entanto, fiel a seus princípios, louvou-o por sua coerência. Não advogo um ceticismo heróico como esse. Estou preparado para admitir as crenças triviais do senso comum, na prática, se não na teoria. Estou, também, preparado para admitir qualquer resultado bem estabelecido pela ciência não como verdadeiro, com certeza, mas como provável o bastante para proporcionar uma base para a ação racional. Se for anunciada a ocorrência de um eclipse da lua em determinado dia, acho que vale a pena observar se está acontecendo. Pirro pensaria o contrário. Nesse sentido, pode-se dizer que defendo uma posição intermediária.

Existem assuntos sobre os quais há concordância entre os pesquisadores; as datas dos eclipses podem servir de ilustração. Existem outros assuntos sobre os quais os especialistas discordam. Mesmo quando todos os especialistas concordam, também podem estar enganados. Há vinte anos, a visão de Einstein da magnitude da deflexão da luz pela gravitação teria sido rejeitada por todos os especialistas, e ainda assim provou estar certa. Mas a opinião dos especialistas, quando unânime, deve ser aceita pelos leigos como tendo maior probabilidade de estar certa do que a opinião contrária. O ceticismo que advogo corresponde apenas a: (1) quando os especialistas estão de acordo, a opinião contrária não pode ser tida como certa; (2) quando não estão de acordo, nenhuma opinião pode ser considerada correta por um não-especialista; e (3) quando todos afirmam que não existem bases suficientes para a existência de uma opinião positiva, o homem comum faria melhor se suspendesse seu julgamento.

Essas proposições podem parecer moderadas; no entanto, se aceitas, revolucionariam de modo absoluto a vida humana.

As opiniões pelas quais as pessoas estão dispostas a lutar e seguir pertencem todas a uma das três classes que esse ceticismo condena. Quando existem fundamentos racionais para uma opinião, as pessoas contentam-se em apresentá-los e esperar que atuem. Nesses casos, as pessoas não sustentam suas opiniões de forma apaixonada; o fazem com calma, e expõem suas razões com tranquilidade. As opiniões mantidas de forma passional são sempre aquelas para as quais não existem bons fundamentos; na verdade, a paixão é a medida da falta de convicção racional de seu defensor. Opiniões sobre política e religião são quase sempre defendidas de forma apaixonada. Com exceção da China, um homem é considerado uma pobre criatura a menos que possua opiniões fortes sobre tais assuntos; as pessoas detestam os céticos muito mais do que detestam os advogados apaixonados com opiniões hostis às suas próprias. Acredita-se que as reivindicações da vida prática demandem opiniões sobre essas questões, e que, se nos tornássemos mais racionais, a existência social seria impossível. Penso o contrário, e tentarei deixar claro por que tenho essa crença.

Tomemos a questão do desemprego após 1920. Alguns alegavam que era consequência da iniquidade dos sindicatos; outros, que era devido à confusão no continente. Um terceiro partido, embora admitisse que essas causas tinham influência, atribuía grande parte dos problemas à política do Bank of England de tentar aumentar o valor da libra esterlina. Entre estes últimos, sou levado a crer, estava a maioria dos especialistas, mas ninguém mais. Os políticos não acham atraente o ponto de vista que não se preste ao discurso partidário, e os mortais comuns preferem as perspectivas que atribuam má sorte às maquinações de seus inimigos. Como consequência, as pessoas lutam a favor e contra medidas bastante relevantes, enquanto os poucos com opinião racional não são ouvidos porque não contribuem para o estímulo de paixões alheias. A fim de converter pessoas, teria sido necessário persuadir o povo de que o Bank of England é cruel. Para mudar a opinião do Partido Trabalhista, teria sido necessário mostrar que os diretores do Bank of England são hostis aos sindicatos; para converter o bispo de Londres, teria sido necessário mostrar que são "imorais". O próximo passo teria sido demonstrar que suas visões sobre a moeda estão equivocadas.

Vejamos outro exemplo. Diz-se, com freqüência, que o socialismo é contrário à natureza humana, e essa afirmação é negada pelos socialistas com o mesmo calor com que o fazem seus oponentes. O falecido dr. Rivers, cuja morte não foi lamentada o suficiente, discutiu essa questão em uma conferência na University College, publicada no livro intitulado *Psychology and Politics*. Essa é a única discussão que conheço sobre esse tópico que se pode chamar de científica. Apresenta determinados dados antropológicos que mostram que o socialismo não é contrário à natureza humana na Melanésia; mostra, então, que desconhecemos se a natureza humana é a mesma na Melanésia e na Europa; e conclui que a única forma de constatar se o socialismo é contrário à natureza humana européia seria experimentá-lo. É interessante que com base nessa conclusão ele pretendesse se tornar candidato do Partido Trabalhista. Mas, com certeza, não teria acrescentado nada ao ardor e paixão nos quais as controvérsias políticas estão, de modo geral, envolvidas.

Arriscar-me-ei agora em um tópico que as pessoas acham ainda mais difícil de tratar de forma não apaixonada, ou seja: costumes matrimoniais. A maioria da população de cada país está convencida de que todos os hábitos matrimoniais diferentes dos seus são imorais, e que aqueles que combatem esse ponto de vista o fazem apenas para justificar suas próprias vidas desregradas. Na Índia, o novo casamento de viúvas é visto, tradicionalmente, como algo horrível demais para ser pensado. Nos países católicos, o divórcio é considerado como algo bastante vil, mas algumas falhas na fidelidade conjugal são toleradas, ao menos nos homens. Na América, o divórcio é fácil, porém as relações extraconjugais são condenadas com a maior severidade. Os seguidores de Maomé acreditam na poligamia, que achamos degradante. Todas essas diferentes opiniões são mantidas com extrema veemência, e perseguições muito cruéis são infligidas àqueles que as desrespeitam. Contudo, ninguém, em nenhum dos diversos países, tenta mostrar que o costume de seu próprio país contribui mais para a felicidade humana do que o hábito dos outros.

Quando abrimos qualquer tratado científico sobre o assunto, assim como (por exemplo) *History of Human Marriage* (*História do casamento*), de Westermarck, nos deparamos com uma atmosfera extraordinariamente diferente do preconceito popular. Encontramos a existência de toda sorte de costume, muitos dos quais achamos repugnantes para a natureza humana. Acreditamos compreender a poligamia como um costume infligido às mulheres por homens opressores. Mas o que dizer do costume tibetano, segundo o qual cada mulher possui vários maridos? No entanto, os viajantes garantem que a vida familiar no Tibete é tão harmoniosa quanto na Europa. Um pouco dessa leitura deve logo reduzir qualquer pessoa ingênua ao total ceticismo, pois não parece haver dados que possibilitem afirmar que um hábito matrimonial é melhor ou pior do que outro. Quase todos envolvem crueldade e intolerância contra aqueles que ofendem o código local, mas não possuem nada mais em comum. Parece que o pecado é geográfico. A partir desta premissa, há apenas um pequeno passo para a conclusão de que a noção de "pecado" é ilusória, e que a crueldade habitualmente praticada na sua punição é desnecessária. Esta conclusão não é nada bem vinda para muitos, pois a aplicação da crueldade com uma boa consciência é um deleite para os moralistas. Eis por que inventaram o inferno.

O nacionalismo é, sem dúvida, um exemplo extremo de crença fervorosa sobre assuntos duvidosos. Creio que pode ser dito com segurança que qualquer historiador científico, ao escrever agora a história da Primeira Guerra, está prestes a fazer declarações que, se feitas durante a guerra, o teriam exposto à prisão em cada um dos países em luta em ambos os lados. Mais uma vez, com exceção da China, não há um país onde o povo tolere a verdade sobre si mesmo; nos tempos de paz, a verdade é apenas pensada de forma doentia, porém em tempos de guerra é vista como criminosa. Sistemas opostos com crenças violentas são construídos, cuja falsidade é evidente pelo fato de que os que neles acreditam compartilham o mesmo preconceito nacional. Mas acredita-se que aplicar a razão a esses sistemas de crença é tão perverso quanto antes era o emprego da razão a dogmas religiosos. Quando as pessoas são inquiridas sobre o motivo pelo qual nessas questões o ceticismo é considerado maléfico, a única resposta é que os mitos ajudam a vencer guerras, de modo que uma nação racional seria exterminada se não reagisse. A visão de que há algo vergonhoso em salvar a pele de alguém por calúnia indiscriminada contra estrangeiros, tanto quanto eu saiba, não encontrou até agora nenhum suporte entre profissionais moralistas fora da seita *quaker*. Caso se sugira que uma nação racional encontraria meios de se manter longe de todas as guerras, a resposta é em geral uma simples crítica.

Qual seria o efeito da disseminação do ceticismo racional? Os eventos humanos nascem de paixões, que geram sistemas concomitantes de mitos. Os psicanalistas estudaram as manifestações individuais desse processo em lunáticos, confirmados e não confirmados. Um homem que sofreu alguma humilhação inventa uma teoria de que é o rei da Inglaterra, e desenvolve todos os tipos de explicações engenhosas por não ser tratado com o respeito que sua alta posição exige. Nesse caso, seus vizinhos não simpatizam com sua ilusão e então o encarceram. Mas se, em vez de afirmar apenas sua própria grandeza, ele asseverasse a grandeza de sua nação, sua classe ou credo, ele ganharia uma multidão de adeptos, e se tornaria um líder político ou religioso, mesmo se, para o estrangeiro imparcial, suas visões parecessem tão absurdas como as encontradas nos hospícios. Dessa forma, cresce uma insanidade coletiva que segue leis bastante similares às da insanidade individual. Todos sabemos que é perigoso argumentar com o lunático que acredita ser o rei da Inglaterra, mas se ele for isolado, pode ser subjugado. Quando toda uma nação compartilha uma ilusão, sua raiva é do mesmo tipo da de um indivíduo lunático se suas pretensões forem questionadas, mas nada senão a guerra pode forçá-la a se submeter à razão.

Os psicólogos discordam bastante sobre a questão da contribuição dos fatores intelectuais no comportamento humano. Existem duas questões bem distintas: (1) O quanto as crenças atuam como causas das ações? (2) O quanto as crenças resultam de evidência lógica adequada, ou são capazes de derivar delas? Em ambas as questões, os psicólogos concordam em atribuir um espaço bem menor aos fatores intelectuais do que um homem comum, porém nessa concordância geral há lugar para diferenças consideráveis de gradação. Tomemos as duas questões sucessivamente.

(1) O quanto as crenças atuam como causas da ação? Não discutiremos de forma teórica a questão, mas observaremos um dia rotineiro na vida de um homem comum. Ele começa por se levantar pela manhã, talvez por força do hábito, sem a intervenção de qualquer crença. Toma seu café, pega o trem, lê o jornal e vai para o trabalho, tudo por força do hábito. Houve um tempo no passado quando ele formou esses hábitos, e na escolha do trabalho, pelo menos, a crença teve uma participação. Ele talvez acreditasse, nessa época, que o trabalho oferecido era tão bom quanto se poderia esperar. Para a maioria dos homens, a crença desempenha um papel na escolha original da carreira e, por conseguinte, todas as implicações dessa escolha.

No escritório, se ele for um subordinado, pode continuar a agir apenas por costume, sem vontade ativa e sem a intervenção explícita de um credo. Pode-se pensar que, se acrescentar pilhas de números, ele crê nas regras aritméticas que emprega. Mas isso também seria um erro; essas regras são apenas hábitos do corpo, como são os de um jogador de tênis. Foram adquiridos na juventude, e não da crença intelectual de que correspondiam à verdade, mas para agradar ao professor, assim como um cachorro aprende a sentar nas patas traseiras e a pedir comida. Não digo que toda educação seja desse tipo, porém a básica, com certeza.

Se, entretanto, nosso amigo for um sócio ou diretor, pode ser solicitado, durante o dia, a tomar decisões políticas difíceis. Nessas decisões é provável que a crença tenha uma participação. Ele acredita que algumas coisas melhorarão e outras ficarão piores, que fulano é um homem honesto e o outro está à beira da falência. Age sob essas crenças. É justamente por agir sob crenças e não por mero hábito que é considerado um homem mais importante do que um simples funcionário, e é capaz de ganhar muito mais dinheiro – desde que suas crenças sejam verdadeiras.

Na sua vida doméstica haverá a mesma proporção de ocasiões provocadas pelas crenças. Em circunstâncias comuns, seu comportamento para com sua mulher e filhos será dominado pelo hábito, ou pelo instinto modificado pelo hábito. Em situações mais importantes – quando propuser casamento, escolher uma escola para o filho, ou encontrar motivos para suspeitar da fidelidade de sua mulher – não poderá ser conduzido apenas pelo hábito. Ao propor casamento, ele pode ser guiado por mero instinto, ou influenciado pela crença de que a mulher é rica. Se for conduzido pelo instinto, sem dúvida acredita que a mulher possui todas as virtudes, e isso pode lhe parecer ser a causa de sua ação, porém, na verdade, é outro efeito do instinto que, sozinho, é suficiente para contribuir para essa ação. Ao escolher uma escola para o filho, talvez ele proceda de forma bastante semelhante às difíceis tomadas de decisão nos negócios; aqui acredita, em geral, desempenhar um papel importante. Se tiver evidências indicando que sua mulher foi infiel, seu comportamento talvez seja puramente instintivo, porém o instinto foi acionado por uma crença, que é a primeira causa de tudo o que se segue.

Assim, embora as convicções profundas não sejam responsáveis diretas por mais do que uma pequena parte de nossas ações, aquelas pelas quais o são estão entre as mais importantes, e determinam, em grande parte, a estrutura geral de nossas vidas. Em especial, nossas ações políticas e religiosas estão associadas a crenças.

(2) Abordo agora a nossa segunda questão, que é por si mesmo dupla: (*a*) O quanto, de fato, estão as crenças baseadas em evidências? (*b*) O quanto é possível ou desejável que estejam?

(*a*) As crenças estão bem menos baseadas em evidências do que os crédulos supõem. Vejamos o tipo de ação mais próximo do racional: o investimento de dinheiro por um cidadão rico. Você perceberá, com freqüência, que sua visão (digamos) sobre a questão da alta ou queda do franco francês depende de suas simpatias políticas e, contudo, essas simpatias são tão arraigadas que ele está preparado a arriscar seu dinheiro. Nas falências, quase sempre parece que algum fator sentimental foi a causa original da ruína. As opiniões políticas dificilmente são baseadas em evidências, exceto no caso de servidores públicos, que estão proibidos de expressá-las. Existem, sem dúvida, exceções. Na controvérsia da reforma tarifária, que começou há 25 anos, a maioria dos fabricantes apoiou o lado que aumentaria sua própria receita, mostrando que suas opiniões estavam na verdade fundamentadas em evidências, por menos que suas declarações levassem a essa suposição. Temos aqui uma complicação. Os freudianos nos acostumaram a "racionalizar", ou seja, o processo de inventar o que nos parece ser a base racional para uma decisão ou opinião que é, de fato, bastante irracional. Mas existe, em especial nos países de língua inglesa, um processo contrário que pode ser chamado de "irracionalidade". Um homem astuto resumirá, de forma mais ou menos subconsciente, os prós e os contras de uma questão de um ponto de vista egoísta. (As considerações altruístas quase nunca pesam no subconsciente, a não ser quando os filhos estão envolvidos.) Para chegar a uma decisão egoísta saudável com a ajuda do inconsciente, um homem inventa, ou adota de outros, um conjunto de frases bem pomposas para mostrar como está buscando o bem público à custa do imenso sacrifício pessoal. Quem acreditar que essas frases exprimem suas verdadeiras razões deve imaginar que o bem não resultará de sua ação. Nesse caso, um homem parece menos racional do que é; o que é ainda mais curioso: sua parte irracional é consciente; e a parte racional, inconsciente. Esse é o traço de nosso caráter que tornou ingleses e americanos tão bem-sucedidos.

A astúcia, quando genuína, pertence mais à parte inconsciente do que à parte consciente de nossa natureza. Ela é, suponho, a principal qualidade necessária para o sucesso nos negócios. Do ponto de vista moral, é uma qualidade insignificante, pois é sempre egoísta; no entanto, é suficiente para manter os homens longe dos piores crimes. Se os alemães a tivessem, não teriam adotado uma forte campanha submarina. Se os franceses a possuíssem, não teriam se comportado como o fizeram em Ruhr. Se Napoleão a tivesse, não teria recomeçado uma guerra após o Tratado de Amiens. É uma regra geral que pode ser estabelecida e para a qual existem poucas exceções: quando as pessoas estão equivocadas sobre o que é seu próprio interesse, o caminho que acreditam ser prudente é mais perigoso para os outros do que o percurso realmente inteligente. Portanto, tudo o que leva as pessoas a julgarem melhor seus próprios interesses é benéfico. Existem inúmeros exemplos de homens fazendo fortuna porque, em bases morais, fizeram algo que acreditavam ser contrário a seus próprios interesses. Por exemplo, entre os primeiros *quakers*, vários lojistas adotaram a prática de não pedir mais por suas mercadorias do que estavam decididos a aceitar, em vez de barganhar com cada cliente, como todos faziam. Eles adotaram essa prática porque consideravam uma mentira pedir mais do que poderiam receber. Mas a conveniência para os clientes era tão grande que todos vinham para suas lojas e eles ficaram ricos. (Esqueci onde li isso, porém se minha memória é útil foi em alguma fonte confiável.) A mesma política *poderia* ter sido adotada por esperteza, mas na verdade ninguém era astuto o bastante. Nosso inconsciente é mais malevolente do que parece ser; por esse motivo, as pessoas que agem totalmente de acordo com seus interesses são as que, de maneira deliberada, com fundamentos morais, fazem o que acreditam ser contra seu interesse. Em seguida, estão as pessoas que tentam pensar de forma racional e consciente em relação a seu próprio interesse, eliminando, o máximo possível, a influência da paixão. Em terceiro lugar, vêm as pessoas que possuem esperteza instintiva. Por fim, aquelas cuja malevolência ultrapassa a astúcia, levando-as a buscar a ruína dos outros por meios que conduzem à sua própria ruína. Esta última categoria inclui 90 porcento da população da Europa.

Posso ter feito, de alguma forma, uma digressão do meu tópico, mas era necessário distinguir a razão inconsciente, chamada de astúcia, da variedade consciente. Os métodos comuns de educação quase não têm efeito sobre o inconsciente, de modo que a esperteza não pode ser ensinada por nossa técnica atual. A moralidade, exceto a que consiste em mero hábito, também parece desqualificada para ser ensinada pelos métodos atuais; de qualquer forma, jamais observei qualquer efeito benéfico naqueles expostos a estímulos freqüentes. Por esse motivo, em nosso trabalho, hoje, qualquer melhora deliberada deve ser trazida por meios intelectuais. Não sabemos como ensinar as pessoas a serem astutas ou virtuosas, mas sabemos, com limitações, como ensiná-las a serem racionais: é apenas necessário reverter a prática das autoridades em educação em todos os detalhes. Podemos no futuro aprender a gerar virtude ao manipular glândulas sem duto, e impulsionar ou diminuir suas secreções. Mas no momento é mais fácil criar racionalidade do que virtude – entendendo-se por "racionalidade" o hábito científico da mente de prever os efeitos de nossas ações.

(b) Isso me traz à questão: o quanto podem ou devem as ações humanas ser irracionais? Tomemos primeiro o "devem". Existem limites bem definidos, para mim, dentro dos quais a racionalidade precisa estar confinada; alguns dos mais importantes segmentos da vida são arruinados pela invasão da razão. Leibniz, quando estava mais velho, disse a um correspondente que apenas uma vez pedira uma mulher em casamento, quando tinha cinqüenta anos. "Felizmente", acrescentou, "ela pediu um tempo para pensar. E isso também me deu algum tempo para ponderar, e retirei minha oferta." Sem dúvida sua conduta foi bastante racional, mas não posso dizer que a admiro.

Shakespeare reuniu "o lunático, o amante e o poeta", todos com imaginação substancial. O problema é ficar com o amante e o poeta, sem o lunático. Darei um exemplo. Em 1919, vi *As mulheres de Tróia* encenada no Old Vic. Existe uma cena insuportavelmente patética, na qual Astianax é condenado à morte pelos gregos por medo de que se torne um segundo Heitor. Quase todos choravam no teatro e a platéia achou a crueldade dos gregos, na peça, difícil de acreditar. No entanto, essas mesmas pessoas que choravam estavam, naquele momento, praticando a mesma crueldade em uma escala que a imaginação de Eurípides jamais poderia contemplar. Haviam acabado de votar (a maioria delas) em um governo que prolongava o bloqueio à Alemanha após o armistício e impunha o bloqueio à Rússia. Sabia-se que esses bloqueios causariam a morte de um grande número de crianças, mas desejavam diminuir a população dos países inimigos: as crianças, como Astianax, poderiam crescer e imitar seus pais. O poeta Eurípides despertara o amante na imaginação da platéia; mas o amante e o poeta foram esquecidos na porta do teatro, e o lunático (na forma de maníaco homicida) controlava as ações políticas desses homens e mulheres que se acreditavam bons e virtuosos.

É possível preservar o amante e o poeta sem conservar o lunático? Em cada um de nós, os três existem em graus variados. Estariam eles tão ligados que quando um fosse mantido sob controle os outros pereceriam? Não acredito nisso. Creio que em cada um de nós existe uma certa energia que deve encontrar expressão em ações não inspiradas pela razão, mas que pode exprimir-se na arte, no amor apaixonado, ou no ódio apaixonado, de acordo com as circunstâncias. A respeitabilidade, a regularidade e a rotina – as disciplinas de ferro fundido na sociedade industrial moderna – atrofiaram o impulso artístico e aprisionaram o amor de tal forma que ele não pode mais ser generoso, livre e criativo, mas sim sufocante e furtivo. O controle foi aplicado a questões que deveriam ser livres, enquanto a inveja, a crueldade e o ódio disseminaram-se amplamente com a bênção de quase todos os bispos. Nosso sistema instintivo consiste de duas partes – a que tende a impulsionar nossa vida e a de nossa descendência, e aquela propensa a se opor às vidas de nossos supostos rivais. A primeira inclui a alegria de viver, o amor, e a arte, que são, do ponto de vista psicológico, uma derivação do amor. A segunda inclui competição, patriotismo e guerra. A moralidade convencional faz tudo para suprimir a primeira e encorajar a segunda. A verdadeira moralidade procederia exatamente ao contrário. Nossas relações com aqueles que amamos podem ser entregues, com segurança, ao instinto; e nossa relação com aqueles que odiamos deve ser posta sob o domínio da razão. No mundo moderno, aqueles a quem efetivamente odiamos são grupos distantes, em especial nações estrangeiras. Nós os concebemos de forma abstrata e nos enganamos ao crer que os atos, que são na verdade encarnações do ódio, são praticados por amor à justiça ou por algum motivo nobre. Apenas uma grande dose de ceticismo pode rasgar os véus que escondem de nós essa verdade. Tendo alcançado isso, podemos começar a construir uma nova moralidade, que não esteja baseada na inveja e na restrição, mas no desejo de uma vida completa, e a perceber que outros seres humanos são uma ajuda e não um impedimento, depois que a loucura da inveja for curada. Isso não é uma esperança utópica; foi em parte realizada na Inglaterra elisabetana. Poderia ser alcançada amanhã, se os homens aprendessem a perseguir sua própria felicidade e não o infortúnio dos outros. Isso não é uma moralidade austera impossível; no entanto, sua adoção faria da terra um paraíso.

2

SONHOS E FATOS

I

A influência de nossos desejos em nossas crenças é questão de conhecimento e observação comuns; contudo, a natureza dessa influência é, de modo geral, mal interpretada. É costume supor que a maioria de nossas crenças origina-se de alguma base racional, e o desejo é apenas uma força perturbadora ocasional. O exato oposto disso estaria mais próximo da verdade: a grande massa de crenças pelas quais somos apoiados em nossa vida cotidiana apenas representa o desejo, corrigido aqui e ali, em pontos isolados, pelo simples choque dos fatos. O homem é, em seu cerne, um sonhador despertado algumas vezes por um momento através de algum elemento peculiarmente desagradável do mundo externo, mas caindo, logo, mais uma vez, na alegre sonolência da imaginação. Freud demonstrou como nossos sonhos noturnos são, em grande parte, a representação da satisfação de nossos desejos; ele disse, com a mesma proporção de verdade, o mesmo sobre os sonhos diurnos; e talvez tenha incluído os sonhos diurnos que chamamos crenças.

Existem três meios pelos quais essa origem não racional de nossas convicções pode ser demonstrada: a via da psicanálise, que, começando pela compreensão do insano e da histérica, deixa claro, de forma gradual, quão pouco, na essência, essas vítimas da doença diferem das pessoas comuns saudáveis; depois, existe o caminho dos filósofos céticos, que mostram como é frágil a evidência racional até para nossas crenças mais valorizadas; e, por fim, a via da observação comum dos homens. Proponho considerarmos apenas a última destas três.

Os mais primitivos selvagens, como se tornaram conhecidos pelos trabalhos de antropólogos, não estão tateando na ignorância consciente por entre os fenômenos que sabem não compreender. Ao contrário, possuem inúmeras crenças, mantidas com firmeza para controlar todas as suas ações mais importantes. Eles acreditam que ao comer a carne de um animal ou de um guerreiro é possível adquirir as virtudes da vítima quando estava viva. Muitos crêem que pronunciar o nome de seu chefe é um sacrilégio que pode trazer morte instantânea; chegam a ponto de alterar todas as palavras nas quais as sílabas de seu nome ocorrem; por exemplo, se tivéssemos um rei chamado Caio, deveríamos falar de um caiongo como (diríamos) *Carlongo*, e sapucaio por *sapucarlo**. também Quando progridem na agricultura, e o clima torna-se importante para o suprimento de alimentos, acreditam que pequenos feitiços ou acender pequenas fogueiras poderão fazer chover ou o sol raiar. Crêem que quando um homem é assassinado, seu sangue ou sua alma persegue o assassino até ele se vingar, porém pode ser enganado por um simples disfarce como uma pintura vermelha no rosto ou pondo luto**. A primeira parte desta crença originou-se, sem dúvida, entre aqueles que temiam o assassinato, e a segunda, entre os que o haviam cometido.

Tampouco nossas crenças irracionais estão limitadas aos selvagens. A grande maioria da raça humana possui opiniões religiosas diferentes das nossas, e, portanto, sem fun-

---

* O trocadilho usado no original é com o nome do rei John com as palavras *jonquil* (junquilho) e *dungeon* (calabouço) nas quais há a substituição de John por George, como segue: george-quil e dun-george. (N.T.)

** Ver o capítulo "The Mark of Caim" no *Folk-lore in the Old Testament*, de Frazer. (N.A.)

damento. As pessoas interessadas em política, com exceção dos políticos, têm convicções apaixonadas sobre inúmeras questões que podem parecer não passíveis de decisões racionais a qualquer indivíduo não preconceituoso. Trabalhadores voluntários em uma eleição disputada sempre acreditam que seu lado vencerá, não importa que razão possa existir para esperar a derrota. Não há dúvida de que, no outono de 1914, a imensa maioria da nação alemã estava absolutamente certa da vitória da Alemanha. Nesse caso, o fato se impôs e dissipou o sonho. Mas se, de alguma forma, todos os historiadores não alemães pudessem ser impedidos de escrever durante os próximos duzentos anos, o sonho seria restaurado: os primeiros triunfos seriam relembrados, ao passo que o desastre final seria esquecido.

A cortesia é a prática do respeito às crenças dos homens relacionadas, em especial, com seus próprios méritos ou os de seu grupo. Todo homem, onde quer que vá, está acompanhado de uma nuvem de convicções reconfortantes, que se move com ele como moscas em um dia de verão. Algumas dessas convicções são pessoais: falam de suas virtudes e excelências, do carinho dos amigos e respeito de seus conhecidos, das perspectivas agradáveis de sua carreira, e sua crescente energia apesar da saúde delicada. A seguir vêm as convicções da excelência de sua família: como seu pai possui uma retidão inflexível, hoje rara, e criou seus filhos com uma austeridade além da encontrada entre os pais modernos; como seus filhos são bem-sucedidos nos jogos da escola, e sua filha não é o tipo de garota que fará um casamento imprudente. Depois estão as crenças sobre sua classe, que, segundo sua posição, é a melhor social ou moralmente, ou a mais inteligente, das classes da comunidade – embora todos concordem que o primeiro desses méritos é mais desejável do que o segundo, e o segundo do que o terceiro. Em relação à sua nação, também, quase todos os homens compartilham ilusões reconfortantes. "As nações estrangeiras, sinto dizê-lo, agem só de acordo com seus interesses", disse o sr. Podsnap, expressando, com essas palavras, um dos mais profundos sentimentos do coração do homem. Por fim, chegamos às teorias que exaltam a humanidade, em geral, seja de forma absoluta ou comparadas à "criação bruta". Os homens têm almas, ao passo que os animais não; os homens são "animais racionais"; qualquer ação especialmente cruel ou artificial é chamada "brutal" ou "bestial" (embora tais ações sejam na verdade distintivamente humanas)*; Deus fez o homem à sua própria imagem, e o bem-estar do homem é a razão final do universo.

Temos, assim, uma hierarquia de crenças reconfortantes: as que são privadas do indivíduo, as que ele compartilha com sua família, as que são comuns à sua classe ou nação, e por fim as que são igualmente maravilhosas para toda a humanidade. Se desejamos ter um bom relacionamento com os homens, devemos respeitar essas crenças; não podemos, portanto, falar de um homem diante dele como faríamos pelas costas. A diferença amplia-se à medida que aumenta sua distância de nós. Ao falar com um irmão, não precisamos de cortesia consciente em relação a seus pais. A necessidade de cortesia atinge o máximo ao falarmos com estrangeiros, e é cansativo a ponto de ser paralisante para os que estão apenas acostumados com os compatriotas. Lembro-me de ter sugerido uma vez a um americano que nunca viajara que talvez houvesse alguns pequenos pontos nos quais a constituição inglesa fosse melhor do que a dos Estados Unidos. Ele se sentiu instantaneamente tomado de crescente ódio; e, jamais tendo ouvido antes tal opinião, não podia imaginar que alguém a mantivesse com seriedade. Fomos ambos descorteses, e o resultado foi desastroso.

Mas o resultado do fracasso da cortesia, por pior que tenha sido no contexto da ocasião social, é admirável do ponto de vista da construção de mitos. Existem duas formas nas quais nossas crenças naturais são corrigidas: uma é o contato com o fato, como quando nos enganamos e confundimos um fungo venenoso com um cogumelo e sofremos em conseqüência disso; e outra, quando nossas crenças entram em conflito, não de forma direta, com os fatos objetivos, mas

---

* Compare com *O estranho misterioso* de Mark Twain. (N.A.)

com crenças opostas de outros homens. Um homem acredita ser correto comer porco, mas não carne de vaca; outro come carne de vaca, porém não de porco. O resultado usual dessa diferença de opinião tem sido o derramamento de sangue; mas aos poucos está surgindo uma opinião racional de que talvez nenhuma delas seja realmente pecado. A modéstia, o correlativo da cortesia, consiste em pretender não pensar melhor sobre nós mesmos e nossos bens, menosprezando o homem com o qual estamos falando e seus pertences. Apenas na China essa arte é compreendida em sua plenitude. Soube que, se perguntar a um mandarim chinês pela saúde de sua mulher e filhos, ele responderá: "aquela prostituta contemplativa e sua cria abjeta estão, como sua Magnificência se digna ser informado, desfrutando de perfeita saúde"*. Mas essa elaboração demanda uma existência digna e disponibilidade de tempo; é impossível nos rápidos, porém importantes, contatos de negócios ou política. As relações com outros seres humanos dissipam, passo a passo, os mitos de todos, menos os dos mais bem-sucedidos. O conceito pessoal é desfeito pelos irmãos; o da família, pelos colegas de escola; o conceito de classe, pelos políticos, e o de nação é derrotado na guerra ou no comércio. Mas o conceito do homem permanece e, nesse enfoque, no que diz respeito ao efeito da relação social, a faculdade de construir mitos é livre. Contra essa forma de ilusão, uma correção parcial pode ser encontrada na ciência; contudo, a correção só pode ser parcial, pois sem alguma credibilidade a ciência desmoronaria e entraria em colapso.

II

Os sonhos de um homem ou de um grupo podem ser cômicos, mas os sonhos humanos coletivos, para nós que não podemos ultrapassar o círculo da humanidade, são patéticos. O universo é muito vasto, como revela a astronomia. Não podemos dizer o que existe além do que os telescópios mos-

---

* Isso foi escrito antes de minha ida à China. Não seria verdadeiro na China que visitei (em 1920). (N.A.)

tram. Mas sabemos que é de uma imensidão inimaginável. No mundo visível, a Via Láctea é um fragmento minúsculo; e, nesse fragmento, o sistema solar é uma partícula infinitesimal, e, dessa partícula, nosso planeta é um ponto microscópico. Nesse ponto, pequenas massas impuras de carbono e água, de estrutura complexa, com algumas raras propriedades físicas e químicas, arrastam-se por alguns anos, até serem dissolvidas outra vez nos elementos de que são compostas. Elas dividem seu tempo entre o trabalho designado para adiar o momento de sua dissolução e a luta frenética para acelerar o de outras do mesmo tipo. As convulsões naturais destroem periodicamente milhares ou milhões delas, e a doença devasta, de modo prematuro, mais algumas. Esses eventos são considerados infortúnios; mas quando os homens obtêm êxito ao impor semelhante destruição por seus próprios esforços, regozijam-se e agradecem a Deus. Na vida do sistema solar, o período no qual a existência do homem terá sido fisicamente possível é uma porção minúscula do todo; mas existe alguma razão para esperar que mesmo antes desse período terminar o homem tenha posto fim à sua existência por seus próprios meios de aniquilação mútua. Assim é a vida do homem vista de fora.

Mas tal visão da vida, como sabemos, é intolerável, e destruiria a energia instintiva pela qual o homem persiste. A forma que encontraram para escapar dessa cruel perspectiva foi por meio da religião e da filosofia. Por mais estranho e indiferente que o mundo externo possa parecer, somos assegurados, por aqueles que nos consolam, de que existe harmonia sob o conflito aparente. Todo longo desenvolvimento da nebulosa original levará, supomos, o homem ao ápice do processo. *Hamlet* é uma peça bastante conhecida, no entanto, poucos leitores lembrarão da fala do primeiro marinheiro, que consiste em quatro palavras: "Deus o abençoe, senhor". Mas presuma uma sociedade de homens cujo único trabalho na vida fosse desempenhar esse papel; suponha que estivessem isolados do contato com os Hamlets, Horácios e até Guildensterns: eles não inventariam sistemas de crítica literária segundo os quais as quatro palavras do primeiro marinheiro fossem o núcleo de toda a trama? Não puniriam com ignomínia ou exilariam qualquer um de sua espécie que sugerisse que outras partes tivessem talvez igual importância? E a vida da humanidade assume uma proporção menor do universo que a fala do primeiro marinheiro de *Hamlet*, mas não podemos ouvir por trás das cenas o resto da peça, e sabemos muito pouco sobre os personagens da trama.

Quando refletimos sobre a humanidade, pensamos basicamente em nós mesmos como seus representantes; portanto, temos apreço por ela e achamos importante sua preservação. O sr. Jones, um comerciante não-conformista, está certo de que merece a vida eterna, e o universo que lhe negar isso será intoleravelmente perverso. No entanto, quando pensa no sr. Robinson, o concorrente anglicano, que mistura areia ao açúcar e é negligente para com os domingos, reflete que o universo pode, sem dúvida, levar a caridade longe demais. Para completar sua felicidade, existe a necessidade do fogo do inferno para o sr. Robinson; dessa forma, a importância cósmica do homem está preservada, porém a distinção vital entre amigos e inimigos não está obliterada por uma benevolência universal fraca. O sr. Robinson tem o mesmo ponto de vista com os papéis invertidos, e resulta na felicidade geral.

Nos dias anteriores a Copérnico, não havia necessidade de sutileza filosófica para manter a visão antropocêntrica do mundo. O céu visivelmente girava em torno da Terra, e na Terra o homem dominava todos os animais do campo. Mas quando a Terra perdeu a posição central, também o homem foi deposto de sua eminência, e tornou-se necessário inventar a metafísica para corrigir as "cruezas" da ciência. Essa tarefa foi realizada pelos chamados "idealistas", que sustentam que o mundo da matéria é aparência irreal, enquanto a realidade é Mente ou Espírito – transcende a mente ou espírito do filósofo como ele transcende o homem comum. Além de não haver lugar como a própria casa, esses pensadores nos garantem que todo lugar assemelha-se à nossa casa. Da melhor forma possível, ou seja, em todas as tarefas que compartilhamos com o filósofo em questão, somos um com o universo. Hegel garante que o universo parece o Estado prussiano de seus dias; seus seguidores ingleses o consideram mais análogo à democracia plutocrática bicameral. As razões oferecidas para esses pontos de vista são camufladas com cuidado para ocultar, até de seus autores, a conexão com os desejos humanos: derivam, nominalmente, de fontes áridas como a lógica e a análise de proposições. Mas a influência dos desejos é conhecida pelas falácias perpetradas, que se inclinam todas em uma direção. Quando um homem acrescenta uma contribuição, tem maior probabilidade de cometer um erro a seu favor do que em seu detrimento; e, quando um homem raciocina, está mais apto a incorrer em falácias a favor de seus desejos do que de frustrá-los. Assim, no estudo dos pensadores abstratos são seus erros que dão a chave de sua personalidade.

Muitos podem contestar que, mesmo que os sistemas inventados pelos homens não sejam verdadeiros, são inofensivos e reconfortantes, e não devem ser perturbados. Porém, na verdade, não são inofensivos, e o conforto que trazem é comprado com carinho pela infelicidade previsível que leva os homens a tolerar. O mal da vida surge em parte de causas naturais, e em parte pela hostilidade do homem em relação a outros homens. Nos tempos antigos, a competição e a guerra eram necessárias para garantir alimentos, que podiam apenas ser obtidos pelos vencedores. Atualmente, graças ao domínio das forças da natureza que a ciência começou a ter, haveria mais conforto e felicidade para todos se nos dedicássemos à conquista da natureza e não um do outro. A representação da natureza como amiga, e algumas vezes até como aliada em nossas lutas com outros homens, obscurece a verdadeira posição do homem no mundo, e desvia suas energias da busca do poder científico, que é a única luta que pode trazer bem-estar contínuo à raça humana.

Além de todos os argumentos utilitários, a busca da felicidade com base em crenças falsas não é nem muito nobre nem muito gloriosa. Há uma completa felicidade na firme percepção de nosso verdadeiro lugar no mundo, e um drama mais vívido do que qualquer um possível para aqueles que se escondem por trás das cortinas fechadas do mito. Existem "mares perigosos" no mundo do pensamento, que podem apenas ser navegados por aqueles que desejam encarar sua própria impotência física. E, sobretudo, existe a libertação da tirania do Medo, que destrói a luz do dia e mantém os homens humilhados e cruéis. Nenhum homem está livre do medo se não ousa ver qual é seu lugar no mundo; nenhum homem pode atingir a grandeza de que é capaz até que tenha se permitido ver sua pequenez.

3

A CIÊNCIA É SUPERSTICIOSA?

A vida moderna está construída sobre a ciência em dois aspectos. Por um lado, dependemos, todos, das invenções e descobertas científicas para nossa subsistência diária e para nossos confortos e diversões. Por outro, certos hábitos da mente, ligados à perspectiva científica, disseminaram-se de forma gradual nos últimos três séculos, por intermédio de poucos homens geniais, para grandes setores da população. Essas duas operações da ciência estão unidas quando consideramos períodos de tempo suficientemente longos, porém ambas podem existir uma sem a outra por vários séculos. Até o fim do século XVIII, o hábito científico da mente não afetava muito a vida cotidiana, pois não havia levado às grandes invenções que revolucionaram a técnica industrial. Por sua vez, o modo de vida produzido pela ciência pode ser assumido por populações que tenham apenas certos rudimentos práticos de conhecimento científico; tais populações podem fabricar e utilizar máquinas inventadas em outro lugar, e até mesmo fazer pequenas melhorias nelas. Se a inteligência coletiva da humanidade se degenerasse, o tipo de técnica e a vida cotidiana que a ciência produziu sobreviveria apesar disso, é bem provável, por muitas gerações. Mas não sobreviveria para sempre, pois, se sofresse um sério desequilíbrio em virtude um cataclismo, não poderia ser reconstruído.

A perspectiva científica, portanto, é uma questão importante para a humanidade, para o bem ou para o mal. Mas essa perspectiva é dupla, como a perspectiva artística. O criador e o apreciador são pessoas diferentes e demandam hábitos mentais bem diversos. O criador científico, como qualquer outro, está apto a ser inspirado por paixões para as quais dá expressão intelectual equivalente a uma fé não demonstrável, sem a qual provavelmente conseguiria muito pouco. O apreciador não precisa desse tipo de fé; pode ver as coisas de forma proporcional e fazer as reservas necessárias, e ver o criador como uma pessoa rude e bárbara, comparado a si mesmo. À medida que a civilização se difunde e se torna mais tradicional, existe uma tendência dos hábitos da mente do apreciador de conquistar os que podem ser criadores, e o resultado é a civilização em questão tornar-se bizantina e retrospectiva. Algo dessa ordem parece estar começando a acontecer na ciência. A fé simples que mantinha os pioneiros está desintegrando-se no centro. As nações distantes, como as dos russos, dos japoneses e dos jovens chineses, ainda dão as boas-vindas à ciência com o fervor do século XVII; assim como o faz grande parte das populações das nações ocidentais. Mas o alto clero começa a desinteressar-se pela adoração à qual está oficialmente dedicado. O devoto e jovem Lutero reverenciava um papa que fosse um livre-pensador, que permitisse que bois fossem sacrificados a Júpiter no Capitólio para promover sua recuperação da doença. Então, nos dias de hoje, os que estão longe dos centros de cultura possuem uma reverência pela ciência que seus profetas não mais sentem. O materialismo "científico" dos bolcheviques, como o início do protestantismo alemão, é uma tentativa de preservar a antiga devoção na forma em que tanto amigos quanto inimigos acreditam ser nova. Mas sua crença febril na inspiração verbal de Newton apenas acelerou a propagação do ceticismo científico entre outros cientistas "burgueses" do Ocidente. A ciência, como atividade reconhecida e encorajada pelo Estado, tornou-se politicamente conservadora, exceto onde, como no Tennessee, o Estado permaneceu pré-científico. Atualmente, a fé fundamental da maioria dos homens da ciência reside na importância de preservar o *status quo*. Em conseqüência, pretendem reivindicar para a ciência nada mais do que lhe é devido e conceder grande parte das reivindicações a outras forças conservadoras, como a religião.

Depararam-se, contudo, com uma grande dificuldade. Enquanto os homens da ciência são, na maior parte, conservadores, a ciência ainda é o principal agente das mudanças rápidas no mundo. As emoções suscitadas pela mudança na Ásia, África e entre as populações industriais da Europa são quase sempre desagradáveis para os conservadores. Por isso, surge uma hesitação sobre qual valor da ciência contribuiu para o ceticismo do alto clero. Se fosse único, poderia não ser importante. Mas é reforçado por autênticas dificuldades intelectuais que, se fossem insuperáveis, provavelmente levariam ao fim da era da descoberta científica. Não digo que isso acontecerá de forma súbita. A Rússia e a Ásia podem continuar por mais um século a manter a fé científica que o Ocidente está perdendo. Mais cedo ou mais tarde, se os argumentos lógicos contra essa fé forem irrefutáveis, convencerão os homens que, por qualquer razão, possam estar no momento desgastados; e, uma vez convencidos, acharão impossível recapturar a antiga e feliz confiança. Os argumentos contra o *credo* científico merecem, portanto, ser examinados com todo cuidado.

Quando falo em *credo* científico, não estou mencionando apenas o que está logicamente implicado na visão, em geral, de que a ciência é verdadeira; falo de algo mais entusiástico e menos racional – ou seja, o sistema de crenças e emoções que levam o homem a se tornar um grande descobridor científico. A questão é: podem essas crenças e emoções sobreviver entre homens que possuem poderes intelectuais sem os quais a descoberta científica seria impossível?

Dois novos livros bastante interessantes nos ajudarão a perceber a natureza do problema. Os livros são: *Metaphysical Foundations of Modern Science* (*As bases metafísicas da ciência moderna*) [1924], de Burtt, e *Science and the Modern World* (*A ciência e o mundo moderno*), de

Whitehead (1926). Cada um deles critica o sistema de idéias que o mundo moderno deve a Copérnico, Kepler, Galileu e Newton – o primeiro, quase em sua totalidade do ponto de vista histórico; o último, tanto histórico quanto lógico. O livro do dr. Whitehead é mais importante, pois não é apenas crítico, mas construtivo, e procura fornecer bases intelectuais satisfatórias para a ciência no futuro que correspondam, ao mesmo tempo, emocionalmente, às aspirações extracientíficas da humanidade. Não posso aceitar os argumentos lógicos apresentados pelo dr. Whitehead a favor do que pode ser chamado de a parte agradável de sua teoria: ao mesmo tempo em que admito a necessidade de uma reconstrução intelectual de conceitos científicos, sou favorável ao ponto de vista de que novos conceitos serão tão desagradáveis para nossas emoções não intelectuais quanto os antigos, e serão, assim, aceitos apenas pelos que têm uma tendência emocional forte a favor da ciência. Mas vejamos qual é o argumento.

Existe, para começar, o aspecto histórico. "Não existe uma ciência viva", diz o dr. Whitehead, "a não ser que haja uma convicção instintiva muito difundida na existência de uma *ordem das coisas* e, em especial, de uma *ordem da Natureza*." A ciência poderia apenas ter sido criada pelos homens que já possuíssem essa crença e, portanto, as fontes originais de crença devem ter sido pré-científicas. Outros elementos também contribuíram para construir a mentalidade complexa necessária ao surgimento da ciência. A perspectiva da vida na Grécia, sustenta ele, era predominantemente dramática e, assim, tendia a enfatizar mais o fim do que o começo: isso era uma desvantagem do ponto de vista científico. Em contrapartida, a tragédia grega contribuiu para a idéia de Destino, o que facilitou a visão de que os eventos tornam-se necessários pelas leis naturais. "O Destino na tragédia grega converte-se na ordem da Natureza no pensamento moderno." O ponto de vista do determinismo foi reforçado pela lei romana. O governo romano, ao contrário do despotismo oriental, agiu (pelo menos na teoria) de forma não arbitrária, mas segundo regras previamente estabelecidas. Do mesmo modo, o cristianismo concebeu Deus atuando de acordo com leis, embora houvesse leis que o próprio Deus criara. Tudo isso facilitou o surgimento da concepção de lei natural, um ingrediente essencial na mentalidade científica.

As crenças não científicas que inspiraram o trabalho dos pioneiros dos séculos XVI e XVII são apresentadas de forma admirável pelo dr. Burtt, com a ajuda de muitas fontes originais pouco conhecidas. Parece, por exemplo, que a inspiração de Kepler deve-se, em parte, a uma espécie de adoração zoroastriana do Sol que adotou em um período crítico de sua juventude. "Foi basicamente por motivações como a deificação do Sol e sua correta posição no centro do universo que Kepler, nos anos de seu fervor adolescente e imaginação entusiasmada, foi induzido a aceitar o novo sistema." Ao longo da Renascença, existiu uma certa hostilidade ao cristianismo, com base, sobretudo, na admiração pela Antiguidade pagã; não ousava exprimir-se de forma aberta como regra, mas levou, por exemplo, ao renascimento da astrologia, que a Igreja condenava por envolver o determinismo físico. A revolta contra o cristianismo estava associada à superstição quase tanto quanto à ciência – e algumas vezes, como no caso de Kepler, à união íntima de ambas.

No entanto, existe outro ingrediente, igualmente essencial, porém ausente na Idade Média, e incomum na Antiguidade – ou seja, um interesse em "fatos duradouros e inexoráveis". A curiosidade sobre os fatos é encontrada nos indivíduos antes da Renascença – por exemplo, o imperador Frederico II e Roger Bacon; mas durante o período renascentista tornou-se, de repente, comum entre as pessoas inteligentes. Em Montaigne, encontramos a ausência de interesse pela lei natural; por conseguinte, Montaigne não era um homem da ciência. Uma mistura peculiar de interesses gerais e particulares está envolvida na busca da ciência; e o particular é estudado na esperança de que possa lançar luz sobre o geral. Na Idade Média, acreditava-se que, em tese, o particular poderia ser deduzido dos princípios gerais; na Renascença, esses princípios gerais caíram em descrédito, e a paixão pela Antiguidade histórica provocou um forte interesse pelas ocorrências particulares. Esse interesse, atuando nas mentes treinadas pelas tradições grega, romana e escolástica, produziu, afinal, a atmosfera mental que tornou possível um Kepler e um Galileu. Mas é natural que algo dessa atmosfera circunde seu trabalho e tenha chegado com eles até seus sucessores nos dias de hoje. "A ciência nunca perdeu sua origem na revolução histórica do fim da Renascença. Permaneceu predominantemente um movimento anti-racionalista baseado em uma fé ingênua. O raciocínio requerido foi tomado de empréstimo da matemática, uma relíquia sobrevivente do racionalismo grego, seguido do método dedutivo. A ciência repudia a filosofia. Em outras palavras, jamais se preocupou em justificar sua fé ou explicar seu significado, e permaneceu gentilmente indiferente à refutação feita por Hume."

A ciência pode sobreviver quando a separamos das superstições que nutrem os primórdios de sua infância? A indiferença da ciência à filosofia tem sido motivo, é claro, de seu impressionante sucesso; aumentou a sensação de poder do homem, e tem sido agradável, como um todo, a despeito dos conflitos ocasionais com a ortodoxia teológica. Mas em tempos bastante recentes, a ciência tem sido conduzida, por seus próprios problemas, a se interessar pela filosofia. Isso é especialmente verdadeiro na teoria da relatividade, com sua fusão do espaço e do tempo em uma única ordem de eventos espaço-tempo. Entretanto, também é verdade para a teoria dos quanta, com sua aparente necessidade de movimento descontínuo. Além disso, em outra esfera, a fisiologia e a bioquímica estão fazendo avanços na psicologia que ameaçam a filosofia em um ponto vital; o behaviorismo do dr. Watson é a ponta de lança desse ataque, que, enquanto envolve o oposto ao respeito pela tradição filosófica, não obstante, repousa necessariamente sobre uma nova filosofia própria. Por tais razões, a ciência e a filosofia não podem mais preservar uma neutralidade armada, mas devem ser amigas ou inimigas. Não podem ser amigas, serão amigas se a ciência passar no exame que a filosofia deve estabelecer como suas premissas. Caso não possam ser amigas, destruirão uma a outra; não é mais possível que apenas uma domine o campo do conhecimento.

Dr. Whitehead faz duas proposições com vistas a uma justificativa filosófica da ciência. Por um lado, ele apresenta determinadas concepções novas, por meio das quais a física da relatividade e dos quanta pode ser construída de modo mais intelectualmente satisfatório do que qualquer outra resultante de correções feitas aos poucos à antiga concepção da matéria sólida. Essa parte do trabalho, embora ainda não desenvolvida totalmente, como esperamos, está concebida de modo amplo na ciência, e é capaz de ser justificada pelos métodos usuais que nos levam a preferir uma interpretação teórica de um conjunto de fatos a outra. É uma dificuldade técnica, e não falarei mais sobre isso. Do ponto de vista atual, o aspecto importante do trabalho do dr. Whitehead é sua parte mais filosófica. Ele não apenas nos oferece uma ciência mais apurada, mas uma filosofia que torna essa ciência racional, em um sentido no qual a ciência tradicional não tem sido racional desde a época de Hume. Essa filosofia é, em grande parte, bastante semelhante à de Bergson. A dificuldade que sinto aqui é a de até que ponto os novos conceitos do dr. Whitehead podem ser incorporados em fórmulas capazes de serem submetidas a testes científicos ou lógicos comuns, uma vez que eles não parecem envolver sua filosofia; sua filosofia, portanto, deve ser aceita por seus méritos intrínsecos. Não devemos aceitá-la apenas com base em qie, uma vez verdadeira, ela justifica a ciência, pois o ponto em questão é se a ciência pode ser justificada. Devemos examinar diretamente se nos parece ser verdade de fato; e aqui nos encontramos circundados por todas as antigas perplexidades.

Observarei apenas um ponto, mas que é crucial. Bergson, como todos sabem, considera o passado como existente na memória, e também sustenta que nada é realmente esquecido; nesses pontos pareceria que o dr. Whitehead concorda com ele. Isso cabe muito bem ao modo poético de falar, porém não pode (eu deveria ter pensado) ser aceito como um modo cientificamente acurado de assinalar os fatos. Caso relembre alguns eventos do passado – digamos, minha chegada à China – é uma mera figura de linguagem dizer que estou chegando à China outra vez. Determinadas palavras ou imagens ocorrem quando as lembro, e estão relacionadas ao que estou relembrando, tanto por causalidade quanto por certa similaridade, com freqüência pouco mais do que uma similaridade de estrutura lógica. O problema científico da relação da lembrança com o evento passado permanece intacto, mesmo se preferirmos dizer que essa lembrança consiste na sobrevivência de um evento do passado. Porque, se dizemos isso, devemos, entretanto, admitir que o evento mudou no intervalo, e teremos de nos confrontar com o problema científico de encontrar as leis segundo as quais ele mudou. Chamar de lembrança um novo acontecimento ou o antigo evento bastante alterado, não faz diferença para o problema científico.

Os grandes escândalos na filosofia da ciência desde a época de Hume têm sido causalidade e indução. Todos nós acreditamos em ambos, porém Hume deixou transparecer que nossa crença é uma fé cega à qual não se pode atribuir qualquer fundamento racional. Dr. Whitehead acredita que sua filosofia oferece uma resposta para Hume. Kant fez o mesmo. Sinto-me incapaz de aceitar ambas as respostas. No entanto, assim como todas as demais pessoas, não posso deixar de acreditar que deve existir uma resposta. Essa situação é profundamente insatisfatória, e aumenta cada vez mais à medida que a ciência mistura-se mais com a filosofia. Devemos esperar que uma resposta seja encontrada; porém, sinto-me incapaz de acreditar que isso já tenha ocorrido.

A ciência, como existe hoje, é em parte agradável e em parte desagradável. É agradável pelo poder que nos dá de manipular nosso ambiente, e para uma pequena, mas importante, minoria é prazerosa porque proporciona satisfações intelectuais. Ela é desagradável, visto que, por mais que procuremos disfarçar o fato, assume um determinismo que envolve, em tese, o poder de prever as ações humanas; em relação a isso, parece diminuir o poder humano. Naturalmente, as pessoas desejam manter o aspecto agradável da ciência sem o aspecto negativo; mas até o momento as tentativas de fazer isso fracassaram. Se enfatizarmos o fato de que nossa crença na causalidade e na indução é irracional, devemos inferir que não sabemos se a ciência é verdadeira, e que ela pode, a qualquer momento, cessar de nos dar controle sobre o ambiente em benefício daquilo que gostamos. Essa alternativa, entretanto, é puramente teórica; não é uma alternativa que um homem moderno possa adotar na prática. Se, por outro lado, admitimos as reivindicações do método científico, não podemos evitar a conclusão de que a causalidade e a indução são aplicáveis às vontades humanas tanto quanto a qualquer outra coisa. Tudo o que aconteceu durante o século XX na física, fisiologia e psicologia reforça esta conclusão. O resultado parece ser que, embora a justificativa racional da ciência seja teoricamente inadequada, não existe método de garantir o que é agradável na ciência sem o que é desagradável. Podemos fazer isso, é claro, ao nos recusarmos a enfrentar a situação lógica; mas, se assim for, temos de acabar com o impulso da descoberta científica na fonte, que é o desejo de compreender o mundo. Devemos esperar que o futuro ofereça alguma solução satisfatória para esse problema intrincado.

4

PODE O HOMEM SER RACIONAL?

Tenho o hábito de me considerar um racionalista; e um racionalista, suponho, deve ser alguém que deseja que os homens sejam racionais. Mas nos dias de hoje a racionalidade recebeu muitos golpes duros e, por isso, é difícil saber o que entendemos por racionalidade, ou, caso saibamos, se é algo que os seres humanos possam alcançar. A questão da definição da racionalidade possui dois lados, o teórico e prático: o que é uma opinião racional? O que é uma conduta racional? O pragmatismo enfatiza a opinião irracional, e a psicanálise enfatiza a conduta irracional. Ambos levaram as pessoas a perceber que não existe um ideal de racionalidade com o qual a opinião e a conduta possam estar em conformidade de forma vantajosa. A conseqüência parece ser que, se eu e você tivermos opiniões diferentes, é inútil apelar para o argumento, ou buscar a arbitragem de uma terceira pessoa imparcial; não há nada que possamos disputar pelos métodos da retórica, da propaganda ou da guerra, segundo o grau de nossas forças financeiras e militares. Acredito que essa perspectiva seja bastante perigosa e, a longo prazo, fatal para a civilização. Portanto, preciso esforçar-me para mostrar que o ideal de racionalidade permanece incólume às idéias que primeiro pensamos lhe serem fatais e que mantém toda a importância que se acreditou anteriormente para ter como um guia para o pensamento e a vida.

Começarei analisando a racionalidade na opinião: devo defini-la apenas como o hábito de considerar toda evidência relevante para chegar-se a uma crença. Quando a certeza for inatingível, um homem racional dará mais peso à opinião mais provável, e reterá em sua mente as outras que possuam uma probabilidade considerável, como hipóteses que evidências subseqüentes possam vir a mostrar preferíveis. Isso, é claro, pressupõe que é possível em muitos casos analisar fatos e probabilidades por um método objetivo – isto é, um método que levará duas pessoas meticulosas ao mesmo resultado. Isso é com freqüência questionado. Muitos dizem que a única função do intelecto é facilitar a satisfação dos desejos e necessidades do indivíduo. O Plebs Text-Books Committee, em seu *Outline of Psychology* (*Esboço sobre psicologia*) (p. 68), diz: "*O intelecto é acima de tudo um instrumento de parcialidade.* Sua função é garantir que as ações benéficas para o indivíduo ou a espécie sejam realizadas, e que as ações menos benéficas sejam inibidas" (grifado no original).

Mas os mesmos autores, nesse livro (p.123), declaram, mais uma vez em itálico: "*A fé dos marxistas difere profundamente da fé religiosa; a última baseia-se apenas no desejo e na tradição; a primeira está fundamentada na análise científica da realidade objetiva*". Isso parece inconsistente com o que dizem sobre o intelecto, a menos que, na verdade, queiram sugerir que não foi o intelecto que os levou a adotar a fé marxista. De qualquer forma, como admitem que "a análise científica da realidade objetiva" é possível, devem admitir que é possível ter opiniões que sejam racionais em um sentido objetivo.

Outros autores eruditos que defendem um ponto de vista irracional, tais como os filósofos pragmáticos, não são influenciados com tanta facilidade. Eles afirmam que não existe fato objetivo com o qual nossas opiniões devam estar em conformidade se forem verdadeiras. As opiniões, para eles, são apenas armas na luta pela existência, e as que ajudam um homem a sobreviver devem ser chamadas "verdadeiras". Essa concepção prevalecia no Japão do século VI d.C., quando o budismo chegou a esse país. O governo, em dúvida sobre a verdade da nova religião, ordenou a um dos membros da corte a adotá-la de modo experimental; se ele prosperasse mais do que os outros, a religião deveria ser adotada universalmente. Esse é o método (com modificações para se adaptar aos tempos modernos) que os pragmáticos advogam em relação a todas as controvérsias religiosas; e, no entanto, não ouvi isso de ninguém que tenha anunciado sua conversão para a fé judaica, embora pareça levar à prosperidade mais rápido do que qualquer outra.

Apesar da definição de "verdade" do pragmático, ele sempre tem, todavia, na vida comum, um padrão bem diferente para as questões menos refinadas que surgem nos assuntos práticos. Um pragmático no júri de um caso de assassinato pesará a evidência exatamente da mesma forma que qualquer outro homem faria, mas se adotasse o critério que professa deveria considerar quem, na população, seria mais vantajoso enforcar. Esse homem seria, por definição, culpado de assassinato, pois a crença na sua culpa seria mais útil e, portanto, mais "verdadeira", que a crença na culpa de qualquer outro. Temo que esse pragmatismo prático ocorra algumas vezes; soube de algumas tramas para culpar inocentes, na América e na Rússia, que correspondem a essa descrição. Mas nesses casos todos os esforços possíveis são feitos para encobri-las, e se falharem ocorre um escândalo. Esse esforço de ocultação mostra que mesmo a polícia acredita na verdade objetiva no caso do julgamento de um crime. É esse tipo de verdade objetiva – um fato bastante mundano e lugar-comum – que é buscada na ciência. Também é o tipo procurado na religião, desde que as pessoas esperem encontrá-la. Só quando as pessoas tiverem perdido a esperança de provar que a religião é verdadeira em um sentido direto, elas começarão a trabalhar para provar que é "verdadeira" em algum novo sentido. É possível estabelecer, de forma ampla, que o irracionalismo, ou seja, a descrença no fato objetivo, surja quase sempre do desejo de afirmar algo para o qual não há evidência, ou de negar alguma coisa para a qual existem evidências muito boas. Mas a crença em fatos objetivos sempre persiste em relação a questões práticas particulares, tais como investimentos ou contratação de funcionários. E, se o fato puder ser o teste da verdade de nossas crenças em qualquer lugar, deve ser o teste em todos os lugares, levando ao agnosticismo onde quer que não se possa aplicá-lo.

As considerações acima são, é óbvio, bastante inadequadas para o tema. A questão da objetividade do fato tem sido dificultada pelo obscurecimento dos filósofos, com quem tento lidar de uma maneira mais completa em outro lugar. Até o presente devo admitir que existem fatos, que alguns deles podem ser conhecidos, e a respeito de outros um grau de probabilidade pode ser verificado em relação aos que podem ser conhecidos. Nossas crenças são, contudo, quase sempre contrárias ao fato; mesmo quando apenas o sustentamos com a evidência de que é provável, pode ser que devamos mantê-lo como improvável pela mesma evidência. A parte teórica da racionalidade, então, consistirá em basear nossas crenças no que concerne à objetividade das evidências mais do que aos desejos, preconceitos ou tradições. De acordo com o assunto em questão, um homem racional será o mesmo que um jurista ou um cientista.

Há quem pense que a psicanálise demonstrou a impossibilidade de sermos racionais em nossas crenças ao apontar a estranha e quase lunática origem das convicções alimentadas por muitas pessoas. Tenho um respeito muito grande pela psicanálise, creio que pode ser bastante útil. Mas a mente comum perdeu de vista, de algum modo, o objetivo que inspirou em especial Freud e seus seguidores. Seu método é basicamente terapêutico, uma forma de cura da histeria e de vários tipos de insanidade. Durante a guerra, a psicanálise provou ser, de longe, o tratamento mais potente para as neuroses de guerra. *Instinct and the Unconscious*, de River, fundamentado amplamente na experiência de pacientes com distúrbio pós-traumático (*shell-shock*), nos fornece uma bela análise dos efeitos mórbidos do medo quando não é possível entregar-se a ele de forma direta. Esses efeitos, é claro, são em grande parte não intelectuais; incluem vários tipos de paralisias, e todas as espécies de doenças físicas aparentes. No momento, não estamos preocupados com eles; o nosso tema são as insanidades intelectuais. Achamos que muitas das ilusões dos lunáticos resultam das obstruções instintivas, e apenas podem ser curadas por meios mentais – isto é, fazendo com que o paciente traga à mente fatos que estavam reprimidos na memória. Esse tipo de tratamento, e a perspectiva que o inspira, pressupõe um ideal de sanidade, do qual partiu o paciente, e para o qual deve retornar ao tornar conscientes todos os fatos relevantes, inclusive aqueles que mais deseja esquecer. Isso é exatamente o oposto da indolente aquiescência na irracionalidade que algumas vezes é incitada por aqueles que sabem apenas que a psicanálise demonstrou a importância das crenças irracionais, e esquecem ou ignoram que seu propósito é diminuir essa importância por um método definido de tratamento médico. Um método bastante semelhante pode curar as irracionalidades daqueles que não são reconhecidamente lunáticos, caso se submetam ao tratamento por um praticante livre de suas ilusões. Entretanto, presidentes, ministros e pessoas eminentes raramente preenchem essa condição e, portanto, não se curam.

Até aqui temos considerado apenas o lado teórico da racionalidade. O lado prático, para o qual devemos agora voltar nossa atenção, é mais difícil. As diferenças de opinião nas questões práticas surgem de duas fontes: primeiro, das diferenças entre os desejos dos competidores; segundo, das diferenças em suas estimativas dos meios de realizar seus desejos. As diferenças do segundo tipo são realmente teóricas, e práticas apenas por derivação. Por exemplo, algumas autoridades sustentam que nossa primeira linha de defesa deve consistir em navios de guerra; outras, de aeronaves. Não existe, aqui, diferença em relação ao fim proposto, a saber, a defesa nacional, mas apenas em relação aos meios. O argumento pode, assim, ser conduzido de modo puramente científico, pois a discordância, causa da disputa, é somente em relação aos fatos presentes ou futuros, certos ou prováveis. A todos esses casos se aplica o tipo de racionalidade que chamei de teórica, apesar do envolvimento da questão prática.

Existe, contudo, em muitos casos que parecem estar incluídos nesse grupo, uma complicação bastante importante na prática. Um homem que deseja agir de determinada maneira estará convencido de que por atuar assim alcançará um fim considerado bom, mesmo quando, se não tivesse tal desejo, não visse razão para essa crença. E ele julgará de forma bem diferente a objetividade e as probabilidades da que um homem com desejos contrários julgaria. Os jogadores, como todos sabem, são cheios de crenças irracionais em sistemas que *devem* levá-los a ganhar a longo prazo. As pessoas que se interessam por política estão convencidas de que os líderes de seu partido jamais serão culpados de truques desonestos como os praticados por políticos da oposição. Homens que gostam de administração pensam que é benéfico para a população ser tratada como um rebanho de carneiros; homens que gostam de fumar alegam que acalma os nervos, e homens que gostam de álcool dizem que estimula a inteligência. O viés produzido por tais causas falsifica os julgamentos dos homens em relação aos fatos de uma maneira difícil de evitar. Mesmo um artigo científico conhecido sobre os efeitos do álcool no sistema nervoso revelará, em geral, por evidência interna, se o autor era ou não abstêmio; em ambos os casos, ele tem uma tendência a ver os fatos de modo a justificar sua própria prática. Na política e na religião essas considerações tornam-se bastante importantes. A maioria dos homens pensa que ao moldar as opiniões políticas age pelo desejo do bem público; mas nove entre dez homens políticos podem ser previsíveis pela forma como ganham a vida. Isso levou algumas pessoas a afirmar, e muitas outras a acreditar, na prática, que em tais assuntos é impossível ser objetivo, e que não há método possível senão uma luta pela supremacia entre as classes com tendências opostas.

É apenas nesses assuntos, entretanto, que a psicanálise é útil, em especial, porque permite ao homem tornar-se ciente de uma tendência até agora inconsciente. Fornece-nos uma técnica para nos vermos como os outros nos vêem, e uma razão para supormos que essa visão de nós mesmos é menos injusta do que estamos inclinados a pensar. Combinado a um treinamento do ponto de vista científico, esse método poderia, se ensinado de forma ampla, permitir às pessoas serem infinitamente mais racionais do que são hoje a respeito de todas as suas crenças objetivas e sobre os possíveis efeitos de qualquer ação proposta. E se os homens não discordassem sobre tais assuntos, as discordâncias remanescentes seriam quase com certeza passíveis de ajustes amigáveis.

No entanto, permanece um resíduo que não pode ser tratado por métodos puramente intelectuais. Definitivamente, os desejos de um homem não se harmonizam completamente com os de outro. Dois concorrentes na bolsa de valores podem estar plenamente de acordo sobre qual seria o efeito dessa ou daquela ação, mas isso não produziria a harmonia prática, pois cada um deseja ficar rico às expensas do outro. Contudo, mesmo aqui a racionalidade é capaz de prevenir grande parte do dano que de outra forma ocorreria. Chamamos um homem de irracional quando ele age de forma passional, quando ele, ao querer se vingar, faz mais mal a si do que ao outro. Ele é irracional porque se esquece de que, para satisfazer o desejo que acaba de sentir com mais intensidade no momento, frustra outros desejos que a longo prazo são mais importantes para si. Se os homens fossem racionais, eles optariam por um ponto de vista mais correto sobre seus próprios interesses do que o fazem agora; e se todos os homens agissem no interesse próprio mais esclarecido, o mundo seria um paraíso em comparação ao que é. Eu não sustento que não haja nada melhor do que o interesse próprio como motivação da ação; mas afirmo que o interesse próprio, como o altruísmo, é melhor quando é esclarecido do que quando não o é. Em uma comunidade ordenada, é bastante raro o interesse de um homem fazer qualquer coisa que seja muito danosa para os outros. Quanto menos racional um homem é, com menos freqüência perceberá que o que fere os outros também o fere, pois a vontade cheia de ódio ou inveja o cega. Portanto, embora não pretenda que o esclarecimento do desejo próprio seja a moralidade máxima, sustento que, caso se tornasse comum, converteria o mundo em um lugar incomensuravelmente melhor do que é.

Na prática, a racionalidade pode ser definida como o hábito de relembrar todos os nossos desejos relevantes, e não apenas os que parecem mais fortes no momento. Como a racionalidade na opinião, é uma questão de grau. A racionalidade total é sem dúvida um ideal inatingível, mas, desde que continuemos a classificar alguns homens de lunáticos, fica claro que achamos alguns homens mais racionais do que outros. Acredito que todo progresso sólido no mundo consiste no aumento da racionalidade, tanto prática quanto teórica. Preconizar uma moralidade altruística parece-me um tanto inútil, porque apelaria só para aqueles que já tivessem desejos altruístas. Mas apelar para a racionalidade é de alguma forma diferente, uma vez que a racionalidade nos ajuda a realizar nossos próprios desejos como um todo, quaisquer que sejam. Um homem é racional na proporção em que sua inteligência informa e controla seus desejos. Creio que o controle de nossas ações por nossa inteligência é, em última análise, o mais importante e o que faria com que a vida social continuasse a ser possível à medida que a ciência aumentasse os meios à nossa disposição para nos ferirmos uns aos outros. A educação, a imprensa, a política e a religião – em uma expressão, todas as grandes forças do mundo – estão, no momento, do lado da irracionalidade; estão nas mãos de homens que adulam o rei Demos para desencaminhá-lo. O remédio não está em nenhum cataclismo heróico, mas nos esforços individuais em direção a uma visão mais sã e equilibrada de nossas relações com nossos vizinhos e com o mundo. É na inteligência, cada vez mais disseminada, que devemos buscar a solução das doenças de que nosso mundo sofre.

5

A FILOSOFIA NO SÉCULO XX

Desde o fim da Idade Média, a importância social e política da filosofia tem diminuído de forma constante. William de Ockham, um dos maiores filósofos medievais, foi contratado pelo cáiser para escrever panfletos contra o papa; naquela época, muitas questões cruciais estavam vinculadas à disputa nas escolas filosóficas. Os avanços da filosofia no século XVII estavam mais ou menos conectados à oposição política à Igreja Católica; Malebranche, é verdade, era padre, mas os padres não tinham permissão para aceitar sua filosofia. Os discípulos de Locke, na França do século XVIII, e os benthamitas, na Inglaterra do século XIX, eram, em grande parte, radicais extremos em política, e criaram o ponto de vista liberal burguês moderno. Mas a correlação entre as opiniões políticas e filosóficas reduz-se à medida que progredimos. Hume era um *Tory* na política, embora fosse um radical extremo na filosofia. Apenas na Rússia, que permaneceu na Idade Média até a revolução, sobreviveu a clara conexão existente entre a política e a filosofia. Os bolcheviques são materialistas, enquanto os brancos são idealistas. No Tibete a conexão é ainda mais próxima; o segundo funcionário no escalão do Estado é chamado de "metafísico-chefe". A filosofia, em outros lugares, não é mais tida em tão alta estima.

A filosofia acadêmica, em todo o século XX, está dividida principalmente em três grupos. O primeiro consiste dos adeptos da filosofia alemã clássica, de modo geral, Kant, e algumas vezes Hegel. O segundo está formado pelos pragmáticos e por Bergson. O terceiro é constituído por aqueles que se vinculam às ciências, acreditando que a filosofia não possui um traço peculiar de verdade e nenhum método particular de atingi-la; esses homens, por conveniência, podem ser chamados de realistas, embora na verdade existam muitos entre eles para os quais esse nome não seja aplicável de modo estrito. A distinção entre as diferentes escolas não é definida, e os indivíduos pertencem em parte a uma delas e em parte a outra. William James pode ser visto como o fundador tanto do realismo quanto do pragmatismo. Os livros recentes do dr. Whitehead empregam os métodos dos realistas na defesa de uma metafísica mais ou menos bergsoniana. Muitos filósofos, não sem apresentar razões suficientes, vêem as doutrinas de Einstein como inspiradoras das bases científicas para as crenças de Kant na subjetividade do tempo e do espaço. As diferenças, de fato, são então menos claras do que as distinções na lógica. Não obstante, as distinções na lógica são úteis para oferecer uma estrutura para a classificação das opiniões.

O idealismo alemão, em todo o século XX, esteve na defensiva. Os novos livros, reconhecidos não só por professores mas também por outras pessoas como importantes, representavam escolas mais novas, e uma pessoa que as tenha julgado por resenhas de livros poderia imaginar que essas escolas tivessem agora o controle do pensamento filosófico. Mas, na verdade, a maioria dos professores de filosofia na Alemanha, França e Grã-Bretanha – talvez não na América – ainda aderem à tradição clássica. É com certeza muito mais fácil para um jovem chegar a um posto se pertencer a essa corrente do que se não o fizer. Seus oponentes tentaram mostrar que ela compartilhava a iniquidade alemã, e que de alguma forma fora responsável pela invasão da Bélgica*.

---

* Ver *Egotism in German Philosophy* de Santayana, por exemplo. (N.A.)

Mas seus adeptos eram muito eminentes e respeitáveis para que essa linha de ataque fosse bem-sucedida. Dois deles, Émile Boutroux e Bernard Bosanquet, foram, até a morte, os porta-vozes oficiais da filosofia francesa e britânica, respectivamente, em congressos internacionais. A religião e o conservadorismo procuraram, sobretudo, essa escola para defesa contra a heresia e a revolução. Eles têm a força e a fraqueza daqueles que são a favor do *status quo*: a força que vem da tradição e a fraqueza da falta de frescor no pensamento.

No mundo de língua inglesa, essa posição foi assumida apenas pouco antes do início do século XX. Comecei a estudar filosofia seriamente em 1893, o ano em que foi publicado *Appearance and Reality,* de Bradley. Bradley foi um dos que lutaram para obter o devido reconhecimento da filosofia alemã na Inglaterra, e sua atitude estava bem longe da de alguém que defenda uma ortodoxia tradicional. Para mim, assim como para a maioria de meus contemporâneos, sua *Logic* e seu *Appearance and Reality* tiveram um apelo profundo. Ainda vejo esses livros com grande respeito, embora há muito tenha deixado de concordar com suas doutrinas.

O ponto de vista do hegelianismo caracteriza-se pela crença de que apenas a lógica pode nos dizer o bastante sobre o mundo real. Bradley partilha dessa crença; ele defende que o mundo, como parece ser, é autocontraditório, e, portanto, ilusório, enquanto o mundo real, visto que deve ser logicamente autoconsistente, com certeza terá determinadas características surpreendentes. Não pode ser no espaço e no tempo, não pode conter uma variedade de coisas inter-relacionadas, não pode conter egos separados ou até o grau de divisão entre sujeito e objeto que está envolvido no conhecimento. Consiste, assim, em um absoluto único, eternamente comprometido com algo mais análogo ao sentimento do que ao pensamento ou à vontade. Nosso mundo sublunar é uma ilusão e o que nele parece acontecer na verdade não importa. Essa doutrina deve destruir a moralidade, porém a moralidade é temperamental e desafia a lógica. Os hegelianos advogam como seu princípio moral básico que devemos nos comportar como se a filosofia hegeliana fosse verdadeira; mas não percebem que se fosse real nosso comportamento não importaria.

O ataque a essa filosofia veio de duas vertentes. De um lado estavam os lógicos, que apontaram as falácias em Hegel, e argumentaram que relações e pluralidade, espaço e tempo, não são de fato autocontraditórios. Do outro, estavam os que não gostam da arregimentação e da ordem envolvidas em um mundo criado pela lógica; e os mais importantes entre eles foram William James e Bergson. As duas linhas de ataque não eram logicamente inconsistentes, exceto em algumas de suas manifestações acidentais, mas tinham características diversas, e inspiravam-se em diferentes tipos de conhecimento. Além disso, o apelo era bem distinto; o de uma era acadêmico, e o da outra, humano. O apelo acadêmico argumentou que o hegelianismo era falso: o apelo humano, que ele era desagradável. Naturalmente, o último tinha mais sucesso popular.

No mundo de língua inglesa, a maior influência na superação do idealismo alemão foi William James – não como se tornou conhecido, em *Psychology*, mas por meio das séries de pequenos livros que foram publicados nos últimos anos de sua vida e após a sua morte. Em um artigo publicado em *Mind* (*Mente*), há muito tempo, em 1884, reeditado em um volume póstumo de *Essays in Radical Empirism**, ele manifesta sua tendência temperamental com um charme extraordinário:

> Como nós, na maioria, não somos céticos, podemos prosseguir e confessar com franqueza uns para os outros os motivos de nossas várias crenças. Eu confesso os meus com franqueza – não posso senão pensar que no fundo são de sorte estética, e não lógica. O universo "completo" parece sufocar-me com sua infalível e impecável invasão total. Sua necessidade, sem possibilidades; suas relações, sem sujeitos, me fazem sentir como se tivesse entrado em um contrato sem direitos reservados, ou melhor,

---

* P. 276-8 (N.A.)

como se tivesse de viver em uma grande pousada à beira-mar sem quarto privado no qual pudesse me refugiar da sociedade local. Tenho plena consciência, além do mais, de que a antiga disputa entre pecadores e fariseus tem algo a ver com a questão. Com certeza, segundo meu conhecimento pessoal, nem todos os hegelianos não são puritanos, porém sinto, de alguma forma, como se todos os puritanos tivessem de terminar, se desenvolvidos, por se tornarem hegelianos. Existe uma história de dois padres chamados, por engano, para realizar o mesmo funeral. Um chegou primeiro e não foi além de "Eu sou a ressurreição e a vida", quando o outro entrou. "*Eu* sou a ressurreição e a vida", gritou o último. A filosofia "completa", como existe atualmente, nos lembra esse padre. Parecem por demais janotas com seus colarinhos brancos apertados e barbeados em excesso para falar sobre o vasto e lento cosmos inconsciente, com seus terríveis abismos e marés desconhecidas.

Creio que podemos apostar que nenhum ser humano, exceto William James, teria pensado em comparar o hegelianismo a uma pousada na praia. Em 1884, esse artigo não teve efeito, pois o hegelianismo ainda estava sendo atualizado, e os filósofos não haviam aprendido a admitir que seus temperamentos não tinham relação com suas opiniões. Em 1912 (a data da reedição), o cenário havia mudado em muitos casos – entre outros, a influência de William James sobre seus alunos. Não posso dizer que o tenha conhecido, senão superficialmente, exceto por seus escritos, mas me parece que é possível distinguir três tendências em sua natureza, e todas contribuem para formar seu ponto de vista. A última, porém a mais importante de suas manifestações filosóficas, foi a influência de sua educação em fisiologia e medicina, que lhe deu um viés científico e ligeiramente materialista comparado aos filósofos puramente literários provenientes de Platão, Aristóteles e Hegel. Essa tendência domina *Psychology*, salvo em poucas passagens cruciais, tais como a discussão da liberdade da vontade. O segundo elemento de sua composição filosófica foi o viés místico e religioso herdado do pai e compartilhado com o irmão. Isso inspirou *A vontade de crer* e o interesse na pesquisa física. O terceiro foi uma tentativa, feita com toda a honestidade de uma consciência da Nova Inglaterra, de exterminar as exigências excessivas naturais, que também partilhava com o irmão, e substituí-las por um sentimento democrático *à la* Walt Whitman. A impertinência é visível na citação acima, em que expressa o horror de uma pousada sem quarto privado (que Whitman teria amado). O desejo de ser democrático é visível na alegação de ser um pecador, não um fariseu. Com certeza, não era fariseu, mas, com toda probabilidade, cometera alguns pecados, como todos os mortais. Nesse ponto, faltou-lhe a modéstia usual.

As pessoas melhor capacitadas devem, em geral, sua excelência à combinação de qualidades supostamente incompatíveis, e esse era o caso de James, cuja importância era maior do que pensava a maioria de seus contemporâneos. Ele defendia o pragmatismo como um método de apresentar esperanças religiosas como hipóteses científicas, e adotou a concepção revolucionária de que não existe algo como a "consciência", como forma de superar a oposição entre mente e matéria sem que uma delas predomine. Nesses dois segmentos de sua filosofia ele tinha diferentes aliados: Schiller e Bergson estão relacionados ao primeiro, e os novos realistas, ao último. Apenas Dewey, entre os homens proeminentes, concordava com ele em ambas as questões. Os dois segmentos têm diferentes histórias e afiliações, e devem ser considerados separadamente.

A vontade de crer de James é de 1897 e seu *Pragmatismo,* de 1907. O *Humanism* de Schiller e *Studies in Logical Theory* datam, ambos, de 1903. Ao longo dos primeiros anos do século XX, o mundo filosófico estava entusiasmado com o pragmatismo; então Bergson apostou mais alto, ao apelar para os mesmos gostos. Os três fundadores do pragmatismo diferem bastante *inter se*; podemos distinguir James, Schiller e Dewey como protagonistas, respectivamente, religioso, literário e científico – pois, embora James tivesse muitas vertentes, foi principalmente a vertente religiosa que encontrou abertura no pragmatismo. Mas ignoremos essas diferenças e tentemos apresentar a doutrina como uma unidade.

A base da doutrina é um determinado tipo de ceticismo. A filosofia tradicional professou ser capaz de provar as doutrinas fundamentais da religião; seus adversários declararam-se aptos a refutá-las ou, no mínimo, como Spencer, demonstrar que não podiam ser provadas. Parece, entretanto, que, se não poderiam ser provadas, também não poderiam ser contestadas. E isso parecia ser o caso de muitas doutrinas que homens como Spencer pensavam ser inabaláveis: causalidade, o reinado da lei, o valor da confiabilidade da memória, a validade da indução e assim por diante. Todas essas doutrinas, do ponto de vista puramente racional, deveriam ser abraçadas com isenção de julgamento dos agnósticos, pois, até o ponto em que podemos constatar, são radicalmente incapazes de provar ou contestar. James argumentou que, como homens práticos, não podemos manter a dúvida sobre essas questões se queremos sobreviver. Devemos presumir, por exemplo, que o tipo de comida que nos alimentou no passado não nos envenenará no futuro. Algumas vezes nos enganamos, e morremos. O teste de uma crença não é a conformidade ao "fato", porque nunca conseguimos alcançar os fatos envolvidos; o teste é o sucesso em promover a vida e a realização de nossos desejos. Desse ponto de vista, como James tentou mostrar em *As variedades da experiência religiosa*, as crenças religiosas, com freqüência, passam no teste e são, portanto, chamadas "verdadeiras". Não é em nenhum outro sentido – sustenta ele – que as teorias que têm mais crédito na ciência podem ser chamadas "verdadeiras": elas funcionam na prática, e é tudo que sabemos sobre o assunto.

Há muito a ser comentado quanto a essa visão, da forma como foi aplicada a hipóteses gerais da ciência e da religião. Dada uma definição cuidadosa do que se entende por "funcionar", e a condição de que os casos envolvidos são aqueles sobre os quais não sabemos realmente a verdade, não há necessidade de contestar a doutrina nesse ponto. Tomemos exemplos mais modestos, em que a verdade incontestável não é tão difícil de obter. Suponhamos que, ao ver um raio, podemos esperar escutar um trovão, ou julgar que o raio estava longe demais para que o trovão pudesse ser ouvido ou, então, esquecer o assunto. O último é o caminho mais sensato, mas suponhamos que você adote um dos outros dois. Quando ouvir o trovão, sua crença será confirmada ou refutada, não por qualquer vantagem ou desvantagem que lhe foi trazida, mas pelo "fato", a sensação de escutar o trovão. Os pragmáticos prestam atenção em especial a crenças que são incapazes de serem confirmadas por quaisquer fatos que aconteçam em nossa experiência. Grande parte das nossas crenças diárias sobre assuntos mundanos – por exemplo, que o endereço de fulano é tal e tal – pode ser confirmada em nossa experiência, e nesses casos o critério pragmático é desnecessário. Em muitos casos, como o do trovão, citado no exemplo acima, não se aplica, pois a verdadeira crença não possui vantagem prática sobre a falsa, e nenhuma delas é tão vantajosa como pensar sobre outra coisa. É um defeito comum dos filósofos apreciar mais "grandes" exemplos dos os que acontecem na nossa vida comum e cotidiana.

Embora o pragmatismo não contenha, em última análise, a verdade filosófica, tem certos méritos importantes. Primeiro, percebe que a verdade que podemos alcançar é apenas a verdade humana, falível e mutável como tudo no homem. O que está fora do ciclo das ocorrências humanas não é verdadeiro, mas sim acontecimentos factuais (de determinados tipos). A verdade é uma propriedade das crenças, e as crenças são eventos físicos. Além disso, sua relação com os fatos não tem a simplicidade esquemática que a lógica presume; ter demonstrado isso é o segundo mérito do pragmatismo. As crenças são vagas e complexas, e não apontam para um fato preciso, mas para diversas regiões vagas de fatos. As crenças, portanto, ao contrário das proposições esquemáticas da lógica, não são opostos definidos como verdadeiro ou falso, mas são uma névoa de verdade e falsidade; possuem tons variados de cinza, nunca brancos ou pretos. As pessoas que falam com reverência da "Verdade" fariam melhor se falassem sobre Fato e percebessem que as qualidades da reverência que homenageiam não são encontradas nos credos humanos. Existem vantagens práticas e teóricas nesse aspecto, pois as pessoas perseguem umas as outras em virtude de acreditarem que conhecem a "verdade". Do ponto de vista psicanalítico, pode-se estabelecer que qualquer "grande ideal" mencionado com reverência pelas pessoas é, de fato, uma desculpa para infligir dor a seus inimigos. Quem tem méritos não precisa apregoá-los, e bons preceitos morais não necessitam ser expressos.

Na prática, entretanto, o pragmatismo tem um lado mais ameaçador. A verdade, segundo ele, é o que convém para as crenças. Hoje uma crença pode ser válida para o funcionamento da lei criminal. No século XVII, o catolicismo era vantajoso nos países católicos e o protestantismo, em países protestantes. Pessoas mais enérgicas podem produzir a "verdade" controlando o governo e perseguindo opiniões diferentes das suas. Essas conseqüências derivam do exagero em que caiu o pragmatismo. Admitindo-se, como assinalam os pragmáticos, que a verdade é uma questão de intensidade e uma propriedade de ocorrências puramente humanas, ou seja, de crenças, isso ainda não significa que o grau de verdade pertencente a um credo dependa apenas das condições humanas. Ao aumentar o grau de verdade em nossas crenças, nos aproximamos de um ideal, e o ideal é determinado pelo Fato, que só está sob nosso controle até certo ponto, no tocante a algumas circunstâncias menores perto ou na superfície de determinado planeta. A teoria do pragmatismo provém da prática do anunciante que, ao dizer repetidas vezes que suas pílulas valem uma libra a caixa faz com que as pessoas queiram dar seis *pennies* por ela, e com isso torna sua assertiva mais próxima da verdade do que se tivesse sido formulada com menos confiança. Esses exemplos de verdades criadas pelo homem são interessantes, mas seu escopo é bastante limitado. Ao exagerar o escopo, as pessoas envolvem-se em uma orgia de propaganda, que é, em última instância, terminada abruptamente por fatos comprovados na forma de guerra, peste ou fome. A história recente da Europa é uma lição objetiva da falsidade desse enfoque do pragmatismo.

É curioso que Bergson tenha sido saudado como aliado pelos pragmáticos, já que, à primeira vista, sua filosofia é a antítese perfeita da deles. Enquanto os pragmáticos ensinam que a utilidade é o teste da verdade, Bergson ensina, ao contrário, que nosso intelecto, tendo sido moldado por necessidades práticas, ignora todos os aspectos do mundo pelos quais não tem interesse, o que constitui um obstáculo à apreensão da verdade. Temos, pensa ele, uma faculdade chamada "intuição" que podemos usar se fizermos um esforço, e que nos capacita a conhecer, pelo menos na teoria, todo o passado e o presente, mas aparentemente não o futuro. Contudo, como seria inconveniente ser perturbado com tanto conhecimento, nós desenvolvemos um cérebro cuja função é o esquecimento. Mas para o cérebro, devemos lembrar tudo; devido a suas operações de falta de memória, lembramos, em geral, apenas o que é útil, e tudo o que é errado. A utilidade, para Bergson, é a fonte do erro, ao passo que a verdade chega pela contemplação mística por meio da qual todo pensamento de vantagem prática está ausente. No entanto, Bergson, como os pragmáticos, prefere a ação à razão, Otelo a Hamlet; acha melhor matar Desdêmona por intuição do que deixar o rei vivo por causa do intelecto. Isso é o que faz com que os pragmáticos o vejam como um aliado.

Donnés immédiates de la conscience de Bergson, foi publicado em 1839; e seu *Matéria e memória,* em 1896. Mas a grande reputação começou com *A evolução criadora,* publicado em 1907 – não que este livro fosse melhor do que os outros, mas continha menos argumentos e mais retórica, de modo que tinha efeito mais persuasivo. Não há, nesse livro, do começo ao fim, nenhum argumento e, portanto, nenhum mau argumento; existe apenas um retrato poético que apela para a fantasia. Não há nada nele para ajudar-nos a concluir se a filosofia por que advoga é verdadeira ou falsa; essa questão, que pode ser encarada como frívola, Bergson deixou para os outros refletirem. Porém, segundo suas próprias teorias, ele está correto, pois a verdade deve ser alcançada pela intuição, não pelo intelecto e, assim, não é uma questão de argumento.

Uma grande parte da filosofia de Bergson é apenas misticismo tradicional expresso em uma linguagem com algumas conotações novas. A doutrina da interpenetração, segundo a qual coisas diferentes não estão realmente separadas, mas o estão só pela concepção do intelecto analítico, encontra-se em cada místico, ocidental ou oriental, de Parmênides a Bradley. Bergson imprimiu um ar de novidade à sua doutrina por meio de dois dispositivos. Primeiro, ele vincula "intuição" com os instintos dos animais; sugere que a intuição é o que permite à solitária vespa *Ammophila* picar a larva na qual coloca seus ovos com precisão para paralisá-la sem matá-la. (O exemplo é infeliz, visto que o dr. e a sra. Peckham demonstraram que essa pobre vespa não é mais infalível do que um simples homem da ciência com seu intelecto estúpido.) Isso dá um sabor de ciência moderna a suas doutrinas, lhe permite citar exemplos zoológicos que fazem com que os incautos pensem que seus pontos de vista sejam baseados nos últimos resultados da pesquisa biológica. Segundo, ele dá o nome de "espaço" à separação das coisas como surgem para o intelecto analítico e o nome de "tempo" ou "duração" para a sua interpenetração como revelada à intuição. Isso possibilita que diga muitas coisas novas sobre "espaço" e "tempo", que parecem muito profundas e originais quando se supõe que possuam a significação comum dessas palavras. "Matéria", sendo o que está no "espaço", é na verdade uma ficção criada pelo intelecto, e é vista dessa forma, assim que nos colocamos na perspectiva da intuição.

Nesse ponto de sua filosofia, à parte a fraseologia, Bergson não acrescentou nada a Platão. A invenção da fraseologia com certeza mostra grande habilidade, mas podemos considerá-la mais uma aptidão de um promotor de uma empresa do que de um filósofo. Não é essa parte de sua filosofia, entretanto, que fez com que alcançasse grande popularidade. Ele deve isso à sua doutrina do *élan vital* e o devir. Sua significativa e admirável inovação é ter combinado misticismo com a crença na realidade do tempo e do progresso. Vale a pena observar como ele atingiu esse feito.

O misticismo tradicional tornou-se contemplativo, convencido da irrealidade do tempo. É essencialmente uma filosofia do homem preguiçoso. O prelúdio psicológico à iluminação mística é a "noite escura da alma", que aparece quando um homem está frustrado, sem esperanças em suas atividades práticas, ou por alguma razão perde, de repente, interesse nelas. Excluídas assim as atividades, ele passa à contemplação. É lei de nosso ser, sempre que for de alguma forma possível, que dotemos tais crenças como desejo de preservar nosso auto-respeito. A literatura psicanalítica tem inúmeros exemplos grotescos dessa lei. Do mesmo modo, o homem que foi levado à contemplação descobre que esta é o fim precípuo da vida, e que o mundo real está escondido dos que estão imersos nas atividades mundanas. Nessas bases, o restante das doutrinas do misticismo tradicional pode ser deduzido. Lao Tsé, talvez o primeiro grande místico, escreveu seu livro (afirma a tradição) em uma alfândega enquanto esperava que sua bagagem fosse examinada*; e, como era de esperar, está repleto de doutrina sobre a futilidade da ação.

Bergson procurou adaptar o misticismo àqueles que acreditam na atividade e na "vida", que crêem na realidade do progresso e não estão, de forma alguma, desiludidos com sua existência terrena. O místico é, de modo geral, um homem de temperamento ativo forçado à inatividade; o vitalista é um homem de índole inativa com admiração romântica pela ação. Antes de 1914, o mundo estava cheio dessas pessoas, indivíduos retratados na peça *A casa da desilusão,* de Bernard Shaw. As características de seu temperamento eram o tédio e o ceticismo, ocasionando o amor pela excitação e a ânsia por uma fé irracional – uma fé que encontraram, em última análise, na crença de que era seu dever fazer com que as pessoas matassem umas às outras. Mas em 1907 eles não tinham essa saída, e Bergson forneceu um bom substituto.

A concepção de Bergson é algumas vezes expressa em uma linguagem que pode levar à desorientação, porque os

---

* O principal argumento contra essa tradição é que o livro não é muito longo. (N.A.)

assuntos que vê como ilusórios são às vezes mencionados de modo a sugerir que são reais. Porém quando evitamos as possibilidades de mal-entendidos, acredito que sua doutrina do tempo é a seguinte. O tempo não é uma série de momentos ou eventos separados, mas um crescimento contínuo, no qual o futuro não pode ser previsto porque é genuinamente novo e, portanto, inimaginável. Tudo o que realmente acontece persiste, como as camadas sucessivas no crescimento de uma árvore. (Isso não é uma ilustração.) Assim, o mundo está em perpétuo crescimento: mais cheio e mais rico. Tudo o que aconteceu subsiste na memória pura da intuição, em oposição à pseudomemória do cérebro. Essa persistência é a "duração", enquanto o impulso para a nova criação é o "*élan vital*". Recuperar a memória pura da intuição é uma questão de autodisciplina. Não sabemos como fazê-lo, mas suspeitamos que seja algo semelhante à prática dos iogues.

Se alguém se aventura a aplicar a filosofia de Bergson a algo tão vulgar como a lógica, certas dificuldades aparecerão nessa doutrina de transição. Bergson nunca se cansa de falar com desdém dos matemáticos por pensarem o tempo como uma série, cujas partes são mutuamente externas. Mas se existe de fato uma novidade genuína no mundo, como insiste (e sem essa característica sua filosofia perde suas qualidades atrativas), e se o que quer que venha de fato ao mundo persista (que é a simples essência de sua doutrina da duração), então a soma total da existência em qualquer tempo anterior é parte da soma total de qualquer tempo posterior. O conjunto de condições do mundo nos diversos tempos forma uma série em virtude dessa relação do todo e da parte, e essa série possui todas as propriedades que o matemático deseja e que Bergson professa ter banido. Se os novos elementos que são acrescentados nos estágios posteriores do mundo não forem externos aos antigos elementos, não há novidade genuína, a evolução criativa não criou nada, e retornamos ao sistema de Plotino. É evidente que a resposta de Bergson para esse dilema é que ocorre um "crescimento", no qual tudo muda e ainda assim permanece o mesmo. Essa concepção, entretanto, é um mistério, que o profano não espera compreender.

No fundo, o apelo de Bergson é à fé mística, não à razão; porém, nas regiões em que a fé está acima da lógica, não podemos acompanhá-lo.

Nesse ínterim, proveniente de muitas direções, cresceu uma filosofia com freqüência descrita como "realismo", mas que se caracteriza, na verdade, pela análise como método e pelo pluralismo como metafísica. Não é necessariamente realista, pois é, de algumas formas, compatível com o idealismo berkleiniano. Não é compatível com o idealismo kantiano ou hegeliano, porque rejeita a lógica na qual esses sistemas estão baseados. Tende cada vez mais à adoção e ao desenvolvimento da concepção de James, de que a substância fundamental do mundo não é nem mental nem material, mas algo mais simples e essencial, do qual tanto a mente quanto a matéria são construídos.

Nos anos 1890, James era quase a única figura eminente, exceto entre os muito idosos, que se posicionou contra o idealismo alemão. Schiller e Dewey ainda não haviam começado a despontar, e mesmo James era visto como um psicólogo que não precisava ser levado muito a sério na filosofia. Contudo, em 1900 iniciou-se uma revolta contra o idealismo alemão, não do ponto de vista do pragmatismo, mas da perspectiva estritamente técnica. Na Alemanha, salvo os admiráveis trabalhos de Frege (que começam em 1879, mas não foram lidos até recentemente), *Logische Untersuchungen,* de Husserl, obra monumental publicada em 1900, logo começou a exercer um grande efeito. *Über Annahmen* (1902) e *Gegenstandstheorie und Psychologie* (1904), de Meinong, influenciaram no mesmo sentido. Na Inglaterra, G.E. Moore e eu começamos a defender concepções similares. Seu artigo sobre "The Nature of Judgement" ("A natureza do julgamento") foi publicado em 1899; seu *Principia Ethica,* em 1903. Meu *Filosofia de Leibniz* foi editado em 1900, e *Os princípios da matemática,* em 1903. Na França, o mesmo tipo de filosofia era fortemente advogado por Couturat. Na América, o empirismo radical de William James (sem seu pragmatismo) foi associado à nova lógica para criar uma filosofia radicalmente inédita, dos *novos rea-*

listas, de alguma forma posterior, porém mais revolucionária do que os trabalhos europeus acima mencionados, embora a *Analyse der Empfindungen,* de Mach, tenha antecipado parte de seu ensinamento.

A nova filosofia, assim inaugurada, ainda não chegou à sua forma final, e ainda é imatura em alguns aspectos. Além disso, existe uma dose considerável de discordância entre seus vários defensores. Algumas partes são, de certa forma, difíceis de compreender. Por essas razões, é impossível fazer mais do que apresentar algumas de suas características proeminentes.

A primeira característica da nova filosofia é que ela abandona a reivindicação de um método filosófico especial ou um ramo distinto de conhecimento a ser obtido por seus meios. Considera a filosofia e a ciência essencialmente uma única entidade, diferindo das ciências especiais apenas pela generalidade de seus problemas, e pelo fato de que está preocupada com a formação de hipóteses para as quais ainda não existem evidências empíricas. Concebe todo o conhecimento como saber científico, a ser provado e verificado pelos métodos da ciência. Não procura, de modo geral, como a filosofia, até então, fazer proposições sobre o universo como um todo, nem construir um sistema abrangente. Acredita, com base na sua lógica, que não há razão para negar, aparentemente, a natureza gradativa e confusa do mundo. Não considera o mundo como "orgânico", no sentido de que se qualquer parte for compreendida de modo adequado, o todo poderá ser entendido, como o esqueleto de um monstro extinto pode ser inferido a partir de um único osso. Em especial, não tenta, como fez o idealismo alemão, deduzir a natureza do mundo, como um todo, da natureza do conhecimento. Julga o conhecimento um fato natural como qualquer outro, sem nenhum significado místico e nenhuma importância cósmica.

A nova filosofia possuía originalmente três fontes principais: a teoria do conhecimento, a lógica e os princípios da matemática. Desde Kant, o saber tem sido concebido como uma interação, na qual algo conhecido foi modificado pelo entendimento que temos dele e, portanto, sempre teve determinadas características devidas a esse conhecimento.

Afirmou-se também (embora não Kant), ser logicamente impossível algo existir sem ser conhecido. Por conseguinte, as propriedades adquiridas por serem familiares são propriedades inerentes a tudo. Dessa forma, sustentou-se que podemos descobrir muito sobre o mundo real apenas ao estudar as condições do conhecimento. A nova filosofia sustentou, ao contrário, que o saber, como regra, não faz diferença para o que é conhecido, e que não há a menor razão para não existirem coisas desconhecidas por alguma mente. Como conseqüência, a teoria do conhecimento deixa de ser a chave mágica para abrir a porta dos mistérios do universo, e fomos jogados de volta ao trabalho laborioso da investigação da ciência.

Na lógica, de modo similar, o atomismo substituiu a concepção "orgânica". Sustentou que tudo é afetado em sua natureza intrínseca por suas relações com todo o resto, de modo que um conhecimento completo de algo envolveria o completo entendimento de todo o universo. A nova lógica afirmou que o caráter intrínseco de algo não nos permite deduzir de modo lógico suas relações com outras coisas. Um exemplo esclarecerá a questão. Leibniz alega (e nisso concorda com os idealistas modernos) que se um homem estiver na Europa e sua mulher morrer na Índia, ocorre uma mudança intrínseca no homem no momento da morte da mulher. O senso comum diz que não há mudança intrínseca no homem até que saiba de seu falecimento. Essa concepção é adotada pela nova filosofia; suas conseqüências têm maior alcance do que pode parecer à primeira vista.

Os princípios da matemática sempre tiveram uma relação importante com a filosofia. A matemática aparentemente contém conhecimento *a priori* com elevado grau de certeza, e grande parte da filosofia aspira a possuir um saber *a priori*. Desde Zenão, adepto da escola aleática, os filósofos idealistas têm procurado lançar descrédito na matemática elaborando contradições a fim de mostrar que os matemáticos não haviam chegado à verdade metafísica real, e que os filósofos eram capazes de fornecer algo melhor. Essa teoria é abundante em Kant, e mais ainda em Hegel. Durante o século

XIX, os matemáticos destruíram essa parte da filosofia de Kant. Lobatchevski, ao inventar a geometria não euclidiana, minou o argumento matemático da estética transcendental de Kant. Weierstrass provou que a continuidade não envolve os infinitesimais; Georg Cantor inventou uma teoria da continuidade e uma teoria do infinito que aboliram todos os antigos paradoxos nos quais os filósofos floresceram. Frege mostrou que a aritmética segue a lógica, o que Kant havia negado. Todos esses resultados foram obtidos por métodos matemáticos comuns, e eram tão inquestionáveis quanto a tabela de multiplicação. Os filósofos confrontaram a situação não lendo os autores envolvidos. Apenas os novos filósofos assimilaram os resultados recém-adquiridos e, por isso, obtiveram uma vitória argumentativa fácil sobre os partidários da manutenção da ignorância.

A nova filosofia não é só crítica. É construtiva, porém como a ciência é construtiva: pouco a pouco e por tentativa. Tem um método técnico especial de construção, ou seja, a lógica matemática, um novo campo da matemática de imagens mais parecidas com a filosofia do que os ramos tradicionais. A lógica matemática torna possível, como nunca, perceber qual o resultado, para a filosofia, de determinado corpo da doutrina científica, que entidades devem ser presumidas, e as relações entre elas. A filosofia da matemática e da física fez enormes avanços com a ajuda desse método; parte dos resultados para a física foi a apresentação feita pelo dr. Whitehead em três trabalhos recentes*. Existe motivo para esperar que o método provará ser igualmente útil em outros campos, porém é técnico demais para ser mostrado aqui.

Grande parte da filosofia pluralista moderna tem sido inspirada pela análise lógica de proposições. No início, esse método foi aplicado com demasiado respeito à gramática; Meinong, por exemplo, sustenta que, como podemos de fato dizer "o quadrado redondo não existe", deve haver um objeto como um quadrado redondo, embora deva ser um objeto

---

* *The Principle of Natural Knowledge*, 1919; *The Concept of Nature*, 1920; *The Principle of Relativity*, 1922. Todos publicados pela Cambridge University Press. (N.A.)

inexistente. O presente escritor, no início, não se eximiu desse tipo de raciocínio, porém descobriu em 1905 como escapar dele por meio da teoria das "descrições", da qual se infere que o quadrado redondo não é mencionado quando dizemos "o quadrado redondo não existe". Pode parecer absurdo perder tempo em tópicos ridículos como esse do quadrado redondo, mas esses temas com freqüência propiciam os melhores testes lógicos das teorias. A maioria das teorias lógicas é condenada pelo fato de que levam a absurdos; portanto, o lógico precisa estar ciente dos absurdos e manter-se vigilante. Muitos experimentos laboratoriais pareceriam triviais a qualquer um que não soubesse de sua importância, e os absurdos são os experimentos dos lógicos.

Em virtude da preocupação com a análise lógica das proposições, a nova filosofia teve no início uma forte coloração platônica e de realismo medieval; considerava que a abstração tinha o mesmo tipo de existência que a concretude. A partir dessa concepção, à medida que a lógica se aperfeiçoava, tornava-se cada vez mais livre. O que resta não choca o senso comum.

Embora a matemática pura estivesse mais preocupada do que qualquer outra ciência com o início da nova filosofia, a influência mais importante nos dias atuais é a da física. Isso ocorreu em particular pelo trabalho de Einstein, que alterou de modo fundamental nossas noções de espaço, tempo e matéria. Este não é o lugar para uma explicação sobre a teoria da relatividade, porém umas poucas palavras sobre algumas de suas conseqüências filosóficas são inevitáveis.

Dois itens especialmente importantes na teoria da relatividade, do ponto de vista filosófico, são: (1) de que não existe um tempo único que abrange tudo e no qual todos os eventos do universo têm lugar; (2) de que a parte convencional ou subjetiva em nossa observação dos fenômenos físicos, embora bem maior do que se supunha antes, pode ser eliminada por meio de determinado método matemático conhecido como cálculo tensorial. Não direi nada sobre este último tópico, pois é intoleravelmente técnico.

Ao considerar o tempo, deve-se ter em mente, para começar, que não estamos lidando com uma especulação filosófica, mas com uma teoria necessária aos resultados experimentais e incorporada às fórmulas matemáticas. Existe o mesmo tipo de diferença entre os dois tal como entre as teorias de Montesquieu e a Constituição americana. O que emerge é: enquanto os eventos que acontecem a certa parte da matéria têm uma ordem de tempo definida do ponto de vista do observador que compartilha seu movimento, os eventos que acontecem a pedaços de matéria em lugares diferentes nem sempre têm uma ordem de tempo definida. Para ser preciso: se um sinal luminoso é enviado da Terra para o Sol, e refletido de volta para a Terra, retornará à Terra dezesseis minutos depois de ter sido enviado. Os eventos que ocorrem na Terra durante esses dezesseis minutos não são anteriores nem posteriores à chegada do sinal luminoso ao Sol. Se imaginarmos observadores que se movem por todos os caminhos possíveis em relação à Terra e ao Sol, verificando os eventos na Terra durante esses dezesseis minutos, e também a chegada do sinal luminoso ao Sol; se presumirmos que todos esses observadores levam em consideração a velocidade da luz e empregam cronômetros precisos; então alguns desses observadores julgarão qualquer evento sucedido na Terra durante esses dezesseis minutos como sendo anterior à chegada do sinal luminoso ao Sol, alguns os julgarão simultâneos, e outros, posteriores. Todos estão igualmente certos e errados. Do ponto de vista impessoal da física, os eventos na Terra durante esses dezesseis minutos não são nem anteriores nem posteriores à chegada do sinal luminoso ao Sol, nem mesmo simultâneos. Não podemos dizer que o evento A em um pedaço de matéria é definitivamente anterior ao evento B em outro, a menos que a luz possa viajar de A a B, começando quando o evento anterior acontece (segundo o tempo de A), e chegando antes de o evento posterior ocorrer (segundo o tempo de B). Caso contrário, a aparente ordem de tempo dos dois eventos varia segundo o observador e não representará, portanto, qualquer fato físico.

Se velocidades comparáveis à da luz fossem comuns em nossa experiência, é provável que o mundo físico parecesse complicado demais para ser estudado pelos métodos científicos e, assim, teríamos de nos contentar com os curandeiros até os dias de hoje. Mas se a física *tivesse* de ser descoberta, deveria ter sido a física de Einstein, já que a física newtoniana seria inaplicável por razões óbvias. As substâncias radioativas enviam partículas que se movem com velocidade próxima à da luz, e o comportamento dessas partículas seria ininteligível sem a nova física da relatividade. Não há dúvida de que a antiga física contém erros, e do ponto de vista filosófico não há desculpa para dizer que é "apenas um pequeno erro". Precisamos reconhecer que, em determinados limites, não existe nenhuma ordem de tempo definida entre eventos que acontecem em diferentes lugares. Este é o fato que levou à introdução de um complexo único chamado "espaço-tempo", em vez de dois complexos separados denominados "espaço" e "tempo". O tempo que consideramos como cósmico é, na verdade, o "tempo local", um tempo vinculado ao movimento da Terra com pouca reivindicação de universalidade, assim como um navio que não altera seus relógios ao cruzar o Atlântico.

Quando consideramos o papel que o tempo desempenha em todas as nossas noções comuns, torna-se evidente que nosso ponto de vista mudaria profundamente se pensássemos de modo imaginativo o que os físicos realizaram. Tomemos a noção de "progresso": se a ordem de tempo for arbitrária, haverá progresso ou retrocesso segundo a convenção adotada na mensuração do tempo. A noção de distância no espaço está, é claro, também afetada: dois observadores que empregam todos os dispositivos possíveis para garantir a precisão chegam a diferentes estimativas da distância entre dois lugares se os observadores estiverem em movimento relativo rápido. É óbvio que a própria idéia de distância tornou-se vaga, porque a distância deve ser medida entre coisas materiais, e não entre pontos de espaço vazio (que são ficções); e deve ser a distância em determinado tempo, pois essa distância entre dois corpos quaisquer muda continuamente; e um determinado tempo é uma noção subjetiva, dependendo do deslocamento do observador. Não mais podemos falar de um corpo em um dado tempo, mas falar apenas de um evento. Entre dois eventos existe, de modo bastante independente de qualquer observador, uma certa relação chamada de "intervalo". Esse intervalo será analisado distintamente por diferentes observadores em um componente espacial e um temporal, mas essa análise não possui validade objetiva. O intervalo é um fato físico objetivo, porém sua separação nos elementos espacial e temporal não é.

É óbvio que nossa antiga e confortável noção de "matéria sólida" não pode perdurar. O pedaço de matéria nada é senão uma série de eventos que obedece a certas leis. A concepção de matéria surgiu em uma época em que os filósofos não tinham dúvidas sobre a validade da concepção de "substância". A matéria era a substância no espaço e no tempo; a mente, a substância que estava só no tempo. A noção de substância tornou-se mais vaga na metafísica no decorrer dos anos, porém sobreviveu na física porque era inócua – até a relatividade ser inventada. A substância, tradicionalmente, é uma noção composta de dois elementos. Primeiro, tinha a propriedade lógica de ocorrer apenas como sujeito em uma proposição, mas não como predicado. Segundo, era algo que persistia ao longo do tempo, ou, no caso de Deus, que era totalmente atemporal. Essas duas propriedades não tinham necessariamente conexão, contudo, isso não era percebido, visto que os físicos ensinavam que pequenos pedaços de matéria eram imortais e a teologia ensinava que a alma era imortal. Ambos, portanto, pensavam ter as duas características da substância. Agora, entretanto, a física nos força a considerar os eventos evanescentes como substâncias no sentido lógico, ou seja, como sujeitos que não podem ser predicados. Um pedaço de matéria, que tomávamos como uma entidade persistente única, é na verdade uma cadeia de entidades, como os objetos aparentemente contínuos em um filme. E não há razão pela qual não possamos dizer o mesmo quanto à mente: o ego persistente parece tão fictício quanto o átomo permanente. Ambos são apenas uma cadeia de eventos que têm certas relações interessantes uns com os outros.

A física moderna nos permite dar corpo à sugestão de Mach e de James de que a "essência" do mundo mental e do mundo físico é a mesma. A "matéria sólida" era, obviamente, bem diferente dos pensamentos e também do ego persistente. Mas, se a matéria e o ego são apenas convenientes agregações de eventos, é bem menos difícil imaginá-los compostos dos mesmos materiais. Além disso, o que pareceu ser, até então, uma das peculiaridades mais marcantes da mente, ou seja, a subjetividade, ou a posse de um ponto de vista, invadiu agora a física, e percebeu-se que não envolve a mente: câmeras fotográficas em diferentes lugares podem fotografar o "mesmo" evento, porém fotografarão de modo diverso. Mesmo os cronômetros e as réguas métricas tornaram-se subjetivos na física moderna; o que registram de forma direta não é um fato físico, mas sua relação com o fato físico. Assim, física e psicologia aproximaram-se uma da outra, e o antigo dualismo de mente e da matéria entrou em colapso.

Talvez valha a pena salientar que a física moderna ignora o termo "força" no sentido antigo ou popular da palavra. Costumávamos pensar que o Sol exercia uma "força" sobre a Terra. Agora pensamos que o espaço-tempo, na proximidade do Sol, é moldado de forma que a Terra encontre menos dificuldade de se mover. O grande princípio da física moderna é o "princípio da menor ação", isto é, que ao passar de um lugar para outro um corpo sempre escolhe a rota que envolve menor ação. (Ação é um termo técnico, mas seu significado não deve nos preocupar no momento.) Os jornais e alguns escritores que querem ser tidos como assertivos gostam da palavra "dinâmico". Não há nada "dinâmico" na dinâmica, que, ao contrário, acha tudo dedutível da lei da preguiça universal. E não existe algo como um corpo "controlando" os movimentos de outro. O universo da ciência moderna é bem mais parecido com o de Lao Tsé do que com o dos que tagarelam sobre "grandes leis" e "forças naturais".

A filosofia moderna do pluralismo e do realismo tem, de alguma forma, menos a oferecer do que as primeiras filosofias. Na Idade Média, a filosofia era uma teologia manufaturada; até hoje, seus títulos constam dos catálogos dos vendedores de livros. Considerou-se, de modo geral, como assunto da filosofia provar as grandes verdades da religião. O novo realismo não professa ser capaz de prová-las, ou mesmo de não prová-las. Tem por objetivo apenas esclarecer as idéias fundamentais das ciências, e sintetizar as diferentes ciências em uma concepção única e abrangente desse fragmento do mundo que a ciência obteve êxito em explorar. Desconhece o que se encontra mais além; não possui talismã para transformar ignorância em conhecimento. Oferece prazeres intelectuais àqueles que os valorizam, mas não tenta bajular conceitos humanos como a maioria das filosofias faz. Se parece árida e técnica, devemos culpar o universo, que escolheu funcionar de um modo matemático e não do modo que os poetas e os físicos teriam desejado. Talvez isso seja lastimável, mas dificilmente espera-se que um matemático o lamente.

6

As máquinas e as emoções

As máquinas destruirão as emoções ou as emoções destruirão as máquinas? Esta pergunta há muito sugerida por Samuel Butler, em *Erewhon*, está cada vez mais atual graças ao crescimento do império do maquinário.

À primeira vista, não parece óbvio que deva existir qualquer oposição entre máquinas e emoções. Qualquer menino normal adora máquinas; quanto maiores e mais poderosas, mais são amadas. Nações que possuem uma longa tradição de excelência artística, como os japoneses, ficam fascinadas pelos métodos mecânicos ocidentais assim que se deparam com eles, e tratam logo de nos imitar. Nada aborrece mais um oriental educado e viajado do que ouvir elogios sobre "a sabedoria do Oriente" ou as tradicionais virtudes da civilização asiática. Ele sente o mesmo que um garoto ao ser obrigado a brincar com bonecas em vez de carrinhos. E assim como um menino, prefere um carro real a um de brinquedo, sem perceber que o verdadeiro poderia atropelá-lo.

No Ocidente, quando a maquinaria era novidade, as pessoas sentiam o mesmo fascínio por ela, salvo alguns poetas e estetas. O século XIX considerava-se superior aos seus antecessores, principalmente devido ao progresso mecânico. Peacock, em seus primórdios, ridicularizava a "sociedade do intelecto a vapor" porque era um literato, para quem autores gregos e latinos representam a civilização; mas tem a consciência de que não está atualizado com as tendências de sua época. Os discípulos de Rousseau e o seu retorno à Natureza, os Poetas de Lake e seu medievalismo, William Morris e seu *News from Nowhere* (um país onde é sempre junho e todos estão ocupados na fenação), representam uma pura oposição sentimental e essencialmente reacionária ao maquinismo. Samuel Butler foi o primeiro homem a apreender do ponto de vista intelectual os argumentos não sentimentais contra as máquinas, mas nele não passou de um *jeu d'esprit* – com certeza não era uma convicção muito sólida. Na sua época, várias pessoas das nações mais mecanizadas sentiam-se inclinadas a adotar com seriedade a visão similar à dos *erewhonianos*; essa visão estava latente ou explícita na atitude de muitos que se rebelam contra os métodos industriais existentes.

As máquinas são adoradas porque são bonitas e valorizadas por conferirem poder; são odiadas porque são horrendas e detestadas por imporem escravidão. Imaginar que uma dessas atitudes esteja "certa" e a outra "errada" seria o mesmo que afirmar que os homens têm cabeça, mas errado argumentar que têm pés, embora possamos imaginar liliputianos discutindo essa questão sobre Gulliver. Uma máquina é como um Djinn das *Mil e uma noites*: belo e bondoso para seu mestre, mas hediondo e terrível com seus inimigos. Porém nos dias de hoje nada se expõe com tanta simplicidade. O mestre da máquina, na verdade, mora distante dela, onde não ouve seu ruído ou vê suas pilhas de resíduos, nem aspira sua fumaça nociva. Caso veja, é antes de sua instalação, quando pode admirar sua força ou sua precisão delicada sem ser importunado pela poeira e pelo calor. Mas ao ser desafiado a considerar a máquina do ponto de vista daqueles que precisam viver e trabalhar com ela, ele tem uma resposta pronta. Destaca que, em razão de seu funcionamento, esses homens podem comprar mais mercadorias – geralmente muito mais – do que seus tataravôs – caso tivéssemos de aceitar uma suposição feita por quase todo mundo.

Essa suposição denota que a posse de bens materiais é o que faz o homem feliz. Imagina-se que um homem que tenha dois quartos, duas camas e dois pães deva ser duas vezes mais feliz do que aquele que tem um quarto, uma cama e um pão. Em suma, pensa-se que a felicidade é proporcional à renda. Algumas pessoas, nem sempre com muita sinceridade, contestam essa idéia em nome da religião ou da moralidade, mas ficam contentes se têm sua renda aumentada pela eloqüência de sua pregação. Não é do ponto de vista religioso ou moral que quero contestá-la; mas sim do ponto de vista da psicologia e da observação da vida. Se a felicidade é proporcional à renda, os argumentos a favor da maquinaria não foram respondidos; e, portanto, toda a questão precisa ser examinada.

Os homens têm necessidades físicas e têm emoções. Enquanto as necessidades físicas não são satisfeitas, elas ocupam o primeiro lugar; contudo, quando são saciadas, as emoções não associadas a elas tornam-se importantes para decidir se o homem deve ser feliz ou infeliz. Em comunidades industriais modernas, há muitos homens, mulheres e crianças cujas necessidades físicas mais elementares não são satisfeitas de maneira adequada; no que concerne a eles, não nego que o primeiro requisito para a felicidade seja o aumento da renda. No entanto, eles são minoria, e não seria difícil prover suas necessidades elementares de vida. Não é dessas pessoas que eu quero falar, mas daquelas que têm mais do que o necessário para manter uma existência – não apenas das que têm muito mais, mas também das que têm só um pouco mais.

Por que nós, na verdade quase todos nós, queremos aumentar nossa renda? Pode parecer, à primeira vista, que os bens materiais são o que desejamos. Porém, de fato, nós os ambicionamos, sobretudo, para impressionar nossos vizinhos. Quando um homem se muda para uma casa maior, em um quarteirão mais elegante, ele pensa que pessoas "melhores" visitarão sua mulher e que poderá deixar de ver os antigos amigos que não prosperaram. Ao mandar seu filho para uma boa escola ou uma universidade cara, consola-se das grandes despesas com pensamentos sobre o prestígio social que será alcançado. Em toda cidade grande, na Europa ou na América, as casas em alguns bairros são mais caras do que casas similares em outros bairros, apenas por estarem na moda. Uma das nossas paixões mais poderosas é o desejo de ser admirado e respeitado. Na nossa sociedade atual, admiração e respeito são dados ao homem que parece ser rico. Esta é a razão principal de as pessoas desejarem enriquecer. Os bens adquiridos com seu dinheiro desempenham um papel secundário. Vejamos, por exemplo, um milionário que não consiga distinguir uma pintura de outra, mas comprou uma galeria de antigos mestres com a ajuda de especialistas. O único prazer que extrai de suas telas é o pensamento de que os outros saberão o quanto custou; talvez sentisse mais prazer com uma série de cromos natalinos sentimentais, porém isso não conseguiria satisfazer a sua vaidade.

Todo esse contexto poderia ser diferente, e foi diferente em muitas sociedades. Em épocas aristocráticas, os homens eram admirados pela sua ascendência. Em alguns círculos de Paris, os homens são admirados por sua excelência artística ou literária, por mais estranho que isso possa parecer. Em uma universidade alemã, um homem pode ser respeitado por sua erudição. Na Índia, santos são venerados; na China, sábios. O estudo dessas diversas sociedades mostra a correção de nossa análise, pois em todas elas encontramos uma grande porcentagem de homens indiferentes ao dinheiro, contanto que tenham o suficiente para se manterem, mas que aspiram com intensidade aos méritos pelos quais, em seu meio, o respeito deve ser conquistado.

A importância desses fatos reside em que o desejo moderno de riqueza não é inerente à natureza humana e poderia ser destruído por diferentes instituições sociais. Se, por lei, todos tivéssemos a mesma renda, deveríamos encontrar uma outra maneira de sermos superiores aos nossos vizinhos, e muito de nossa ânsia por adquirir bens materiais cessaria. Além disso, como essa ânsia está na natureza da competição, só traz felicidade ao nos distanciarmos de um rival com uma dor correlata. O aumento geral da riqueza não proporciona vantagem competitiva; portanto, não traz felicidade na competição. Existe, é claro, *algum* prazer oriundo da alegria real na aquisição de bens, mas, conforme observamos, é uma parte muito pequena daquilo que nos faz desejar a riqueza. E, na medida em que nosso desejo é competitivo, não há acréscimo de felicidade humana decorrente do aumento da riqueza, geral ou particular.

Por esse motivo, se tivéssemos de argumentar que a maquinaria aumenta a felicidade, o acréscimo da prosperidade material que ela traz não pode pesar muito a seu favor, exceto até o ponto em que possa ser usada para evitar a pobreza absoluta. Entretanto, não há razão intrínseca para que ela seja utilizada. A pobreza pode ser evitada sem a maquinaria em lugares onde a população está estável; a França pode servir como exemplo, já que há muito pouca pobreza e menos máquinas do que na América, na Inglaterra ou na Alemanha pré-guerra. De modo oposto, pode haver mais pobreza onde há mais maquinaria; temos exemplos disso nas áreas industriais da Inglaterra, há cem anos, e atualmente no Japão. A prevenção à pobreza não depende das máquinas, mas de muitos outros fatores – em parte, densidade populacional, em parte, condições políticas. E sem considerar a prevenção à pobreza, o preço para aumentar a riqueza não é muito alto.

Nesse ínterim, as máquinas nos privam de dois ingredientes importantes da felicidade humana: espontaneidade e diversidade. As máquinas têm seu próprio ritmo e suas próprias exigências: um homem que tenha uma fábrica dispendiosa precisa mantê-la em funcionamento. O grande problema das máquinas, do ponto de vista das emoções, é sua *regularidade*. E, é claro, o contrário, a grande objeção às emoções, da perspectiva da máquina, é sua *irregularidade*. Como a máquina domina os pensamentos das pessoas que se consideram "sérias", o maior elogio que pode ser feito a um homem é sugerir que ele tem as qualidades de uma máquina – confiabilidade, pontualidade, precisão, etc. E uma vida "irregular" tornou-se sinônimo de uma má qualidade de vida. Em contestação a esse ponto de vista, a filosofia de Bergson foi um protesto – não, a meu ver, totalmente admissível do ponto de vista intelectual, mas inspirado no temor salutar de ver o homem cada vez mais transformado em máquina.

Na vida, em oposição ao pensamento, a rebelião de nossos instintos contra a escravização ao mecanicismo até agora tomou uma infeliz direção. O impulso à guerra sempre existiu desde que o homem começou a viver em sociedade; todavia, não teve, no passado, a mesma intensidade ou virulência de agora. No século XVIII, Inglaterra e França viveram inúmeras guerras e lutaram pela hegemonia do mundo, mas se admiraram e se respeitaram durante todo o tempo. Oficiais prisioneiros compartilhavam da vida social de seus captores e eram convidados de honra em jantares. No início de nossa guerra contra a Holanda, em 1665, um homem chegou da África contando histórias de atrocidades cometidas pelos holandeses; nós [os britânicos] nos convencemos de que suas histórias eram falsas, o punimos e publicamos a negativa holandesa. Na última guerra, deveríamos tê-lo tornado cavaleiro e prendido qualquer um que lançasse dúvidas sobre sua veracidade. A grande ferocidade da guerra moderna é atribuída às máquinas, que funcionam de três maneiras diferentes. Em primeiro lugar, tornam possível a existência de exércitos maiores. Em segundo, facilitam a imprensa marrom, que floresce pelo apelo às paixões mais baixas do homem. E por fim – e este é o ponto que nos interessa – estão destituídas do lado anárquico e espontâneo da natureza humana que age em nosso subconsciente, produzindo um descontentamento obscuro ao qual o pensamento da guerra apela, fornecendo um possível alívio. É um erro atribuir uma ampla convulsão social e política como a da última guerra apenas às maquinações dos políticos. Na Rússia, talvez, essa explicação fosse adequada; foi uma das razões de a Rússia ter lutado sem entusiasmo e feito uma revolução para assegurar a paz. Mas, na Inglaterra, Alemanha ou Estados Unidos (em 1917), nenhum governo poderia ter resistido à demanda popular pela guerra. Uma demanda popular desse tipo deve ter uma base instintiva e, de minha parte, acredito que o atual aumento dos instintos belicosos deve-se à insatisfação (na maioria inconsciente) causada pela regularidade, monotonia e domesticação da vida moderna.

É óbvio que não podemos lidar com essa situação abolindo a maquinaria. Esta medida seria reacionária e, de qualquer modo, impraticável. A única forma de evitar os males atualmente associados à maquinaria é promover quebras na monotonia, incentivando aventuras radicais durante os intervalos. Muitos homens cessariam de desejar a guerra se tivessem oportunidade de arriscar suas vidas no alpinismo; um dos mais capazes e vigorosos defensores da paz que eu tenho a sorte de conhecer tem por hábito passar o verão escalando os picos mais perigosos dos Alpes. Se cada trabalhador tivesse um mês no ano durante o qual, se quisesse, aprendesse a pilotar aviões ou fosse encorajado a procurar safiras no Saara, ou então se engajasse em qualquer busca perigosa e excitante envolvendo rapidez na iniciativa pessoal, o amor popular à guerra estaria restrito a mulheres e inválidos. Confesso que não conheço método de tornar essas classes pacíficas, porém estou convencido de que uma psicologia científica encontraria um procedimento, se assumisse a tarefa com seriedade.

As máquinas alteraram nosso modo de vida, mas não os nossos instintos. Por conseguinte, existe um desajuste. A psicologia das emoções e dos instintos ainda está engatinhando; foi iniciada com a psicanálise, contudo, é apenas um começo. O que podemos absorver da psicanálise é o fato de que as pessoas perseguirão, na ação, vários objetivos que não desejam *conscientemente* e terão um conjunto associado de crenças tão irracional que permitirá que busquem esses objetivos sem saber que os estão procurando. Mas a psicanálise ortodoxa simplificou de modo excessivo nossos propósitos inconscientes, que são numerosos e diferentes de uma pessoa para outra. Espera-se que os fenômenos sociais e políticos venham a ser em breve compreendidos desse ponto de vista e, portanto, esclareçam a natureza humana média.

O autocontrole moral e a proibição externa de atos prejudiciais não são métodos adequados de lidar com nossos instintos anárquicos. A razão de serem impróprios é que esses instintos são capazes de tantos disfarces como o demônio da lenda medieval, e alguns deles enganam até os eleitos. O único procedimento adequado é descobrir as necessidades da nossa natureza instintiva e depois buscar o caminho menos pernicioso de satisfazê-las. Como a espontaneidade é o que mais se opõe às máquinas, a única coisa que pode ser *dada* é a oportunidade; o uso da oportunidade deve ser deixado à iniciativa do indivíduo. Sem dúvida, despesas consideráveis estariam envolvidas, mas não seriam comparáveis às despesas com a guerra. A compreensão da natureza humana deve ser a base de qualquer progresso da vida humana. A ciência fez maravilhas ao dominar as leis do mundo físico, porém nossa própria natureza é muito menos compreendida, ainda, do que a natureza das estrelas e dos elétrons. Quando a ciência aprender a compreender a natureza humana, será capaz de trazer para nossas vidas a felicidade que as máquinas e as ciências físicas falharam em criar.

7

BEHAVIORISMO E VALORES

Encontrei certa vez em uma revista americana erudita a declaração de que só havia um behaviorista no mundo, o dr. Watson. Eu deveria ter dito que existem tantos comportamentalistas quanto homens progressistas. Isso não significa que os behavioristas sejam comuns nas universidades nem que eu seja um behaviorista – pois, quando observei a Rússia e a China, percebi que estava desatualizado. A autocrítica objetiva, entretanto, me obriga a admitir que seria melhor que eu fosse. Neste ensaio, gostaria de expor certas dificuldades sentidas por pessoas como eu, que, ao aceitarem o que é moderno na ciência, têm dificuldade em se despojar do medievalismo em relação ao que vale a pena viver. Gostaria de perguntar não apenas qual é a posição lógica do behaviorismo sobre valores, mas também qual é o seu efeito provável em homens e mulheres caso seja amplamente aceito em seu estado bruto. Ainda não se tornou mania, como a psicanálise, mas se isso acontecer, seu enfoque popular, com certeza divergirá bastante dos ensinamentos do dr. Watson – tanto quanto o popular freudismo difere de Freud.

A versão popular do behaviorismo será, acredito, a seguinte: no passado, supunha-se que houvesse algo chamado mente, capaz de realizar três tipos de atividade – sentir, saber e querer. Agora, foi constatado que não existe mente, só o corpo. Todas as nossas atividades consistem em processos corporais. "Sentir" consiste em ocorrências viscerais, em especial aquelas associadas às glândulas; "saber" consiste em movimentos da laringe; "querer", em todos os outros movimentos que dependem dos músculos estriados. Quando, há pouco, um intelectual renomado casou-se com uma famosa bailarina, alguns expressaram dúvidas sobre sua coerência. Mas do ponto de vista behaviorista, essa dúvida foi mal-empregada: ela cultivara os músculos das pernas e braços, ele os músculos da laringe, sendo ambos, portanto, acrobatas, embora pertencentes a ramos diferentes da profissão. Como a única coisa que podemos fazer é mover nossos corpos, os devotos populares do credo provavelmente concluirão que devemos mexê-los o máximo possível. Nesse ponto, surgirão dificuldades concernentes à relatividade. Será que as diferentes partes do corpo se movem em relação umas às outras? Ou será que o corpo como um todo se move no tocante ao veículo em que se encontra? Ou o movimento relativo à Terra é o critério da eficiência? O homem ideal à primeira vista é o acrobata; a seguir, o homem que sobe uma escada rolante que está descendo; depois, o homem que passa a sua vida em um aeroplano. Não é fácil distinguir segundo qual princípio essas controvérsias devem ser decididas, mas, no final das contas, aposto nos aeronautas.

Ao considerarmos as concepções da excelência humana que dominam os setores mais relevantes dos países mais poderosos, chegamos à conclusão de que o behaviorismo apenas fornece uma justificativa teórica para aquilo em que já se crê. O acrobata deveria ser o ideal para aqueles que acreditam na cultura física e afirmam que a virilidade de uma nação depende dos esportes, que é a opinião da classe governante britânica. O homem que sobe uma escada rolante que está descendo deve ser o *beau idéal* dos cristãos musculosos, que consideram o desenvolvimento do músculo o objetivo final, embora possa estar divorciado do prazer. Essa é a visão que a Associação Cristã de Moços (ACM) esforça-se para apregoar na China, e que nossos governantes julgam apropriada a todas as raças e classes súditas. O aeronauta representa um ideal mais aristocrático, reservado àqueles que exercitam o poder mecânico. Mas, apesar e acima de tudo isso, há uma concepção suprema que sugere o motor imóvel de Aristóteles: é o governante em repouso no centro, enquanto todos os outros se movimentam ao redor dele em velocidades variáveis, assegurando, assim, para ele o máximo absoluto de movimento *relativo*. Esse papel está reservado para nossos super-homens, especialmente os financistas.

Existe, então, uma concepção bastante diferente de excelência humana que veio da Grécia e da Idade Média, mas que está sendo de forma gradual deslocada pela perspectiva da dominação das máquinas sobre a imaginação. Acredito que essa perspectiva mais antiga se reconcilia de forma mais lógica com o behaviorismo, mas não *psicologicamente* no comportamento do cidadão médio. Nessa perspectiva mais antiga, sentir e saber são julgados tão importantes quanto fazer; a arte e a contemplação são consideradas tão admiráveis quanto a alteração das posições no espaço de grandes quantidades de matéria. Os querubins amam a Deus e os serafins O contemplam, e nisso consiste sua excelência suprema. O ideal todo é estático. É verdade que no paraíso os hinos são cantados e as harpas são tocadas, porém são os mesmos todos os dias, e o aperfeiçoamento na construção de harpas não é tolerado. Esse tipo de existência entedia o homem moderno. Uma das razões de a teologia ter perdido sua influência é ter falhado em fornecer maquinaria progressiva no paraíso, embora Milton o tivesse feito no inferno.

Deve-se apontar que todo sistema ético se baseia num certo *non sequitur*. O filósofo primeiro inventa uma teoria falsa sobre a natureza das coisas, depois deduz que são ações más que demonstram que sua teoria é falsa. Começando com o cristão tradicional: ele declara que, como tudo é feito segundo a vontade de Deus, a maldade consiste em desobedecer à vontade de Deus. Chegamos, então, aos hegelianos, que argumentam ser o universo composto de partes que se harmonizam em um organismo perfeito e que, portanto, a maldade constitui-se em comportamento que deprecia a harmonia – embora seja difícil perceber como esse comportamento é possível, porque a harmonia completa é necessária metafisicamente. Bergson, ao se dirigir ao público francês, mantém uma ameaça contra aqueles cujos atos o contestam, o que é mais terrível do que a condenação moral – ou seja, a ameaça do ridículo. Ele mostra que os seres humanos nunca se comportam de forma mecânica e, depois, em seu livro *Riso: ensaio sobre a significação do cômico*, afirma que o que nos faz rir é ver uma pessoa se comportar mecanicamente, isto é, você só é ridículo quando faz algo que demonstre que a filosofia de Bergson é falsa. Espero que esses exemplos tenham esclarecido plenamente que a metafísica jamais terá consequências éticas, exceto em virtude de sua falsidade: se fosse verdade, os atos que define como pecado seriam impossíveis.

Aplicando essas observações ao behaviorismo, deduzo que se – e até ao ponto em que – tem consequências éticas, ele deve ser falso, enquanto que, ao contrário, se for verdadeiro, não pode ter relação com a conduta. Empregando esse teste ao behaviorismo popular (não à forma científica estrita), encontro várias evidências de falsidade. Em primeiro lugar, quase todos os seus adoradores perderiam todo o interesse nele se pensassem que não há consequências éticas. Nesse ponto, deve-se fazer uma distinção. Uma verdadeira doutrina pode ter consequências *práticas*, embora possa não ter consequências *éticas*. Se você tentar extrair coisas de uma máquina com uma moeda e ela foi fabricada para exigir duas, a verdade tem uma consequência *prática*, ou melhor, você deve pôr outra moeda. Mas ninguém chamaria essa consequência de "ética"; tem relação apenas com a forma de realizar seus desejos. Do mesmo modo, o behaviorismo, como desenvolvido no livro do dr. Watson com esse título, tem, sem dúvida, todos os tipos de resultados práticos, em especial na educação. Se quiser que uma criança se comporte de determinada maneira, será mais prudente seguir os conselhos do dr. Watson, em vez dos de (digamos) Freud. Porém essa é uma questão científica, não ética. A ética apenas surge quando é dito que aquela ação tem certos objetivos finais ou (alternativamente) que certas ações podem ser classificadas como boas ou más, independentemente de suas consequências.

Acho que o behaviorismo tende, embora de forma ilógica, a ter uma ética no sentido próprio da palavra. O argumento parece ser: como a única coisa que podemos fazer é induzir a matéria a se mover, devemos mover tanta matéria quanto possível; como conseqüência, a arte e o pensamento só têm valor na medida em que estimulam movimentos da matéria. Contudo, isso é um critério muito metafísico para a vida cotidiana; o critério prático é a renda. Observe a declaração do Dr. Watson:

> Na minha opinião, um dos elementos mais importantes no julgamento da personalidade, caráter e capacidade é a história das realizações do indivíduo a cada ano. Podemos mensurá-la com objetividade ao avaliar o tempo que o indivíduo dedicou a suas várias ocupações e a renda anual que recebeu(...) Se o indivíduo for um escritor, poderíamos desenhar uma curva dos preços que obtém por seus livros ano a ano. Se aos trinta anos de idade receber das principais lojas o mesmo preço médio por cada palavra de suas histórias que recebia aos 24 anos, provavelmente é um escritor incompetente e nunca passará disso.

Aplicando esse critério a Buda, Cristo e Maomé, a Milton e Blake, vemos que ele envolve um reajuste interessante em nossas estimativas dos valores de personalidades. Além dos pontos assinalados anteriormente, há duas máximas éticas implícitas nessa passagem. A primeira é a de que a excelência deve ser medida com facilidade, e a segunda é a de que deve estar de acordo com a lei. Essas são conseqüências naturais da tentativa de deduzir a ética de um sistema baseado na física. De minha parte, não posso aceitar a ética sugerida pela declaração do dr. Watson. Não posso acreditar que a virtude seja proporcional à renda e tampouco que seja errado ter dificuldade de agir de acordo com a massa. Sem dúvida, minha visão sobre esses assuntos é tendenciosa, já que sou pobre e excêntrico; mas, embora reconheça esse fato, me atenho a ela apesar disso.

Abordarei agora outro aspecto do behaviorismo, ou seja, sua visão da educação. Aqui não posso citar dr. Watson, cujo ponto de vista sobre o assunto, conforme aparece em seus trabalhos, me parece excelente. No entanto, ele não trata dos últimos períodos da educação, e neles repousam minhas maiores dúvidas. Citarei um livro que, embora não seja behaviorista de modo explícito é, na verdade, amplamente inspirado pela perspectiva à qual o behaviorismo está associado: *The Child: His Nature and His Needs* (*A criança: sua natureza e suas necessidades*)*. Tenho o maior respeito por este livro, porque sua psicologia é admirável, mas sua ética e estética me parecem mais sujeitas à crítica. Para ilustrar a ausência de estética, reproduzo a seguinte passagem (p. 384):

> Há 25 anos os alunos aprendiam a soletrar de dez a quinze mil palavras; mas, em resultado de pesquisas realizadas ao longo das duas últimas décadas, observou-se que um formando típico do ensino médio não precisa, em seu trabalho escolar, e não precisará, em sua vida futura, conhecer a ortografia de mais do que 3 mil palavras, a não ser que se envolva em alguma ocupação técnica em que possa ser necessário que ele domine um vocabulário técnico especial. O americano típico quase nunca emprega mais de quinze mil palavras diferentes em sua correspondência e em seus artigos para os jornais; em geral, não usamos mais do que a metade desse número. Em vista disso, o curso de ortografia nas escolas hoje está sendo elaborado sob o princípio de que as palavras que realmente serão usadas no dia-a-dia devem ser dominadas para que sejam escritas de forma automática, e as palavras técnicas e incomuns, que eram ensinadas antes, mas que talvez nunca sejam usadas, estão sendo eliminadas. Nem uma única palavra está sendo preservada atualmente nos cursos de ortografia sob a teoria de que será valiosa para o treinamento da memória.

---

* Preparado sob a supervisão editorial de M.V. O'Shea, professor de Educação da Universidade de Wisconsin. Uma contribuição da *Children's Foundation*. (N.A.)

Na última frase temos um apelo perfeitamente sólido para a psicologia, refutando um antigo argumento a favor da memorização. Parece que a memorização não treina a memória; portanto, nada deve ser decorado sob nenhum argumento, exceto quando aquele fato deva ser conhecido. Assim, examinaremos as outras implicações da passagem acima.

Em primeiro lugar, não se trata de ser capaz de escrever alguma coisa. Shakespeare e Milton não conseguiam soletrar corretamente; Marie Corelli e Alfred Austen, sim. Acredita-se que a ortografia seja necessária, em parte, por razões esnobes, como uma maneira fácil de distinguir os "educados" dos "não-educados"; em parte, como um modo de se vestir de forma correta, um elemento de dominação da massa, e também porque o devoto da lei natural sente desconforto na demonstração de qualquer esfera em que persista a liberdade individual. Se julgarem que pelo menos as publicações têm o dever de ser escritas na forma convencional, sempre é possível manter revisores com essa finalidade.

Em segundo lugar, a linguagem escrita, salvo na China, é representativa da linguagem falada, na qual reside toda a qualidade estética da literatura. No tempo em que os homens conservavam o sentimento de que a linguagem poderia e deveria ser bela, eles não se importavam com a ortografia, mas eram cuidadosos com a pronúncia. Atualmente, até as pessoas com nível universitário não sabem pronunciar a não ser as palavras mais comuns e, por conseguinte, são incapazes de analisar qualquer poesia. Sem considerar os estudantes de literatura, é possível que nenhuma pessoa abaixo de quarenta anos na América possa escandir:

A esparsa incerteza
Sua nuança aérea.

Em vez de ser ensinada a soletrar, a criança deveria ser ensinada a ler em voz alta, se houvesse qualquer preocupação com aspectos estéticos na educação. Antigamente os pais de família liam a Bíblia em voz alta, o que servia de modo admirável para esse propósito; mas agora essa prática está quase extinta.

Não é apenas importante saber a pronúncia, mas também é desejável esteticamente possuir um grande vocabulário. Aqueles que sabem apenas quinze mil palavras serão incapazes de se expressar com precisão ou beleza, a não ser em tópicos simples e com rara sorte. Cerca de metade da população dos Estados Unidos gasta hoje tanto tempo em sua educação quanto Shakespeare despendeu, mas seu vocabulário mal chega a um décimo do dele. Embora o dele fosse inteligível ao cidadão comum da sua época, visto que foi usado em peças teatrais que precisavam ser um sucesso comercial. A visão moderna é a de que o homem domina de modo suficiente a linguagem se consegue se fazer entender; a visão antiga era a de que em ambas, falada e escrita, deveria ser capaz de proporcionar prazer estético.

Qual é a conclusão para uma pessoa que, como este escritor, aceita, por finalidades práticas, a parte científica do behaviorismo, enquanto rejeita as conseqüências éticas e estéticas? Tenho a mais profunda admiração por dr. Watson e considero seus livros sumamente importantes. Acredito que a física, nos dias de hoje, é a mais importante atividade teórica, e a industrialização, o mais importante fenômeno sociológico. Não obstante, não posso deixar de admirar o conhecimento "inútil" e a arte cuja finalidade é dar prazer. O problema não é lógico, pois, como vimos, se o behaviorismo for verdadeiro, não pode ter relação com as questões de valor, exceto no modo secundário de ajudar a mostrar que meios usar para um determinado objetivo. O problema é, em sentido amplo, político: considerando que a maior parte do gênero humano comete erros, seria melhor se chegasse a conclusões falsas de premissas verdadeiras ou a deduções verdadeiras de premissas falsas? Uma questão desse tipo é insolúvel. A única solução verdadeira parece ser a de que homens e mulheres comuns deveriam aprender lógica para conseguir abster-se de tirar conclusões que apenas *parecem* apreender. Quando se diz, por exemplo, que os franceses são lógicos, o que se quer dizer é que, ao aceitarem uma premissa, também aceitam tudo o que uma pessoa destituída totalmente de sutileza lógica suporia, de modo equivocado, deduzir da premissa. Essa é uma qualidade bastante indesejável, da qual as nações de língua inglesa, em geral, estiveram no passado mais livres do que quaisquer outras. Mas há sinais de que, se quiserem permanecer livres, precisarão de mais filosofia e lógica do que tiveram no passado. A lógica era, antigamente, a arte de tirar conclusões; agora, tornou-se a arte de se abster das deduções, pois parece que as conclusões a que somos inclinados a chegar com naturalidade quase nunca são válidas. Concluo, portanto, que a lógica deve ser ministrada nas escolas com o propósito de ensinar as pessoas a não raciocinar. Porque, se raciocinarem, certamente o farão de forma equivocada.

8

IDEAIS DE FELICIDADE ORIENTAL E OCIDENTAL

Todo mundo conhece a Máquina do Tempo de Wells, que possibilitou ao proprietário viajar através do tempo e ver como era o passado e como será o futuro. Mas as pessoas nem sempre percebem que muitas vantagens do equipamento de Wells podem ser verificadas ao se viajar ao redor do mundo atualmente. Um europeu que viaja de Nova York a Chicago antevê o futuro, o futuro ao qual é provável que a Europa chegue, se escapar ao desastre econômico. Em contrapartida, ao viajar para a Ásia, divisa o passado. Na Índia, disseram-me, pode-se contemplar a Idade Média; na China, pode-se ver* o século XVIII. Se George Washington voltasse à Terra, o país que ele criou o deixaria terrivelmente perplexo. Ele se sentiria um pouco menos confuso na Inglaterra, menos ainda na França; mas, na verdade, não se sentiria em casa até chegar à China. Lá, pela primeira vez em suas fantasmagóricas perambulações, encontraria homens que ainda acreditam na "vida, liberdade e busca da felicidade", e que concebem essas idéias mais ou menos como os americanos da época da Guerra da Independência. E acho que não demoraria muito a se tornar presidente da República Popular da China.

A civilização ocidental abrange as Américas do Sul

---

* 1920. (N.A.)

e do Norte, a Europa, excluindo-se a Rússia, e os domínios autônomos britânicos. Nessa civilização, os Estados Unidos lideram; todas as características que distinguem o Oriente do Ocidente são muito marcantes e, de longe, mais desenvolvidas na América. Estamos acostumados a admitir o progresso como correto: aceitar sem hesitação que as mudanças ocorridas durante as últimas centenas de anos foram inquestionavelmente para melhor, e que mudanças futuras benéficas com certeza ocorrerão indefinidamente. No continente europeu, a guerra e suas conseqüências abalaram essa crença firme, e os homens começaram a olhar para a época anterior a 1914 como a idade de ouro, que talvez nunca torne a ocorrer por séculos. Na Inglaterra, houve um choque bem menor no otimismo, e na América, menor ainda. Para aqueles como nós, que tomamos como certo o progresso, é especialmente interessante visitar um país como a China, que permaneceu onde estivemos há 150 anos, e a nos perguntar se, no final das contas, as mudanças que aconteceram nos trouxeram algum benefício real.

A civilização da China, como todos sabem, baseia-se nos ensinamentos de Confúcio, que floresceu quinhentos anos a.C. Como os gregos e os romanos, ele não concebia a sociedade humana como naturalmente evolutiva; ao contrário, acreditava que os governantes da remota Antigüidade foram sábios, e as pessoas foram felizes em um nível tal que o presente decadente poderia admirar, mas dificilmente alcançar. Isso, é claro, foi uma ilusão. Porém, o resultado prático foi que Confúcio, como outros mestres da Antigüidade, sonhava em criar uma sociedade estável, mantendo um certo nível de excelência, mas nem sempre se empenhando para obter novos êxitos. Nisso ele foi mais bem-sucedido do que qualquer outro homem que jamais viveu. Sua personalidade ficou gravada na civilização chinesa desde aquela época até os nossos dias. Durante sua vida, os chineses ocupavam apenas uma pequena parte da China atual e estavam divididos em vários reinos combatentes. Ao longo de trezentos anos, estabeleceram o que agora é a China e fundaram um império que excede em território e população qualquer outro que tenha existido nos últimos cinqüenta anos. Apesar das invasões bárbaras, dinastias mongóis e manchus, e de períodos de caos e guerra civil ocasionais, longos ou curtos, o sistema confucionista sobreviveu, trazendo com ele a arte e a literatura e um modo de vida civilizado. Somente hoje, graças ao contato com o Ocidente e com japoneses ocidentalizados, esse sistema começou a ruir.

Um sistema que possuía esse poder extraordinário de sobrevivência deve ter grandes méritos, e com certeza merece nosso respeito e consideração. Não é uma religião, assim como entendemos essa palavra, porque não está associado ao sobrenatural ou às suas crenças míticas. É apenas um sistema ético, mas sua ética, diferentemente da do cristianismo, não é por demais elevada para que o homem comum possa praticá-la. Na essência, o que Confúcio ensina é algo muito parecido com o ideal antiquado de um "cavalheiro", como existia no século XVIII. Um dos seus provérbios ilustra isso (citação do livro de Lionel Giles, *Sayings of Confucius*):

> O verdadeiro cavalheiro nunca é belicoso. Se há um lugar em que existe o espírito de rivalidade inevitável, é no tiro ao alvo. Mesmo ali, ele saúda com cortesia seus oponentes antes de tomar sua posição e, novamente, quando, ao perder, afasta-se para beber da taça da derrota. Portanto, mesmo competindo, continua um verdadeiro cavalheiro.

Ele fala muito, como um professor de moral é obrigado a fazer, sobre dever e virtude e assuntos afins, mas nunca exige algo contrário à natureza e às afeições naturais. Isso é demonstrado na seguinte conversa:

> O duque de She dirigiu-se a Confúcio, dizendo: "Temos um homem honrado em nosso país. Seu pai roubou uma ovelha e seu filho testemunhou contra ele." "Em nosso país", respondeu Confúcio, "honradez significa algo diferente. Um pai esconde a culpa de seu filho e seu filho esconde a culpa de seu pai. É em tal conduta que reside a verdadeira honradez."

Confúcio era moderado em todas as coisas, até na virtude. Ele não acreditava que se devesse recompensar o mal com o bem. Certa ocasião lhe perguntaram: "Como o senhor considera o princípio de recompensar o mal com o bem?" E ele respondeu: "Qual, então, será a recompensa para o bem? Seria preferível recompensar injustiça com justiça e bem com bem." O princípio de se recompensar o mal com o bem estava sendo ensinado na sua época na China pelos taoístas, cujo ensinamento era muito mais parecido com o cristianismo do que o de Confúcio. O fundador do taoísmo, Lao-Tsé (supostamente um antigo contemporâneo de Confúcio), diz: "Aos bons, eu seria bom; aos maus, eu também seria bom, para torná-los bons. Aos fiéis, eu manteria a fé; aos infiéis, eu ainda manteria a fé, para torná-los fiéis. Mesmo que um homem seja mau, seria correto abandoná-lo? Retribua a ofensa com a gentileza." Algumas palavras de Lao-Tsé são surpreendentemente parecidas com as do Sermão da Montanha. Por exemplo, ele diz:

> Aquele que é humilhado, será exaltado. Aquele que se curva, será erguido. Aquele que está faminto, será alimentado. Aquele que está esgotado, será renovado. Aquele que tem pouco, será recompensado. Aquele que tem muito, dele muito será tirado.

É uma característica chinesa não ter sido Lao-Tsé, mas Confúcio a se tornar reconhecido nacionalmente como sábio. O taoísmo sobreviveu, porém, sobretudo como magia e entre os incultos. Suas doutrinas pareciam visionárias aos homens práticos que gerenciavam o Império, ao passo que as doutrinas de Confúcio eram eminentemente calculadas para evitar atrito. Lao-Tsé pregava uma doutrina de inércia: "O império", diz, "sempre venceu por deixar as questões tomarem seu curso. Aquele que está sempre agindo é incapaz de manter o império." No entanto, os governantes chineses prefeririam uma mescla das máximas de Confúcio, de autocontrole, benevolência e cortesia, dando grande ênfase no bem que poderia ser feito por governantes sábios. Nunca ocorreu aos chineses, como aconteceu às raças brancas, ter um sistema de ética na teoria e outro na prática. Não quero dizer que eles sempre vivam de acordo com suas próprias teorias, mas que tentam fazê-lo e espera-se que o façam, ao passo que grande parte da ética cristã é universalmente considerada boa demais para este mundo perverso.

Temos, de fato, dois tipos de moralidade lado a lado: uma que pregamos mas não praticamos, e outra que praticamos, porém quase nunca pregamos. O cristianismo, como todas as religiões, exceto o mormonismo, tem uma origem asiática; nos primeiros séculos, enfatizava o individualismo e a espiritualidade, uma característica do misticismo asiático. Desse ponto de vista, a doutrina da não resistência era inteligível. Mas quando o cristianismo se tornou a religião oficial dos enérgicos príncipes europeus, achou-se necessário afirmar que alguns textos não deveriam ser considerados literalmente, enquanto outros, como "a César o que é de César", adquiriam grande popularidade. Atualmente, sob a influência da industrialização competitiva, a menor abordagem à não resistência é desdenhada, e espera-se que os homens sejam capazes de manter seu ânimo. Na prática, nossa moralidade efetiva é a de que o sucesso material é adquirido com a luta; e isso se aplica a nações e a indivíduos. Qualquer outra coisa nos parece fraca e tola.

Os chineses não adotam nossa ética teórica nem prática. Admitem, em teoria, que há ocasiões em que é legítimo lutar e, na prática, que essas ocasiões são raras; ao passo que sustentamos, em teoria, que não há ocasiões em que é legítimo lutar e, na prática, que tais ocasiões são muito freqüentes. Os chineses lutam algumas vezes, mas não são uma raça combativa e não admiram muito o sucesso na guerra ou nos negócios. Na tradição, admiram o aprendizado mais do que qualquer outra coisa; e a seguir, em geral aliado à aprendizagem, eles cultuam a urbanidade e a cortesia. Em épocas passadas, os cargos administrativos eram conferidos, na China, por meio de concursos. Como não havia aristocracia hereditária há duzentos anos – com a única exceção da família de Confúcio, da qual o chefe é um duque – o aprendizado atraiu para si o tipo de respeito que foi dado a nobres poderosos na Europa feudal, bem como o respeito que inspirou por sua própria conta. O antigo aprendizado, entretanto, era muito limitado, e consistia apenas em um estudo sem critério dos clássicos chineses e seus comentaristas reconhecidos. Sob a influência do Ocidente, os chineses aprenderam que a geografia, a economia, a geologia, a química, etc. têm mais uso prático do que os moralismos de períodos passados. A jovem China – ou seja, os estudantes que foram educados na corrente européia – reconhece as necessidades modernas e talvez tenha pouco respeito à antiga tradição. Contudo, até os mais modernos, com poucas exceções, mantêm as virtudes tradicionais da moderação, cortesia e temperamento pacífico. Mas talvez seja duvidoso que essas virtudes sobreviveram a algumas poucas décadas de ensino ocidental ou japonês.

Se eu tivesse de resumir em uma frase a principal diferença entre os chineses e nós, deveria dizer que eles, em sua maioria, visam ao prazer, enquanto nós, na maioria, visamos ao poder. Gostamos de exercer poder sobre nosso semelhante e sobre a Natureza. Em virtude do primeiro construímos Estados fortes, e por causa da segunda construímos a ciência. Os chineses são muito preguiçosos e muito afáveis para tais atividades. Dizer que sejam preguiçosos é, entretanto, verdadeiro apenas em um certo sentido. Eles não são indolentes como os russos, pois trabalham duro pela sua sobrevivência. Os empregadores os consideram extraordinariamente industriosos. Mas eles não trabalham como os americanos ou os europeus ocidentais, só porque se tornariam entediados se não trabalhassem, nem gostam de disputar espaço em interesse próprio. Quando conseguem renda suficiente para viver, eles vivem com isso, em vez de tentar aumentá-la por meio do trabalho pesado. Eles têm uma capacidade infinita de se divertir com tranqüilidade – ir ao teatro, conversar durante o chá, admirar a antiga arte chinesa ou passear por belos locais. Para nosso modo de pensar, há algo excessivamente leniente nesse modo de levar a vida; respeitamos mais um homem que vai ao escritório todos os dias, mesmo que o que ele faça em seu escritório seja nocivo.

Viver no Oriente tem, talvez, uma influência corruptora sobre o homem branco, mas devo confessar que desde que conheci a China tenho considerado a preguiça uma das melhores qualidades que a maioria dos homens pode ter. Conseguimos certas coisas sendo enérgicos, porém devemos nos questionar se, no final das contas, o que obtemos tem algum valor. Desenvolvemos habilidades maravilhosas na fabricação, em parte nos dedicando a construir navios, automóveis, telefones e outros recursos para viver com luxo sob alta pressão, ao passo que a outra parte volta-se para fabricar armas, gases venenosos e aviões cujo propósito é o extermínio em massa. Temos um excelente sistema de administração e taxação, parte do qual é dedicado à educação, saneamento e outros objetivos úteis, enquanto o resto é dedicado à guerra. Na Inglaterra, atualmente, a maioria da receita nacional é gasta em guerras passadas e futuras, e somente o residual é despendido em propósitos úteis. No continente, na maioria dos países, a proporção é ainda pior. Temos um sistema político de eficiência sem precedentes, parte do qual é devotado à detenção e prevenção do crime, e parte a prender qualquer um que tenha novas idéias políticas construtivas. Na China, até há pouco tempo, não havia nada disso. A indústria era muito ineficiente para produzir automóveis ou bombas; o Estado, muito ineficaz para educar seus próprios cidadãos ou matar os de outros países; a polícia, muito ineficiente para prender bandidos ou bolcheviques. O resultado foi que na China, comparada ao país de qualquer homem branco, havia liberdade para todos e um nível de felicidade difusa surpreendente, considerando-se a pobreza de todos exceto uma pequena minoria.

Ao compararmos o verdadeiro ponto de vista do chinês médio com o de um ocidental médio, duas diferenças chamam a atenção: primeiro, os chineses não admiram a atividade, a menos que sirva para algum propósito útil; segundo, eles não consideram a moralidade como a verificação de nossos próprios impulsos e a interferência com os dos outros. A primeira diferença já foi discutida, mas a segunda talvez seja igualmente importante. O professor Giles, um eminente estudioso chinês, ao final de suas Conferências Gifford sobre "O Confucionismo e seus rivais", afirma que o principal obstáculo ao sucesso das missões cristãs na China foi a doutrina do pecado original. A doutrina tradicional do cristianismo ortodoxo – ainda pregado pela maioria dos missionários cristãos no Extremo Oriente – preconiza que nascemos maus, tão maus que merecemos castigo eterno. Os chineses poderiam não ter dificuldade em aceitar essa doutrina se ela fosse aplicada apenas aos homens brancos, porém quando souberam que seus pais e avós estavam no fogo do inferno ficaram indignados. Confúcio ensinou que os homens nascem bons e que se tornam maus pela força de exemplo maléfico ou maneiras corrompidas. Essa diferença da ortodoxia ocidental tradicional teve uma influência profunda no ponto de vista dos chineses.

Entre nós, as pessoas consideradas como luminares morais são as que se abstêm dos próprios prazeres comuns e compensam-se interferindo nos prazeres dos outros. Há um elemento do indivíduo intrometido em nossa concepção de virtude: a menos que um homem se torne um incômodo para muitas pessoas, não achamos que ele seja um homem excepcionalmente bom. Essa atitude advém de nossa noção do Pecado. Ela conduz não só à interferência da liberdade, mas também à hipocrisia, já que é muito difícil para a maioria das pessoas viver à altura do padrão convencional. Esse não é o caso da China. Os preceitos morais são positivos, em vez de negativos. Espera-se que um homem seja respeitoso com seus pais, gentil com as crianças, generoso com seus parentes pobres e cortês com todos. Esses deveres não são muito difíceis e a maioria dos homens realmente os cumpre, e o resultado talvez seja melhor do que o de nosso padrão mais elevado, inexistente para grande parte das pessoas.

Outro resultado da ausência de noção de Pecado é que os homens desejam mais submeter suas diferenças para argumentar e raciocinar do que no Ocidente. Entre nós, as diferenças de opinião logo se tornam questões de "princípio": cada lado pensa que o outro é maligno, e que qualquer consentimento envolve participação na culpa. Isso torna nossas disputas amargas e contém em si, na prática, uma grande disposição para apelar à força. Na China, embora houvesse militares prontos a apelarem à força, ninguém os levou a sério, nem mesmo seus próprios soldados. Eles travaram batalhas quase sem derramar sangue e causaram muito menos prejuízo do que era esperado de acordo com nossa experiência de conflitos ferozes no Ocidente. A grande massa da população, incluindo a administração civil, continuou com suas vidas como se esses generais e seus exércitos não existissem. No cotidiano, as disputas em geral são ajustadas pela mediação amigável de um terceiro. O compromisso é o princípio aceito, porque é necessário manter as aparências de ambas as partes. Manter as aparências, embora de certa forma faça os estrangeiros rirem, é uma instituição nacional muito valorizada, e torna a vida política e social bem menos cruel do que a nossa.

Há um sério defeito, e apenas um, no sistema chinês, que é o de não permitir que a China resista mais a nações belicosas. Se o mundo inteiro fosse como a China, todos seriam felizes; mas enquanto os outros forem belicosos e enérgicos, os chineses, agora que não estão mais isolados, serão compelidos a copiar nossos vícios até certa medida, se quiserem preservar sua independência. No entanto, não nos vangloriemos de que essa imitação será um aperfeiçoamento.

9

O MAL QUE OS HOMENS BONS FAZEM

I

Há cem anos, viveu um filósofo chamado Jeremy Bentham, universalmente conhecido como um homem muito perverso. Lembro-me até hoje da primeira vez que cruzei com seu nome, quando era menino. Era uma declaração do rev. Sydney Smith sobre as conseqüências do pensamento de Bentham, no qual ele dizia que as pessoas deveriam fazer uma sopa de seus avós mortos. Essa prática me pareceu desagradável tanto do ponto de vista culinário quanto moral e, portanto, formei uma opinião negativa sobre Bentham. Muito tempo depois, descobri que a declaração fora uma daquelas mentiras irresponsáveis que pessoais respeitáveis têm o costume de tolerar no interesse da virtude. Descobri, ainda, qual era a acusação verdadeiramente séria contra ele. Era apenas isto: ele definia como um homem "bom" aquele que faz o bem. Essa definição, como o leitor perceberá logo se for honesto, é subversiva a toda moralidade verdadeira. Mais exaltada é a atitude de Kant, que afirma que uma boa ação não é virtuosa se tiver origem em um afeto pelo beneficiário, mas somente se for inspirada pela lei moral, que é, sem dúvida, capaz de inspirar ações cruéis. Sabemos que o exercício da virtude seria sua própria recompensa, e que a tolerância por parte do conformado deveria ser sua própria punição. Kant é, portanto, um moralista mais sublime do que Bentham e tem os sufrágios de todos aqueles que nos dizem que amam a virtude por seu próprio interesse.

É verdade que Bentham satisfaz sua própria definição de homem bom: ele praticou muito o bem. Os meados da década de 40 do século XIX na Inglaterra foram anos de incrível e rápido progresso material, intelectual e moral. No início do período, foi promulgada a Lei da Reforma, que tornou o Parlamento representativo da classe média, e não, como antes, da aristocracia. Essa lei representou o passo mais difícil em direção à democracia na Inglaterra e foi rapidamente seguido por outras reformas importantes, tais como a abolição da escravatura na Jamaica. No começo do período, a penalidade para pequenos roubos era a morte por enforcamento; logo após a pena de morte ficou restrita àqueles acusados de assassinato ou alta traição. As Leis do Milho, que fizeram do alimento algo tão caro a ponto de causar pobreza atroz, foram abolidas em 1846. A educação compulsória foi introduzida em 1870. Está na moda depreciar os vitorianos, não obstante, eu gostaria que nossa era tivesse a metade dos índices que eles tiveram. Entretanto, isso não vem ao caso. Meu ponto é o de que uma grande parte do progresso ocorrido naqueles anos deve ser atribuída à influência de Bentham. Não há dúvida de que nove entre dez das pessoas que viveram na Inglaterra na última parte do século passado eram mais felizes do que teriam sido se ele nunca tivesse existido. Sua filosofia era tão superficial que ele a considerava uma justificativa para suas atividades. Nós, em uma época mais iluminada, podemos constatar que tal visão é absurda; mas pode nos encorajar a rever as causas da rejeição ao utilitarismo humilhante como o de Bentham.

II

Todos nós sabemos o que queremos dizer com homem "bom". O homem bom ideal não fuma nem bebe, evita linguagem de baixo calão, conversa na presença de homens exatamente o que falaria se houvesse mulheres presentes, vai à igreja com regularidade e tem opiniões corretas sobre todos os assuntos. Tem verdadeiro horror ao mau procedimento e está ciente de que é nosso doloroso dever punir o Pecado. Tem horror ainda maior a pensamentos errados e considera ser responsabilidade das autoridades proteger os jovens contra os que questionam a sabedoria das opiniões aceitas, de modo geral, pelos cidadãos de meia-idade bem-sucedidos. Além dos seus deveres profissionais, aos quais é assíduo, ele dedica muito tempo a trabalhos que visam ao bem: pode estimular o patriotismo e o treinamento militar; pode promover a indústria, a sobriedade e a virtude entre os assalariados e seus filhos, cuidando para que as falhas sejam devidamente punidas; pode ser o curador de uma universidade e evitar uma admiração imprudente e precipitada pelo aprendizado por permitir a admissão de professores com idéias subversivas. Acima de tudo, é claro, sua "moral", em um sentido limitado, deve ser irrepreensível.

Pode-se duvidar se um homem "bom" no sentido acima descrito faz, na média, mais bem do que o homem "mau". Quando digo "mau", me refiro ao homem oposto ao que estive descrevendo. Um homem "mau" fuma e bebe ocasionalmente e até xinga quando pisam nos seus calos. Sua conversa nem sempre pode ser impressa e, às vezes, passa os domingos ao ar livre, e não na igreja. Algumas de suas opiniões são subversivas; por exemplo, ele pode pensar que, se desejamos a paz, devemos trabalhar pela paz, não pela guerra. Assume uma atitude científica contra o mau procedimento, como tomaria com seu automóvel se ele se comportasse mal; argumenta que sermões e prisões não irão curar mais o vício do que remendar um pneu furado. No que se refere aos maus pensamentos, ele é ainda mais perverso. Sustenta que o chamado "mau pensamento" é apenas um pensamento, e o chamado "bom pensamento" consiste na repetição de palavras como um papagaio, o que lhe confere empatia a todos os tipos de excentricidades indesejáveis. Suas atividades fora do horário de trabalho podem consistir, basicamente, em divertimento ou, ainda pior, em fomentar descontentamento em relação a males evitáveis que não interferem no conforto dos homens no poder. E é até mesmo possível que, em se tratando de "moral", talvez ele não considere seus lapsos de modo tão cuidadoso como faria um homem verdadeiramente virtuoso, defendendo-se com a perversa contra-argumentação de que é melhor ser honesto do que fingir dar um bom exemplo. Ao falhar em um ou em vários desses aspectos, um homem será considerado doente pelo cidadão médio respeitável e não terá permissão de assumir qualquer cargo de autoridade, como a de um juiz, um magistrado ou um diretor de escola. Esses cargos são ocupados somente por homens "bons".

Toda essa conjuntura é mais ou menos moderna. Existiu na Inglaterra durante o breve reinado dos puritanos, na época de Cromwell, e foi por eles transplantado para a América. Não reapareceria com força na Inglaterra até após a Revolução Francesa; quando foi considerado o melhor método de combater o jacobismo (isto é, o que agora devemos chamar bolchevismo). A vida de Wordsworth ilustra a mudança. Durante sua juventude, ele simpatizava com a Revolução Francesa, foi para a França, escreveu boa poesia e teve uma filha natural. Nesse período ele era um homem "mau". Depois se tornou "bom", abandonou sua filha, adotou princípios corretos e escreveu poesia ruim. Coleridge passou por uma mudança semelhante: quando era perverso, escreveu *Kubla Kahn*, e quando se tornou bom, escreveu sobre teologia.

É difícil pensar em qualquer exemplo de um poeta que tenha sido "bom" quando escrevia poesia de qualidade. Dante foi deportado por propaganda subversiva; Shakespeare, a julgar pelos *Sonetos*, não teria sido autorizado pela imigração americana a pisar em Nova York. Faz parte da essência do homem "bom" que ele apóie o governo; entretanto, Milton foi moralmente correto durante o reinado de Cromwell, e incorreto antes e depois; mas foi antes e depois que ele escreveu sua poesia – de fato, a maioria foi escrita depois de ter escapado por um triz de ser enforcado como bolchevique. Donne era virtuoso até se tornar reitor de St. Paul, mas todos os seus poemas foram escritos antes daquela época, e por conta deles sua designação causou um escândalo. Swinburne foi perverso durante sua juventude, quando escreveu *Songs Before Sunrise* em homenagem àqueles que lutaram pela liberdade; foi virtuoso em sua velhice, quando escreveu ataques ferozes contra os bôeres por defenderem sua liberdade contra a agressão desumana. É desnecessário multiplicar exemplos; já foi dito o suficiente para sugerir que os padrões de virtude agora predominantes são incompatíveis com a produção da boa poesia.

Em outras direções, o mesmo é verdadeiro. Todos sabemos que Galileu e Darwin eram homens de má índole; Spinoza era considerado terrivelmente perverso até cem anos após sua morte; Descartes foi morar no exterior por temer a perseguição. Quase todos os artistas renascentistas eram homens malévolos. Quando se trata de assuntos modestos, aqueles que contestam a mortalidade evitável são necessariamente maléficos. Vivi em uma região de Londres onde uma parte é muito rica e a outra muito pobre; a mortalidade infantil é anormalmente alta, e os ricos, por corrupção ou intimidação, controlam o governo local. Eles usam esse poder para cortar os investimentos no bem-estar infantil e na saúde pública, e contratam um médico por um preço inferior ao padrão estipulado, com a condição de que ele trabalhe em tempo parcial. Ninguém consegue obter respeito das pessoas locais influentes, a não ser que considere os saborosos jantares para os ricos mais importantes do que a vida das crianças pobres. O mesmo acontece em todas as partes do mundo que conheço, o que sugere que podemos simplificar nossa idéia do que constitui um homem bom: um homem bom é aquele cujas opiniões e atividades são agradáveis aos que detêm o poder.

III

Foi doloroso ter de pensar sobre os homens maus que, no passado, infelizmente tornaram-se eminentes. Voltemo-nos à contemplação mais prazerosa do virtuoso.

Jorge III foi um homem virtuoso típico. Quando Pitt quis que ele emancipasse os católicos (que, na época, não estavam autorizados a votar), ele não concordou, argumentando que isso iria de encontro ao juramento de sua coroação. Ele se recusou, justificadamente, a ser corrompido pela premissa de que seria bom emancipá-los; a questão, para ele, não era se seria um ato magnânimo, mas se, de modo geral, seria "certo". Sua interferência na política foi totalmente responsável pelo regime que fez com que a América reivindicasse a independência; mas sua interferência sempre foi ditada pelos motivos mais elevados. O mesmo pode ser dito do ex-cáiser, um homem muitíssimo religioso, e com a sincera convicção, até sua queda, de que Deus estava ao seu lado e (até onde sei) completamente livre de vícios pessoais. Embora seja difícil apontar qualquer homem de nossa época que tenha feito mais para causar a infelicidade humana.

Entre os políticos, os homens bons têm suas utilidades; a principal é fornecer uma cortina de fumaça para que outros possam dar continuidade a suas atividades de modo insuspeito. Um homem de boa índole nunca irá suspeitar que seus amigos cometem ações duvidosas: isso faz parte de sua bondade. Um bom homem nunca será suspeito de usar sua bondade para esconder vilões: isso faz parte de sua utilidade. Está claro que essa combinação de qualidades torna um homem bom bastante desejável, embora um público de certa forma intolerante se oponha à transferência de fundos para as mãos dos ricos merecedores. Disseram-me – longe de mim endossar esta declaração – que em um período não muito distante da história houve um presidente americano, um homem bom, que servia a esse propósito. Na Inglaterra, Whittaker Wright, no auge da fama, cercava-se de fidalgos inocentes, cuja virtude os tornava incapazes de compreender sua aritmética, ou de saberem que não compreendiam.

Outra utilidade do homem bom é que as pessoas indesejáveis podem ser mantidas fora da política por meio de escândalos. Noventa e nove entre cem cometem infrações à lei moral, mas em geral esse fato não se torna público. E quando o nonagésimo nono caso torna-se público, o único homem genuinamente inocente entre os cem expressa um horror verdadeiro, enquanto os outros noventa e oito são compelidos a agir da mesma forma por medo de se tornarem suspeitos. Portanto, quando qualquer homem de opiniões detestáveis aventura-se na política, basta que aqueles que têm a preservação de nossas instituições mais antigas no coração acompanhem de perto suas atividades privadas até descobrirem algo que, se revelado, irá arruinar sua carreira política. Então eles têm três caminhos a seguir: tornar os fatos públicos e fazê-lo desaparecer em uma nuvem de descrédito; obrigá-lo a se retirar para a vida privada sob ameaça de exposição; ou receberem uma renda confortável por meio de chantagem. Desses três caminhos, os dois primeiros protegem o público, enquanto o terceiro protege aqueles que protegem o público. Todos os três, portanto, são recomendados e apenas se tornam possíveis pela existência de homens bons.

Consideremos, novamente, a questão da doença venérea. Sabe-se que ela pode ser quase inteiramente prevenida por precauções adequadas tomadas previamente, mas, devido às atividades dos homens bons, esse conhecimento é disseminado o menos possível, e todos os tipos de obstáculos são colocados à sua utilização. Por conseguinte, o pecado ainda assegura sua punição "natural" e as crianças continuam sendo castigadas pelos pecados de seus pais, de acordo com o preceito bíblico. Seria terrível se acontecesse o contrário, pois, se o pecado não recebesse punição, poderia haver pessoas abandonadas a seus impulsos a fim de fingir que o pecado não era mais pecado, e se o castigo não fosse aplicado ao inocente, não pareceria tão terrível. Assim, como devemos ser gratos aos homens bons que asseguram que as rígidas leis de retribuição decretadas pela Natureza durante nossos dias de ignorância ainda podem ser postas para funcionar, a despeito do conhecimento ímpio adquirido de modo descuidado pelos cientistas. Todas as pessoas de pensamento política ou moralmente correto sabem que um ato mau é mau, independentemente do fato de causar ou não sofrimento; mas como nem todos os homens são capazes de se guiar pela lei moral pura, é bastante desejável que o sofrimento acompanhe o pecado para garantir a virtude. Os homens devem ser mantidos na ignorância no que diz respeito às formas de escapar às penalidades, que foram impostas por ações pecaminosas nas eras pré-científicas. Estremeço ao pensar o quanto todos nós conheceríamos sobre a preservação da saúde mental e física se não fosse a proteção contra esse conhecimento perigoso que nossos homens bons com tanta gentileza proporcionam.

Outra maneira de os homens bons tornarem-se úteis é serem assassinados. A Alemanha conquistou a província de Shan-tung, na China, devido à sorte de ter dois missionários assassinados lá. O arquiduque assassinado em Sarajevo foi, acredito, um homem de boa índole: e como devemos ser agradecidos a ele! Se ele não houvesse morrido, talvez não tivéssemos a guerra, e o mundo não tivesse sido salvo pela democracia, nem o militarismo houvesse sido derrotado, nem estivéssemos agora desfrutando dos despotismos militares na Espanha, Itália, Hungria, Bulgária e Rússia.

Falando com seriedade: os padrões de "bondade" reconhecidos em geral pela opinião pública não são aqueles calculados para tornar o mundo um lugar melhor. Isso se deve a uma série de causas, das quais a principal é a tradição, e a segunda mais poderosa é o poder injusto das classes dominantes. A moralidade primitiva parece ter desenvolvido a noção do tabu: ou seja, era originalmente pura superstição e proibia certos atos perfeitamente inócuos (tais como comer do prato do chefe) na suposição de que produziam desastres por mágica. Assim vieram as proibições, que continuaram a ter autoridade sobre os sentimentos das pessoas, e as suas supostas razões foram esquecidas. Uma parte considerável da moral corrente ainda é desse tipo: certos tipos de conduta produzem emoções de terror, independentemente do fato de terem ou não efeitos nocivos. Em muitos casos, a conduta que inspira horror é de fato prejudicial; se não fosse esse o caso, a necessidade de revermos nossos padrões morais seria, de modo geral, mais reconhecida. O assassinato, por exemplo, pode, é claro, não ser tolerado em uma sociedade civilizada; embora a origem da proibição do assassinato seja apenas uma superstição. Pensava-se que o sangue do homem morto (ou, depois, seu fantasma) demandaria vingança e poderia punir não apenas o homem culpado, mas qualquer um que demonstrasse bondade para com ele. O caráter supersticioso da proibição do assassinato é demonstrado pelo fato de que era possível ser purificado da culpa em certas cerimônias rituais que, aparentemente, eram realizadas, em princípio, para disfarçar o assassino, de modo que o seu fantasma jamais o reconhecesse. Essa, pelo menos, é a teoria de *Sir* J.G. Frazer. Quando falamos de arrependimento e "lavar a culpa", estamos usando uma metáfora oriunda do fato de que há tempos a lavagem no sentido concreto era usada para remover manchas de sangue. Essas noções de "culpa" e "pecado" têm um fundo emocional associado a esse costume na remota Antigüidade. Mesmo no caso de assassinato, uma ética racional verá esse assunto de forma diferente: estará ligado à prevenção e cura, como no caso de uma doença, em vez de culpa, castigo e expiação.

Nossa ética atual é uma mistura curiosa de superstição e racionalismo. O assassinato é um crime antigo e o percebemos através de uma longa névoa de horror. A falsificação é um crime moderno e o encaramos de forma racional. Punimos os falsificadores, mas não os consideramos seres estranhos, ou os discriminamos, como fazemos com os assassinos. E ainda pensamos, na prática social, qualquer que seja nossa teoria, que a virtude consiste em não fazer, em vez de fazer. O homem que se abstém de certos atos rotulados de "pecados" é um homem bom, embora nunca faça nada para o bem-estar dos outros. Isso, é claro, não é uma atitude recomendada pelo Evangelho: "Amar ao próximo como a si mesmo" é um preceito positivo. Mas em todas as comunidades cristãs o homem que obedece a esse preceito é perseguido, torna-se no mínimo pobre, em geral é preso e, às vezes, morto. O mundo está cheio de injustiças, e aqueles que lucram com a injustiça estão numa posição de administrar as recompensas e os castigos. As recompensas vão para os que inventam justificativas engenhosas para a desigualdade; os castigos para aqueles que tentam remediá-la. Não conheço nenhum país onde o homem que tenha um amor genuíno por seu vizinho possa evitar a desonra. Em Paris, antes da eclosão da guerra, Jean Jaurès, o melhor cidadão da França, foi assassinado; o assassino foi absolvido sob o argumento de que tinha realizado um serviço público. Esse caso foi peculiarmente dramático, porém o mesmo tipo de incidente acontece em todo lugar.

Aqueles que defendem a moralidade tradicional às vezes admitem que ela não é perfeita, mas sustentam que qualquer crítica fará com que toda a moralidade entre em colapso. Esse não será o caso se a crítica estiver baseada em algo positivo e construtivo, porém apenas se for conduzida tendo em vista só o prazer momentâneo. Voltando a Bentham: ele defendia, como base da moral, "a maior felicidade do maior número". Um homem que age sob esse princípio terá uma vida muito mais árdua do que aquele que apenas obedeça a preceitos convencionais. Ele, necessariamente, se transformará no campeão dos oprimidos, e por isso estará sujeito à inimizade dos grandes. Ele proclamará fatos que o sistema deseja ocultar; ele negará falsidades destinadas a afastar a simpatia daqueles que precisam dela. Esse modo de vida não conduz ao colapso de uma moralidade genuína. A moralidade oficial sempre foi opressora e negativa: diz-se "não deverás" sem se dar ao trabalho de investigar o efeito das atividades não proibidas pelo código. Contra esse tipo de moralidade todos os grandes professores místicos e religiosos protestaram em vão: seus seguidores ignoraram seus pronunciamentos mais explícitos. Parece improvável, portanto, que qualquer melhoria em larga escala advenha desses métodos.

Penso que devemos esperar mais do progresso da razão e da ciência. Os homens, aos poucos, se conscientizarão que um mundo cujas instituições baseiam-se no ódio e na injustiça não é o que terá maior probabilidade de gerar felicidade. A última guerra ensinou essa lição a alguns poucos, e teria ensinado a muitos mais se tivesse terminado em empate. Precisamos de uma moralidade baseada no amor à vida, no prazer de crescer e nas realizações positivas, não na repressão e na proibição. Um homem deveria ser considerado "bom" se fosse feliz, expansivo, generoso e alegre quando os outros estivessem felizes; se fosse assim, uns poucos pecadilhos seriam considerados como de importância menor. No entanto, um homem que adquire fortuna por meio de crueldade e exploração deveria ser visto como hoje vemos o chamado homem "imoral"; e assim deveria ser julgado, mesmo se freqüentasse a igreja com regularidade e desse uma parte de seus ganhos ilícitos com propósitos públicos. Para trazer esse assunto à discussão, é apenas necessário instilar uma atitude racional a questões éticas, em vez da mistura de superstição e opressão que ainda é aceita como "virtude" entre personagens importantes. O poder da razão é pequeno nestes dias, mas continuo sendo um racionalista não arrependido. A razão pode ser uma força pequena, porém é constante e trabalha sempre em uma direção, enquanto que as forças da irracionalidade destroem-se umas às outras em uma luta fútil. Portanto, cada orgia do irracionalismo acaba por fortalecer os amigos da razão e mostra, mais uma vez, que são os únicos verdadeiros amigos da humanidade.

10

O RECRUDESCIMENTO DO PURITANISMO

Durante a guerra, os detentores do poder em todos os países acharam necessário cooptar a população mediante concessões incomuns. Os assalariados teriam um salário vitalício, os indianos foram comunicados que eram homens e irmãos, as mulheres ganharam o direito de votar, e aos jovens permitiu-se que usufruíssem os prazeres inocentes de que os mais velhos, em nome da moralidade, sempre desejaram lhes privar. Após o final da guerra, os países vitoriosos começaram a excluir os instrumentos que propiciavam as vantagens concedidas temporariamente. Os assalariados foram duramente prejudicados pelas greves de 1921 e 1926; os indianos foram segregados por meio de diversas decisões; as mulheres, embora não pudessem ser privadas do direito de voto, eram demitidas de seus trabalhos ao se casarem, a despeito de uma Lei do Parlamento contrária a essa conduta. Todas essas questões são "políticas" – ou seja, determinadas por corporações com direito a voto que representavam os interesses das classes dominantes na Inglaterra e as organizações de resistência na Índia. No entanto, como nenhuma corporação organizada representa o ponto de vista daqueles que acreditam que um homem ou uma mulher devem ser livres para desfrutar os prazeres que não causam prejuízo aos outros, os puritanos não enfrentaram uma séria oposição e sua tirania não foi considerada passível de suscitar uma questão política.

Pode-se definir um puritano como um homem que pensa que certos tipos de atos, mesmo sem efeitos prejudiciais visíveis a outras pessoas a não ser ao agente, são inerentemente pecaminosos e, por serem um pecado, devem ser evitados pelos meios mais eficazes – a lei criminal se possível e, caso contrário, a opinião pública endossada pela pressão econômica. Essa visão possui uma venerável antigüidade; na verdade, provavelmente foi responsável pela origem da lei criminal. Mas, em seus primórdios, ela se reconciliava com uma base utilitária legislativa em virtude da crença de que determinados crimes provocavam a fúria dos deuses contra comunidades que os cultuavam e, portanto, eram socialmente nocivos. Esse ponto de vista personifica a história de Sodoma e Gomorra. Aqueles que acreditam nessa história podem justificar, com um fundamento utilitarista, as leis existentes que causaram a destruição dessas cidades. Entretanto, nos dias de hoje, mesmo os puritanos raramente adotam essa perspectiva. Tampouco o bispo de Londres disse que o terremoto de Tóquio ocorreu em razão da maldade peculiar de seus habitantes. Nesse sentido, as leis em questão podem ser justificadas apenas pela teoria da punição vingativa que afirma que certos pecados, embora não prejudiquem ninguém salvo o pecador, são tão hediondos que nos obrigam a infligir um castigo ao delinqüente. Essa ótica, sob a influência do benthamismo, perdeu sua força durante o século XIX. Mas nos anos mais recentes, com a deterioração generalizada do liberalismo, ela retomou o fundamento perdido e pressagia uma nova tirania tão opressiva quanto a da Idade Média.

Esse novo movimento obtém seus maiores impactos nos Estados Unidos, em conseqüência do fato de que a América foi a única vitoriosa na guerra. A carreira do puritanismo tem sido curiosa. Por um breve espaço de tempo, teve poder na Inglaterra no século XVII, mas desgostou tanto a massa dos cidadãos comuns que eles nunca mais permitiram que ele controlasse o governo. Os puritanos, perseguidos na Inglaterra, colonizaram a Nova Inglaterra e, subseqüentemente, o Meio Oeste. A guerra civil americana foi uma continuação da guerra civil inglesa, visto que os estados sulistas haviam sido basicamente colonizados pelos oponentes dos puritanos. Mas, ao contrário da guerra civil inglesa, esse fato resultou na permanente vitória do partido puritano. Por conseguinte, o maior Poder do mundo é controlado por homens que herdaram a visão de mundo da cavalaria comandada por Cromwell.

Seria injusto apontar os inconvenientes do puritanismo sem mencionar os serviços prestados à humanidade. Na Inglaterra, no século XVII e até os tempos modernos, ele apoiou a democracia contra a tirania dos reis e dos aristocratas. Nos Estados Unidos, lutou pela emancipação dos escravos e colaborou muito para converter a América no campeão da democracia no mundo inteiro. Esses foram grandes serviços em benefício da humanidade, mas pertencem ao passado. O problema atual não é tanto a política democrática, quanto uma combinação de ordem com liberdade para as minorias. Este problema requer uma perspectiva diferente da dos puritanos; ele precisa de tolerância e concórdia em vez de fervor moral. E a concórdia nunca foi o ponto forte dos puritanos.

Nada direi sobre a vitória mais relevante do puritanismo, ou seja, a decretação da Lei Seca nos Estados Unidos. De qualquer modo, os opositores à lei não podiam tornar sua oposição uma questão de princípios, visto que a maioria deles apoiaria a proibição da cocaína, o que provoca os mesmos questionamentos de princípios.

A objeção prática ao puritanismo, tal como a qualquer forma de fanatismo, é que ele destaca certos malefícios como sendo tão mais graves do que outros que devem ser suprimidos a qualquer custo. O fanático não consegue reconhecer que a supressão de um mal verdadeiro, caso seja realizada de um modo por demais drástico, produz outros males ainda de maiores proporções. Pode-se ilustrar o fato citando a lei contra publicações obscenas. Ninguém nega que o prazer da obscenidade é ignóbil, ou que aquele que contribui para ela causa danos. Mas quando a lei tomou medidas para suprimi-la, muitas coisas extremamente importantes foram eliminadas ao mesmo tempo. Há poucos anos, alguns quadros de um eminente artista holandês foram enviados pelo correio para um comprador inglês. Os funcionários dos Correios, após uma inspeção minuciosa dos quadros, concluíram que eles eram obscenos. (A apreciação de um mérito artístico não é função de servidores civis.) Assim, eles os destruíram e o comprador não recebeu nenhuma compensação. A lei confere poder aos Correios para destruir qualquer coisa enviada pelo correio que os funcionários considerem obscena, e não há apelo contra a decisão deles.

O exemplo mais importante dos males resultantes da legislação puritana é o controle de natalidade. É óbvio que "obscenidade" não é um termo capaz de ter uma definição legal exata: nos processos dos tribunais, ele significa "qualquer coisa que choque o magistrado". Atualmente, um magistrado comum não se choca com informações acerca do controle da natalidade se estiverem contidas em um livro caro com longas palavras e frases com rodeios. No entanto, escandaliza-se se lhe derem um panfleto barato com uma linguagem simples que pessoas sem instrução possam entender. Por conseguinte, hoje é ilegal fornecer informações sobre controle de natalidade para assalariados, embora seja legal oferecê-las a pessoas instruídas. Contudo, as informações são importantes, antes de todos, para os assalariados. Cabe assinalar que a lei não leva em conta o propósito da publicação, exceto em uns poucos casos reconhecidos como livros didáticos de medicina. A única questão a ser considerada é: se a publicação cair nas mãos de um garoto maldoso, ela poderia lhe dar prazer? Caso possa, ela deve ser destruída qualquer que seja a importância social da informação nela contida. O dano causado pela ignorância imposta tem resultados incalculáveis. Indigência, doenças crônicas entre mulheres, o nascimento de crianças doentes, excesso populacional e a guerra são vistos pelos nossos legisladores puritanos como males insignificantes comparados com o prazer hipotético de uns poucos garotos tolos.

Considera-se que a lei, tal como existe, não é suficientemente drástica. Sob os auspícios da Liga das Nações, uma Conferência Internacional sobre Publicações Obscenas, como relatado no *Times* de 17 de setembro de 1923, recomendou mais severidade na lei nos Estados Unidos e em todos os países que pertencem à Liga das Nações. O delegado britânico foi aparentemente o mais zeloso na consecução desse trabalho moral.

Outra questão que constitui a base de uma legislação mais ampla é o tráfico de escravas brancas. A crueldade real nesse caso é muito grave e é uma questão bem adequada à aplicação da lei criminal. O mal evidente é que jovens mulheres ignorantes seduzidas por falsas promessas são levadas a uma condição de semi-escravidão, em que sua saúde é exposta a sérios perigos. Isso é, na essência, uma questão trabalhista, a ser lidada segundo os preceitos dos *Factory Acts* e dos *Truck Acts*. Porém, constitui-se em uma desculpa para uma grande interferência na liberdade pessoal em casos nos quais os malefícios peculiares do tráfico de escravas brancas não existem. Há alguns anos, um caso foi relatado em jornais ingleses em que um homem apaixonara-se por uma prostituta e se casara com ela. Depois de viverem felizes por algum tempo, ela decidiu retornar à antiga profissão. Não havia evidência de que ele tivesse sugerido que tomasse essa decisão, ou de qualquer modo houvesse aprovado sua ação, mas ele não discutiu com ela e nem a expulsou logo de casa. Em razão desse crime, ele foi chicoteado e jogado na prisão. Ele sofreu essa punição em virtude de uma lei à época recente e que ainda permanece no livro estatutário.

Nos Estados Unidos, sob uma lei similar, embora não fosse ilegal ter uma amante, era ilegal viajar com ela para outros estados; um nova-iorquino poderia levar a amante a Brooklyn, mas não para Jersey City. A diferença de torpeza moral entre essas duas ações não é óbvia para um homem comum.

Em relação a essa questão também a Liga das Nações está empenhando-se para assegurar uma legislação mais severa. Há algum tempo, o delegado canadense da Comissão das Ligas das Nações sugeriu que nenhuma mulher, mesmo idosa, poderia viajar em um navio a vapor, a menos que estivesse acompanhada pelo marido ou um de seus pais. Essa proposta não foi aceita, mas ilustra a direção na qual estamos nos movendo. É claro que essas medidas convertem todas as mulheres em "escravas brancas"; as mulheres não poderiam ter qualquer tipo de liberdade sem o risco de que alguém utilizasse isso com a alegação de "imoralidade". O único objetivo lógico desses reformistas é o *purdah**.

Há outro argumento mais geral que se opõe ao ponto de vista puritano. A natureza humana tal como foi concebida, implica que as pessoas insistirão em obter algum prazer na vida. *Grosso modo*, para propósitos práticos, os prazeres devem ser divididos entre aqueles que se baseiam essencialmente nos sentidos e os que são, sobretudo, mentais. O moralista tradicional elogia os últimos em detrimento dos primeiros; ou melhor, aceita os últimos porque não os considera prazeres. Sua classificação, claro, não é cientificamente defensável e em muitos casos ele tem dúvidas. Os prazeres advindos das artes pertencem aos sentidos ou à mente? Se ele for na verdade rígido, condenará a arte *in toto*, como Platão e os Pais da Igreja; se ele for mais ou menos latitudinário, tolerará a arte se tiver um "propósito espiritual", o que significa em geral uma arte de má qualidade. Essa era a visão de Tolstói. O casamento é outro caso difícil. Os moralistas mais estritos o consideram deplorável; os menos estritos o louvam baseados no conceito de que é em geral desagradável, em especial quando logram torná-lo indissolúvel.

Entretanto, esse não é meu ponto de vista. Creio que os prazeres que restaram possíveis de serem usufruídos depois que os puritanos chegaram ao grau extremo, são mais prejudiciais do que aqueles condenados por eles. Após nos deleitarmos, o próximo grande prazer consiste em impedir que outros se deleitem, ou de forma mais generalizada, na obtenção de poder. Por conseguinte, os que vivem sob o domínio do puritanismo tornam-se excessivamente ávidos pelo

---

* Entre os muçulmanos, véu, cortina ou convenção para manter as mulheres fora da vista de homens. (N.E.)

poder. Então, o gosto pelo poder traz mais malefícios do que o gosto pela bebida ou quaisquer outros vícios contra os quais os puritanos protestam. É claro, em pessoas virtuosas o amor ao poder camufla-se na benevolência de praticar o bem, mas isso representa uma diferença ínfima quanto aos seus efeitos sociais. Significa apenas que punimos nossas vítimas por serem malévolas e não porque sejam nossas inimigas. Em ambos os casos, o resultado é a tirania e a guerra. A indignação moral é uma das forças mais nocivas do mundo moderno, ainda mais porque pode sempre ser desviada para usos sinistros por aqueles que controlam a propaganda.

A organização política e econômica expandiu-se, inevitavelmente, com o crescimento do industrialismo e está prestes a aumentar ainda mais, a menos que o industrialismo colapse. O mundo está cada vez mais populoso, e a dependência em relação aos nossos vizinhos torna-se mais íntima. Nessas circunstâncias, a vida não pode ser tolerável, salvo se aprendermos a deixar os outros sozinhos em todos os aspectos que não constituam uma preocupação imediata e evidente para a comunidade. Devemos aprender a respeitar a privacidade alheia e a não impor nossos padrões morais aos outros. O puritano imagina que seu preceito moral é *o* paradigma moral; ele não percebe que outras épocas e países, e mesmo outros grupos em seu próprio país têm padrões morais diferentes dos seus – padrões que esses têm tanto direito de exercer quanto ele de exercer o seu. Infelizmente, o amor ao poder, que é a conseqüência natural da autonegação puritana, torna os puritanos mais decididos em suas ações do que as outras pessoas e, por isso, é mais difícil lhes resistir. Esperemos que uma educação mais abrangente e um conhecimento maior da humanidade possam gradualmente enfraquecer o ardor dos nossos dominantes por demais virtuosos.

II

A NECESSIDADE DO CETICISMO POLÍTICO*

Uma das peculiaridades do mundo de língua inglesa é seu imenso interesse e crença nos partidos políticos. Uma grande percentagem de seus habitantes acredita realmente que todos os males dos quais padecem seriam curados se um determinado partido político estivesse no poder. Esta é a razão do balanço do pêndulo. Um homem vota em um partido e permanece infeliz; ele conclui que era o outro partido que traria o período de felicidade e prosperidade. No momento em que estivesse desencantado com todos os partidos, já seria um homem idoso à beira da morte. Seus filhos teriam a mesma crença de sua juventude e a oscilação continua.

Eu gostaria de sugerir que, se aspiramos realizar algo benéfico na política, seria preciso enfocar as questões políticas de um modo bem diferente. Um partido que está prestes a obter o poder deve, em uma democracia, fazer um apelo ao qual a maioria da nação reaja de modo positivo. Por razões que surgirão no curso dessa discussão, um apelo com amplo sucesso no contexto da democracia existente dificilmente deixa de ser prejudicial. Por conseguinte, é provável que ne-

---

* Discurso presidencial dirigido à Associação dos Estudantes da London School of Economics and Political Science em 10 de outubro de 1923. (N.A.)

nhum partido político importante tenha um programa útil, e se medidas úteis fossem tomadas isso ocorreria por meio de algum outro mecanismo, abstraindo-se o partido governamental. Como harmonizar esse mecanismo com a democracia é um dos mais urgentes problemas de nossa época.

Há hoje dois tipos muito diferentes de especialistas em questões políticas. Por um lado, existem os políticos práticos de todos os partidos; por outro, os peritos, sobretudo funcionários civis, mas também economistas, financistas, cientistas, etc. Cada uma dessas duas classes tem um tipo especial de capacidade. A habilidade do político consiste em imaginar o que as pessoas devem ser induzidas a *pensar* que é vantajoso para elas; a habilidade do especialista consiste em calcular o que é na verdade vantajoso, desde que as pessoas venham a pensar dessa forma. (Essa condição é essencial porque medidas que provocam sérios ressentimentos são raramente vantajosas, quaisquer que sejam seus méritos.) O poder do político, em uma democracia, depende da adoção das opiniões que *pareçam* corretas para o homem comum. É inútil esperar que os políticos sejam suficientemente íntegros para defender a opinião esclarecida que consideram boa, visto que se assim fizessem seriam postos de lado por outros. Além disso, a habilidade intuitiva requerida para prever opiniões não implica qualquer aptidão para formar suas próprias opiniões, assim, muitos dos mais capazes (do ponto de vista do partido político) estarão em posição de defender, de modo bastante honesto, medidas que a maioria considera benéficas, mas que os especialistas sabem que são ruins. Portanto, exortações morais para que os políticos sejam imparciais é um despropósito, exceto no caso de aceitarem subornos.

Onde quer que exista um partido político, o apelo de um político é primordialmente dirigido a um segmento da população, enquanto seus opositores recorrerão ao segmento oposto. Seu sucesso depende de converter seus adeptos em maioria. Uma medida que atingisse igualmente todos os segmentos seria, como presumível, a base de comum acordo entre os partidos e, portanto, inútil para o partido ao qual pertence o político. Em conseqüência, ele concentra a atenção em medidas que desagradam ao setor que constitui o núcleo de apoio de seus oponentes. Além disso, uma medida, mesmo que admirável, é inútil para o político a menos que ele possa justificá-la de maneira convincente para o cidadão comum por ocasião de um discurso público. Temos então duas condições que devem ser cumpridas pelas medidas enfatizadas pelos políticos do partido: (1) precisam parecer favoráveis a uma parte da nação; (2) os argumentos em relação a elas devem ser extremamente simples. Isso não se aplica, é claro, a épocas de guerra, porque nesse momento o conflito partidário está suspenso em benefício da disputa com o inimigo externo. Durante a guerra, as habilidades do político voltam-se para os indivíduos neutros, que correspondem ao eleitor em dúvida sobre questões políticas comuns. A última guerra mostrou, como deveríamos ter esperado, que a democracia proporciona um treinamento admirável para o exercício de apelo a pessoas neutras. Essa foi uma das principais razões por que a democracia venceu a guerra. É verdade que perdeu a paz, mas esse é outro assunto.

A aptidão especial do político consiste em saber quais são as paixões que podem ser despertadas com mais facilidade e como impedi-las de causar dano a ele próprio e a seus associados. Existe uma lei de Gresham em política tal como no monetarismo; um homem que aspira a nobres objetivos diversos desses será rechaçado, exceto nos raros momentos (sobretudo em revoluções) em que o idealismo alia-se a algum movimento poderoso de exaltação egoísta. Além disso, visto que os políticos dividem-se em grupos rivais, eles visam de modo similar a dividir a nação, a menos que tenham a sorte de uni-la durante a guerra contra alguma outra nação. Eles vivem em "som e fúria, sem nenhum significado". São incapazes de prestar atenção a qualquer coisa difícil de ser explicada ou a algo que não envolva uma divisão (seja entre nações ou no âmbito da nação), ou a qualquer assunto que diminuiria o poder dos políticos como uma classe.

O especialista é um tipo curiosamente diferente. Em regra, é um homem que não deseja poder político. Sua reação natural em relação a um problema político é a de investigar o benefício que poderia advir, em vez de pesquisar a popularidade que acarretaria. Em determinadas diretrizes, ele possui um conhecimento técnico excepcional. Se for um funcionário público ou um diretor de uma grande empresa, ele possui uma experiência considerável no tocante a indivíduos, e pode ser um juiz arguto de como eles atuarão. Tudo isso são circunstâncias favoráveis, que conferem uma grande respeitabilidade à sua opinião acerca de sua especialidade.

No entanto, por ser um dirigente ele possui alguns defeitos correlatos. Ao especializar seu conhecimento, é provável que tenha superestimado a importância de seu setor. Se você for sucessivamente a dentistas, oculistas, cardiologistas, neurologistas e assim por diante, cada um deles lhe dará conselhos formidáveis para evitar a doença em que são especializados. Caso siga os conselhos de todos, as 24 horas do dia serão exclusivamente dedicadas a cuidar de sua saúde, e não sobrará tempo para desfrutá-la. Esse mesmo fato pode acontecer com facilidade com especialistas políticos: se todos forem ouvidos, não haverá tempo para a nação viver sua vida usual.

O segundo defeito do funcionário público competente resulta do fato de ser obrigado a usar o método de persuasão de modo dissimulado. Ele poderá superestimar em demasia a possibilidade de persuadir as pessoas a serem sensatas, ou preferirá usar métodos clandestinos, pelos quais os políticos são induzidos a levar a cabo medidas cruciais desconhecendo o que estão fazendo. Em geral, ele incorrerá no primeiro erro quando jovem e no último na meia-idade.

Considerando o especialista como detentor do poder executivo, seu terceiro defeito consiste em não saber julgar as exaltações populares. Ele, em geral, compreende muito bem a estrutura de um comitê, mas raramente entende uma multidão. Ao descobrir alguma medida que todas as pessoas bem informadas e com boas intenções consideram de imediato desejável, ele não percebe que, se ela for defendida publicamente, algumas pessoas poderosas que pensam que serão prejudicadas podem incitar o sentimento popular até o ponto de qualquer defensor da medida em questão ser linchado.

Na América, os magnatas, segundo dizem, contratam detetives para vigiar qualquer homem de quem não gostam e, em breve, se ele não for excepcionalmente astuto, podem envolvê-lo em uma situação comprometedora. O indivíduo deve, então, mudar sua conduta política, caso contrário será denunciado na imprensa como um homem imoral. Na Inglaterra, esses métodos não são ainda tão bem desenvolvidos, mas é provável que logo venham a ser. Mesmo onde não há nada ameaçador, as exaltações populares são, com freqüência, tão intensas que surpreendem os incautos. Todos desejam que o governo diminua as despesas em geral, porém qualquer medida econômica especial é sempre impopular porque as pessoas que são demitidas atraem a simpatia do povo. Na China, no século XI, um funcionário público chamado Wang An Shi, ao se tornar imperador, empenhou-se para introduzir o socialismo. Contudo, em um momento irrefletido, ele ofendeu os letrados (a Northcliffe Press da época), foi destituído do poder e permaneceu difamado por todos os historiadores chineses subseqüentes até a era moderna.

O quarto defeito está associado, digamos, ao fato de que os especialistas estão aptos a subestimar a importância da aquiescência em relação a medidas administrativas, além de ignorarem a dificuldade de administrar uma lei impopular. Os médicos, caso tenham poder, são capazes de descobrir meios para eliminar doenças infecciosas, desde que suas regras sejam obedecidas; mas se essas normas forem muito além do consenso da opinião pública, eles serão postos de lado. A questão administrativa durante a guerra resultou da grande submissão das pessoas às leis vigentes com vistas a vencer a guerra, ao passo que em épocas normais de paz a legislação não teria um apelo tão forte.

Dificilmente qualquer especialista se permitiria ser negligente e indiferente. Defrontamo-nos com vários problemas para evitar os perigos óbvios, mas nos esforçamos muito pouco para impedir aqueles apenas visíveis para um especialista. Pensamos que o dinheiro nos é prazeroso e a poupança nos economiza muitos milhões por ano; não obstante, jamais admitimos isso até que sejamos impelidos a fazê-lo como uma medida de guerra. Gostamos de nossos hábitos mais do que de nossos rendimentos, freqüentemente mais do que de nossa vida. Esta constatação parece inacreditável para uma pessoa que tenha refletido sobre o aspecto prejudicial de alguns de nossos hábitos.

É provável que grande parte dos especialistas não percebam que, por terem um poder executivo, seus impulsos em direção à tirania se desenvolverão, e que não mais serão os homens amistosos e de nobres princípios dos dias atuais. Pouquíssimas pessoas são capazes de inferir o efeito das circunstâncias em suas personalidades.

Por todas essas razões, não podemos escapar dos males de nossos políticos atuais apenas concedendo poder a funcionários públicos de carreira. Não obstante, é imperativo em nossa sociedade cada vez mais complexa, que os especialistas obtenham mais influência. Atualmente, há um conflito violento entre exasperações instintivas e necessidades industriais. Nosso meio ambiente, tanto humano quanto material, foi subitamente alterado pela industrialismo. É presumível que nossos instintos não tenham mudado, e quase nada foi feito para adaptar nossos pensamentos costumeiros às circunstâncias alteradas. Pessoas imprudentes que mantêm castores em suas bibliotecas constatam que quando o tempo úmido aproxima-se, os castores constroem barreiras com os livros para obstruir a umidade, porque eles viviam nas margens dos rios. Somos igualmente mal-adaptados aos nossos novos ambientes. Nossa educação ainda nos ensina a admirar as qualidades que eram biologicamente úteis à época de Homero, a despeito do fato de que agora elas são prejudiciais e ridículas. O apelo instintivo de qualquer movimento político bem-sucedido é o de invejar, rivalizar ou odiar, jamais o de buscar a cooperação. Isso é inerente a nossos métodos políticos atuais, em conformidade com os costumes pré-industriais. Só um esforço deliberado pode mudar a maneira de pensar a esse respeito.

É uma propensão natural atribuir infortúnio à malignidade de alguém. Quando os preços aumentam, o fato é devido ao especulador; quando os salários diminuem, culpa-se o capitalista. O leigo não questiona a ineficácia do capitalista no momento em que os salários sobem, assim como a do especulador quando os preços caem. Tampouco ele percebe que os salários e os preços sobem e baixam ao mesmo tempo. Se ele for um capitalista, desejará que os salários declinem e os preços subam; se for um assalariado almejará o oposto. Quando um especialista em monetarismo tenta explicar que os especuladores, os sindicatos e empregados comuns pouco têm a ver com a questão, ele irrita todas as pessoas, do mesmo modo que o homem que lançou dúvida sobre as atrocidades praticadas pelos alemães. Não gostamos de ser privados de um inimigo; queremos ter alguém à nossa disposição no momento em que estivermos sofrendo. É muito deprimente pensar que sofremos porque somos tolos; contudo, considerando a humanidade como uma multidão do ponto de vista social, cultural e social, essa é a verdade. Por esse motivo, nenhum partido político obtém uma força instigadora, exceto por meio do ódio; é preciso manter alguém em desgraça. Se a maldade desse fulano é a única causa de nossa infelicidade, vamos puni-lo e assim ficaremos felizes. O exemplo supremo desse tipo de pensamento político foi o Tratado de Versalhes. No entanto, a maioria das pessoas está apenas procurando um novo bode expiatório para substituir os alemães.

Ilustrarei esse ponto comparando dois livros que defendem o socialismo internacional, *O capital*, de Marx, e o *Allied Shipping Control* (*O controle naval dos aliados*), de Salter. (Sem dúvida, *Sir* Arthur Salter não se autodenominava um socialista internacional, mas era visto como tal.) Podemos considerar esses dois livros como representativos dos métodos dos políticos e dos funcionários públicos, respectivamente, advogavam a necessidade de uma mudança econômica. O objetivo de Marx era criar um partido político que, por fim, sobrepujasse todos os outros. Salter visava a influenciar os administradores no âmbito do sistema existente e a modificar a opinião pública por meio de argumentos baseados no proveito geral. Marx demonstrou de forma conclusiva que sob o capitalismo os assalariados haviam sofrido terríveis privações. Ele não provou e nem tentou evidenciar que eles sofreriam menos sob o regime comunista; isso é uma premissa implícita em seu estilo e na ordenação dos capítulos. Qualquer leitor que começasse a ler o livro com um viés da classe proletária se veria compartilhando esse pressuposto à medida que prosseguisse a leitura, e nunca perceberia que ele não fora comprovado. Ainda mais: Marx repudia enfaticamente considerações éticas, como se não tivessem nenhum relacionamento com o desenvolvimento social, que se supõe que seja guiado por leis econômicas inexoráveis, tal como em Ricardo e Malthus. Mas Ricardo e Malthus pensavam que as leis inexoráveis fatalmente trariam felicidade para sua classe social junto com o sofrimento dos assalariados; ao passo que Marx, como Tertuliano, tinha uma visão apocalíptica de um futuro no qual a classe proletária desfrutaria todas as benesses enquanto os burgueses se lamentariam. Embora Marx professasse que não considerava os homens nem bons nem maus, mas apenas personificações das forças econômicas, ele, na verdade, representa o burguês como um ser cruel e empenha-se em estimular um ódio feroz dele no assalariado. *O capital*, de Marx, é, em essência, como o Relatório Bryce, uma coleção de histórias atrozes destinadas a instigar um fervor bélico contra o inimigo*. Obviamente, ele também fomentou o fervor belicoso do inimigo. Isso, então, gerou a luta de classes com seus vaticínios. Foi por meio do estímulo ao ódio que Marx comprovou essa força política extraordinária, e pelo fato de que ele retratou com sucesso os capitalistas como seres abjetos.

Em *Allied Shipping Control*, de Salter, o enfoque é diametralmente oposto. Salter tinha a vantagem, que Marx não possuía, de ter se dedicado por algum tempo a elaborar uma análise do sistema de socialismo internacional. Esse sistema foi concebido não para matar os capitalistas, mas pelo desejo de matar os alemães. Entretanto, como os alemães eram irre-

---

* A parte teórica de *O capital* é análoga ao nosso colóquio sobre uma "guerra para terminar a guerra", uma "guerra para nações pequenas", uma "guerra para a democracia", etc. Seu único propósito é o de fazer com que o leitor sinta que o ódio despertado nele é uma indignação legítima, e que essa raiva pode beneficiar a humanidade. (N.A.)

levantes em relação a questões econômicas, eles estão em segundo plano no livro de Salter. O problema econômico era exatamente o mesmo, como se os soldados e os trabalhadores do setor de material bélico, além daqueles que forneciam as matérias-primas das munições, tivessem permanecido ociosos, enquanto o resto da população era incumbida de realizar todo o trabalho. Ou, de modo alternativo, se tivesse sido subitamente decretado que todos fariam apenas a metade do trabalho até então realizado. A experiência da guerra nos propiciara uma solução *técnica* para esse problema, mas não uma solução *psicológica,* porque não demonstrou como prover um estímulo à cooperação em tempos de paz, tão poderosa quanto o ódio e o medo dos alemães durante a guerra:

Salter diz:

> Não há provavelmente tarefa neste momento que mereça mais atenção dos economistas profissionais, que abordarão o problema com um enfoque puramente científico, sem uma tendência a favor ou contra o princípio do controle do Estado, do que uma pesquisa dos verdadeiros resultados do período da guerra. Os fatos *prima facie* com que eles se depararão no início são, na realidade, tão surpreendentes que constituem pelo menos um desafio para o sistema econômico normal. É verdade que diversos fatores contribuíram para os resultados(...) Uma investigação profissional não tendenciosa asseguraria peso total para esses e outros fatores, mas provavelmente ainda daria muito crédito aos novos métodos de organização. O sucesso desses métodos sob as condições da guerra está, de fato, além de um debate racional. Com uma estimativa moderada, e contabilizando a produção das pessoas que estavam ociosas antes da guerra, entre metade e dois terços da capacidade produtiva do país foram direcionadas para os combatentes ou outro serviço bélico. Contudo, durante a guerra, a Grã-Bretanha sustentou todo seu esforço militar e manteve a população civil em um padrão de vida que nunca chegou a ser intolerável, e por alguns períodos e para algumas classes sociais

> foi uma época talvez tão confortável quanto o tempo de paz. Ela fez isso, em contrapartida, sem qualquer ajuda de outros países. Ela importou ou pediu menos dinheiro da América do que forneceu, como empréstimo, para seus aliados. A Grã-Bretanha manteve, portanto, o total do consumo em curso tanto em seu esforço bélico quanto na população civil, com um mero remanescente de seu poder de produção por meio da produtividade vigente.
>
> (p. 19)

Ao discutir o sistema comercial usual em tempos de paz, ele sublinhou:

> Então, era a essência do sistema econômico na época de paz que estava desprovida de uma direção deliberada e controlada. Dado o critério oneroso das condições da guerra, esse sistema provou ser, pelo menos nessas condições, profundamente inadequado e deficiente. Pelos novos padrões, era irracional e perdulário. Produzia muito pouco, fabricava coisas erradas e as distribuía para pessoas inadequadas.
>
> (p. 17)

O sistema que estava sendo gradualmente construído sob a pressão da guerra tornou-se, em 1918, em sua essência, um socialismo internacional completo. Os governos aliados, em conjunto, eram os únicos compradores de comida e de matérias-primas, além de serem os únicos juízes a decidirem o que deveria ser importado, não apenas em seus próprios países, mas até mesmo pelos países europeus neutros. Eles tinham total controle do sistema porque controlavam as matérias-primas e podiam suprir as fábricas como quisessem. Quanto à comida, eles monitoravam a venda a varejo. Eles fixavam preços, assim como quantidades. Esse poder era exercido, sobretudo, por intermédio do Conselho Aliado de Transporte Marítimo, que, por fim, controlava quase toda a frota mercante do mundo e, por conseguinte, podia ditar as condições de importação e exportação. O sistema, com todas as suas características de socialismo internacional, voltava-se basicamente para o comércio exterior, o cerne da questão que causa as maiores dificuldades para os políticos socialistas.

O aspecto peculiar desse sistema é que ele foi introduzido sem antagonizar os capitalistas. Era fundamental para a política, durante a guerra, que a qualquer custo nenhum setor importante da população sofresse oposição. Por exemplo, na época do maior rigor no controle da navegação mercantil, discutiu-se que a produção de munições seria reduzida em favor da alimentação, por medo de descontentar a população civil. A hostilidade aos capitalistas teria sido muito perigosa e, de fato, toda a transformação foi realizada sem sérios atritos. A atitude não era: esta ou outra classe de homens é má e deve ser punida. A postura era: o sistema nos tempos de paz era ineficiente, e um novo sistema precisa ser estabelecido com um mínimo de sofrimento para todos os envolvidos no processo. Sob o estresse do perigo nacional, a aprovação de medidas que o governo considerava necessárias não era tão difícil de obter quanto teria sido em circunstâncias normais. Mas mesmo em épocas normais o consentimento teria sido menos difícil se as medidas fossem apresentadas de um ponto de vista administrativo, em vez de um antagonismo entre classes sociais.

A partir da experiência administrativa da guerra, presumiu-se que a maioria das vantagens ambicionadas pelos socialistas poderia ser obtida com o controle do governo sobre as matérias-primas, comércio exterior e sistema bancário. Essa perspectiva foi descrita no valioso livro de Lloyd, *Stabilization**. Ele pode ser considerado como um avanço definitivo na análise científica do problema, o qual atribuímos ao experimento imposto aos funcionários públicos em razão da guerra.

Uma das questões mais interessantes, em uma visão prática, no livro de *Sir* Arthur Salter, é a análise dos métodos da cooperação internacional que precisaram ter um desempenho melhor na prática. Não era usual que um país

---
* George Allen e Unwin, 1923. (N.A.)

isoladamente deliberasse cada questão e, então, enviasse representantes diplomáticos para defender seus interesses na barganha com outros poderes. Segundo o plano adotado, cada assunto teria seu comitê internacional de especialistas, de modo que os conflitos ocorreriam não entre nações, mas sim entre o tema dos produtos básicos. A comissão do trigo disputaria com a comissão de carvão, e assim por diante; mas as recomendações de cada comitê seriam resultado de deliberações entre os representantes especialistas dos diferentes aliados. A posição, na verdade, era quase de um sindicalismo internacional, exceto pela proeminente autoridade do Supremo Conselho de Guerra. A concepção é a de que qualquer internacionalismo bem-sucedido deve organizar funções separadas globalmente, e não ter apenas um organismo supremo internacional para conciliar as reivindicações de disputas de organismos nacionais.

Qualquer pessoa, ao ler o livro de Salter, logo constataria que esse governo internacional existente entre os aliados durante a guerra aumentaria o bem-estar material, mental e moral de quase toda a população do mundo, caso pudesse ser implantado universalmente em tempos de paz. Ele não prejudicaria os homens de negócios; na realidade, eles conseguiriam com facilidade a garantia, em caráter vitalício, de uma pensão correspondente à média de seus lucros nos últimos três anos. Isso evitaria o desemprego, o medo da guerra, a penúria, a escassez e a superprodução. O argumento e o método foram apresentados no livro de Lloyd. No entanto, apesar dessas vantagens óbvias e universais, essa perspectiva, caso seja possível, é ainda mais remota do que o estabelecimento do socialismo revolucionário internacional. A problemática do socialismo revolucionário é que ele suscita uma oposição muito forte; a dificuldade do socialismo dos funcionários públicos reside no fato de que ele angaria muito pouco apoio. A oposição a uma medida política é causada pelo medo de que alguém seja prejudicado; o apoio é obtido pela expectativa (em geral subconsciente) de que os inimigos sofram algum malefício. Portanto, uma política que não lese ninguém não atrai uma base de sustentação; por sua vez, uma política que conquiste demasiado apoio também provoca uma feroz oposição.

O industrialismo criou uma nova necessidade de ampla cooperação mundial e uma nova facilidade de molestar os outros por meio da hostilidade. Porém, o único tipo de apelo que obtém uma reação instintiva nos partidos políticos é um apelo ao sentimento hostil; os homens conscientes da necessidade da cooperação são destituídos de poder. Até que a educação seja direcionada a uma geração por novos canais, e a imprensa não mais estimule o ódio, só políticas nocivas têm chance de serem adotadas na prática pelos nossos métodos políticos atuais. Contudo, não existem meios óbvios de mudar a educação enquanto nosso sistema político permanecer inalterado. Para esse dilema não há nenhuma saída por intermédio de uma ação comum, pelo menos por um longo porvir. Creio que o melhor que podemos esperar é nos tornar politicamente céticos, em maior número possível, abstendo-nos firmemente de acreditar nos diversos programas atrativos dos partidos que nos são expostos de tempos em tempos. Muitas pessoas extremamente sensíveis, como H. G. Wells e outros, pensaram que a última guerra fora uma guerra para acabar com as guerras. Agora estão decepcionadas. Muitas dessas pessoas acreditam que a luta de classes marxista será uma guerra para acabar com as guerras. Se algum dia isso acontecer, mais uma vez ficarão decepcionadas – caso sobrevivam. Uma pessoa bem-intencionada que crê em qualquer movimento político poderoso está apenas ajudando a prolongar essa discórdia organizada que está destruindo nossa civilização. Obviamente, não afirmo isso como uma regra absoluta: devemos ser céticos até mesmo em relação ao nosso ceticismo. Mas se um partido político tem um programa de governo (como a maioria tem) que será muito prejudicial em sua trajetória para um final positivo, o apelo ao ceticismo é muito forte em vista de todas as maquinações políticas duvidosas. Podemos ter a justa suspeita de que, do ponto de vista psicanalítico, o prejuízo a ser causado é o que torna a política realmente atraente e que o benefício definitivo faz parte do "racionalismo".

Um ceticismo político é possível; psicologicamente, significa concentrar nosso antagonismo contra os políticos, em vez de voltá-lo para as nações ou classes sociais. Uma vez que a hostilidade não pode ser eficaz, exceto com a ajuda dos políticos, o antagonismo do qual são objetos pode ser satisfatório do ponto de vista psicológico, mas não causa dano social. Eu sugiro que isso coroe as condições da aspiração de William James a uma "moral equivalente à guerra". Na verdade, esse fato relegaria a política a canalhas óbvios (isto é, pessoas de quem não gostamos), mas poderia representar um ganho. Eu li no *The Freeman* de 26 de setembro de 1923 uma história que pode ilustrar a utilidade da patifaria política. Um inglês, ao fazer amizade com um homem de Estado japonês mais idoso, perguntou-lhe por que os mercadores chineses eram honestos ao passo que os japoneses não eram. – Há algum tempo – respondeu – um período em particular de extrema corrupção estabeleceu-se na política da China, e visto que os tribunais estavam envolvidos, a justiça tornou-se objeto de zombaria. Assim, para salvar o processo do comércio do completo caos e estagnação, o mercador chinês foi impelido a adotar padrões éticos rígidos; e desde então sua palavra vale tanto quanto seu título de dívida. No Japão, entretanto, o mercador não sofreu essa pressão, pois temos provavelmente o mais primoroso código de justiça legal do mundo. Portanto, ao fazer negócios com um japonês você deve aproveitar "suas próprias oportunidades". Essa história mostra que políticos desonestos podem causar menos danos do que os honestos.

A concepção de um político "honesto" não é como um todo simples. A definição mais tolerante é a de que as ações políticas não são ditadas pelo desejo de aumentar a renda pessoal. Nesse sentido, Lloyd George é honesto. O próximo estágio seria o homem cujas ações políticas não fossem determinadas para assegurar ou preservar seu poder mais do que por motivos pecuniários. Nesse aspecto, lorde Grey é um político honesto. Vejamos o último e o mais estrito sentido: aquele que, em suas ações públicas, não é apenas desinteressado, mas não se encontra muito abaixo do padrão de veracidade e honra implícito entre conhecidos. Desse ponto de vista, o falecido lorde Morley foi um político honesto; pelo menos, ele foi sempre honesto e um político, até que sua honestidade o afastou da política. Mas mesmo um político honesto no sentido mais elevado pode ser muito prejudicial; pode-se citar como exemplo Jorge III. Estupidez e inconsciência com freqüência causam mais dano do que a venalidade. Além disso, um político honesto não será tolerado por uma democracia salvo se for muito inepto, como o falecido duque de Devonshire; porque só um homem bastante tolo pode honestamente compartilhar os prejuízos impostos a mais da metade da nação. Portanto, qualquer homem capaz e com talento político deve ser hipócrita para obter sucesso na política; mas ao longo do tempo a hipocrisia destruirá seu espírito público.

Um paliativo óbvio para os males atuais da democracia seria encorajar muito mais a publicidade e a iniciativa por parte dos funcionários públicos. Eles devem ter o direito e, no ensejo, o dever de elaborar projetos de lei em seus próprios nomes e expor publicamente argumentos a seu favor. As questões financeiras e trabalhistas já são debatidas em conferências internacionais, porém é preciso ampliar muitíssimo seu método e criar um secretariado internacional, a fim de refletir em caráter perpétuo acerca de medidas que devam ser defendidas de forma simultânea em países diferentes. Os interesses mundiais da agricultura devem ser atendidos por negociações diretas e a adoção de uma política comum. E assim por diante. Não é possível nem desejável isentar os parlamentos democráticos, porque as medidas que obterão êxito devem, após a devida discussão e a difusão de opiniões de especialistas renomados, ser expostas ao cidadão comum. No entanto, atualmente, na maioria dos casos, o cidadão comum desconhece o parecer dos especialistas, e existem poucos mecanismos para que ele atinja a opinião coletiva ou majoritária da população. Em particular, os funcionários públicos são proibidos de defender publicamente seus pontos de vista, salvo em casos excepcionais e por meio de métodos apolíticos. Se as medidas são formuladas por especialistas após uma deliberação internacional, elas devem transcender as linhas partidárias, e dividiriam muito menos a opinião que hoje é considerada um pressuposto normal. Acredito, por exemplo, que os interesses financeiros e trabalhistas internacionais, caso possam superar sua desconfiança mútua, poderiam neste momento estabelecer um programa que demandaria muitos anos para ser implementado pelos parlamentos nacionais, mas que traria benefícios imensuráveis para o mundo. Unidos, seria difícil resisti-lhes.

Os interesses comuns da humanidade são inúmeros e muito densos, mas nossa estrutura política atual os obscurece em razão da luta pelo poder entre nações e partidos diferentes. Uma estrutura distinta que não requeresse mudanças legais ou constitucionais, e não muito difícil de ser criada, debilitaria a força da exaltação nacional e partidária. Além disso, focaria a atenção em medidas benéficas para todos, em vez daquelas nocivas para os inimigos. Sugiro que, segundo essas considerações, e não pela ação do partido governamental em âmbito nacional e a diplomacia de relações exteriores, uma saída seria encontrada para debelar o perigo atual da civilização. O conhecimento e a boa vontade existem, mas ambos permanecerão impotentes até que possuam os próprios organismos para serem ouvidos.

12

LIVRE-PENSAMENTO E PROPAGANDA OFICIAL*

Moncure Conway, em cuja honra estamos reunidos hoje, devotou sua vida a dois grandes objetivos: liberdade de pensamento e liberdade individual. A respeito desses objetivos, houve alguns ganhos desde sua época, mas também algumas perdas. Novos perigos, de certa forma diferentes daqueles do passado, ameaçam ambos os tipos de liberdade, e, a menos que uma opinião pública vigorosa e vigilante possa surgir em defesa deles, dentro de cem anos eles serão ainda mais escassos. Meu propósito neste ensaio é o de ressaltar esses novos perigos e refletir sobre como podem ser suplantados.

Começaremos tentando esclarecer o que para nós significa a expressão "livre-pensamento". Essa expressão tem dois sentidos. No sentido mais restrito, denota o pensamento que não aceita os dogmas da religião tradicional. Assim, um homem é um "livre-pensador" se não for cristão, muçulmano, budista ou xintoísta, ou membro de quaisquer outras instituições que aceitam alguma ortodoxia herdada. Nos países cristãos, um homem é chamado de "livre-pensador" quando não acredita em Deus, embora isso não seja suficiente para tornar um homem em um "livre-pensador" em um país budista.

Não quero minimizar a importância do livre-pensamento nesse sentido. Sou um dissidente de todas as religiões

---

* Palestra sobre Moncure Conway, de 1922. (N.A.)

conhecidas e espero que todas as crenças religiosas desapareçam. Não creio que, em última análise, a fé religiosa tenha sido uma força positiva. Apesar de estar preparado a admitir que em determinadas épocas e lugares ela obteve bons resultados, considero esse fato como pertencente aos primórdios da razão humana e a um estágio de desenvolvimento que agora estamos amadurecendo.

No entanto, existe uma conotação mais ampla de "livre-pensamento" que julgo ainda mais importante. Na verdade, o dano provocado pelas religiões tradicionais é primordialmente reconhecível em virtude da limitação imposta ao "livre-pensamento" em seu sentido mais abrangente. O sentido mais amplo não é tão fácil de definir como o restrito, e demanda um certo tempo para se atingir sua essência.

Quando dizemos que algo é "livre", nosso significado não é preciso, a menos que possamos descrever de que é livre. Qualquer que seja ou quem quer que seja "livre" não está sujeito a uma certa coerção externa e, para ser exato, devemos explicitar esse tipo de coerção. Por conseguinte, o pensamento é "livre" quando ele está liberto de determinados tipos de controle externo que estão com freqüência presentes. Alguns desses controles que devem estar ausentes para que o pensamento seja "livre" são óbvios, mas outros são mais sutis e elusivos.

Iniciaremos pelos mais óbvios: o pensamento não é "livre" quando acarreta penalidades legais manter ou não certas opiniões, ou exprimir a crença pessoal ou a ausência dela em determinados assuntos. Mas pouquíssimos países no mundo têm esse tipo elementar de liberdade. Na Inglaterra, sob as leis da blasfêmia, é ilegal expressar a descrença da religião cristã, embora na prática a lei não seja aplicada a pessoas abastadas*. É também ilegal ensinar o que Cristo pregou em relação à não resistência. Portanto, qualquer pessoa que não queira se tornar um criminoso deve professar sua concordância quanto à pregação de Cristo, mas deve

---

* Na Nova Zelândia não existe esse tipo de limitação. Um editor foi acusado de blasfêmia por ter publicado poemas de Sassoon. (N.A.)

evitar dizer em que consiste esse ensinamento. Nos Estados Unidos, ninguém pode entrar no país sem primeiro declarar solenemente sua descrença na anarquia e na poligamia; e uma vez dentro do país é preciso exprimir seu ceticismo pelo comunismo. No Japão, é ilegal duvidar da divindade do Mikado. Desse modo, constatamos que uma viagem em torno do mundo é uma aventura perigosa. Um maometano, um adepto de Tolstói, um bolchevique ou um cristão não pode fazê-la sem em algum momento converter-se em um criminoso, ou omitindo o que ele considera verdades importantes. Isso, é claro, aplica-se apenas a passageiros da terceira classe; aos da primeira classe é permitido acreditar em qualquer coisa que lhes agrade, desde que evitem impor suas idéias de maneira ofensiva.

É evidente que a condição mais elementar para o pensamento ser livre é a ausência de penalidades legais para a expressão de opiniões. Contudo, nenhum grande país atingiu esse nível, embora muitos pensem que o alcançaram. As opiniões que ainda são perseguidas vão de encontro à maioria como tão monstruosas e imorais que o princípio geral de tolerância não pode ser aplicado a elas. Mas isso é exatamente o mesmo ponto de vista que deu origem às torturas da Inquisição. Houve uma época em que o protestantismo era visto da mesma forma maligna como o bolchevismo é agora. Por favor, não infira a partir dessa observação que eu sou protestante ou um bolchevique.

Entretanto, as penalidades legais no mundo moderno são os obstáculos à liberdade de pensamento. Os dois grandes obstáculos são as penalidades econômicas e a distorção da evidência. É claro que o pensamento não é livre se a manifestação de certas opiniões impossibilitam uma pessoa de ganhar seu sustento. Também é evidente que o pensamento não é livre se todos os argumentos de um lado da controvérsia são sempre apresentados de modo tão atrativo quanto possível, enquanto os argumentos do outro lado só podem ser descobertos mediante uma procura diligente. Esses obstáculos existem em todos os grandes países que conheço, exceto a China, que é (ou foi) o último refúgio da liberdade. São esses os impedimentos aos quais me dedicarei – sua magnitude atual, a probabilidade de sua expansão e a possibilidade de redução.

Podemos dizer que o pensamento é livre quando ele é exposto a uma competição liberada entre crenças, ou seja, quando todas as crenças possam se manifestar, e não haja vantagens ou desvantagens legais ou pecuniárias associadas a elas. Isso é um ideal que, por várias razões, jamais será plenamente alcançado. Mas é possível aproximar-se bem mais dele do que fazemos hoje.

Três incidentes em minha vida servirão para demonstrar como, na Inglaterra moderna, as balanças inclinam-se a favor do cristianismo. O motivo para essa menção deve-se ao fato de que muitas pessoas não percebem as desvantagens às quais o agnosticismo declarado ainda expõe os seres humanos.

O primeiro incidente pertence a um estágio muito preliminar da minha vida. Meu pai era um livre-pensador, porém morreu quando eu tinha apenas três anos de idade. Desejando que eu não fosse criado em meio a superstições, ele indicou dois livres-pensadores como meus guardiões. No entanto, os tribunais revogaram seu testamento e decidiram educar-me na fé cristã. O resultado foi desapontador, porém não por culpa da lei. Caso meu pai tivesse dado instruções para que eu fosse educado como um "cristadelfiano", um "muggletoniano", ou na Igreja Adventista do Sétimo Dia, os tribunais não teriam feito objeção. Um pai tem o direito de estatuir que qualquer superstição imaginável possa ser instilada em seus filhos após sua morte; mas não tem o direito de dizer que eles devem ser mantidos livres do misticismo, se possível.

O segundo incidente ocorreu em 1910. À época desejei candidatar-me ao Parlamento como um liberal e os *Whips* recomendaram-me a um certo constituinte. Dirigi-me à Associação Liberal que se manifestou de modo favorável, e minha aceitação parecia certa. Mas, ao ser questionado por um grupo de líderes políticos do mesmo partido, admiti que era agnóstico. Quando perguntaram se o fato poderia vir à luz publicamente, repliquei que seria provável que sim.

Indagaram se eu estaria disposto a freqüentar a igreja algumas vezes e eu respondi que não. Como conseqüência, eles selecionaram outro candidato, que devidamente eleito, permanece no Parlamento desde então, e é membro do governo atual (1922).

Logo após, ocorreu o terceiro incidente. Fora convidado pelo Trinity College, em Cambridge, para tornar-me um conferencista, mas não um membro. A diferença não é pecuniária; é que um membro tem direito de manifestar sua opinião em questões administrativas do College, e não pode ser dispensado durante o prazo de sua afiliação, exceto por um ato de grave imoralidade. A razão pela qual não me ofereceram o posto de membro deve-se ao fato de que o partido clerical absteve-se do voto anticlerical. O resultado é que fui demitido em 1916 quando não apreciaram meus pontos de vista sobre a guerra*. Se dependesse de minhas conferências, teria morrido de fome.

Esses três incidentes ilustram diferentes tipos de desvantagem referentes ao livre-pensamento declarado, até mesmo na Inglaterra moderna. Qualquer outro livre-pensador poderia relatar incidentes similares baseados em sua experiência pessoal, quase sempre de caráter mais sério. O resultado evidente é que as pessoas não abastadas não ousam ser francas em relação às suas crenças religiosas.

Claro, não é apenas ou mesmo primordialmente quanto à religião que existe a falta de liberdade. A crença no comunismo ou no amor livre prejudica ainda mais um homem do que o agnosticismo. Não só é uma desvantagem ter essas opiniões, mas é muito mais difícil obter divulgação de argumentos a seu favor. Por outro lado, na União Soviética as vantagens e desvantagens são diametralmente opostas: o conforto e poder são alcançados pela confissão do ateísmo, do comunismo e do amor livre, e não existe a oportunidade de uma propaganda contra essas opiniões. Por conseguinte, na União Soviética, um grupo de fanáticos tem certeza abso-

---

* Devo acrescentar que fui readmitido depois, quando as paixões da guerra começaram a arrefecer. (N.A.)

luta sobre suas proposições duvidosas, enquanto no resto do mundo outro grupo de fanáticos sente a mesma certeza acerca de proposições opostas igualmente duvidosas. A partir dessa situação, a guerra, o rancor e a perseguição ocorrem de maneira inevitável em ambos os lados.

William James preconizava a "vontade de acreditar". De minha parte, eu pregaria a "vontade de desejar". Nenhuma de nossas crenças é, de fato, verdadeira; todas têm pelo menos uma penumbra de imprecisão e erro. Os métodos para aumentar o grau de verdade em nossas crenças são bem conhecidos; eles consistem em ouvir todos os lados, tentando averiguar todos os fatos relevantes, controlando nossas próprias tendências ao discutir com pessoas de inclinação oposta e cultivando a rapidez para descartar qualquer hipótese que prove ser inadequada. Esses métodos são praticados na ciência e formam o arcabouço do conhecimento científico. Qualquer homem do campo das ciências cujo ponto de vista seja verdadeiramente científico está pronto a admitir que o que é considerado um conhecimento científico no momento com certeza exigirá uma revisão com o progresso da descoberta; não obstante, estamos bastante próximos da verdade que serve aos propósitos mais práticos, embora não a todos. Na ciência, em que só algo que se aproxime do conhecimento genuíno será revelado, a atitude do homem é experimental e plena de dúvida.

Na religião e na política, ao contrário, embora ainda não haja nada que se aproxime do conhecimento científico, todos consideram como de *rigueur* ter uma opinião dogmática apoiada pela inanição, a prisão e a guerra, infligidas, além de estar cuidadosamente sob vigilância para evitar uma argumentação competitiva de qualquer opinião diferente. Se pelo menos os homens pudessem ser conduzidos a ter uma estrutura mental agnóstica instigante sobre esses assuntos, nove décimos dos males do mundo moderno seriam debelados. A guerra se tornaria impossível, porque cada lado perceberia que ambos os lados poderiam estar errados. A perseguição cessaria. A educação visaria a expandir a mente, sem reprimi-la. Os homens seriam escolhidos para trabalhar por causa de sua adequabilidade, e não por seguirem os dogmas irracionais daqueles que estão no poder. Assim, só a dúvida racional, caso pudesse ser fomentada, seria suficiente para trazer a felicidade e prosperidade universais.

Há pouco tempo, tivemos um exemplo brilhante da mentalidade científica na teoria da relatividade e sua recepção mundial. Einstein, um judeu pacifista de nacionalidade alemã com cidadania suíça, foi designado professor pesquisador pelo governo alemão nos primeiros anos da guerra; suas previsões foram comprovadas por uma expedição inglesa que observou o eclipse solar de 1919, logo após o Armistício. Sua teoria revolucionou todo o arcabouço teórico da física tradicional; foi tão perturbadora para a dinâmica ortodoxa quanto Darwin foi para o Gênesis. Contudo, no mundo inteiro os físicos logo aceitaram sua teoria, assim que a evidência lhe foi favorável. Mas nenhum deles, nem o próprio Einstein, poderia reivindicar que dissera a última palavra. Ele não construíra um monumento de um dogma infalível para toda a eternidade. Havia dificuldades que ele não conseguia solucionar; suas doutrinas tiveram de ser modificadas tais como as de Newton. Essa recepção crítica e não dogmática é a verdadeira postura da ciência.

O que teria acontecido se Einstein tivesse feito uma descoberta similar na esfera da religião ou da política? O povo inglês teria encontrado elementos prussianos em sua teoria; os anti-semitas a considerariam uma conspiração sionista; nacionalistas no mundo inteiro teriam achado que a teoria estava maculada por seu pacifismo pusilânime e declarariam que era um mero subterfúgio para escapar do serviço militar. Todos os professores retrógrados teriam se dirigido à Scotland Yard para pedir a proibição da importação de seus livros. Os professores que o apoiassem teriam sido despedidos. Nesse ínterim, ele teria conquistado um governo de algum país subdesenvolvido, onde se tornaria ilegal ensinar qualquer coisa exceto sua doutrina, que teria se expandido em um dogma misterioso ininteligível. Por fim, a questão da verdade ou da falsidade de sua doutrina seria decidida em um campo de batalha, sem a coleta de novas evidências a favor ou contra ela. Esse método é o resultado lógico da vontade de acreditar de William James.

O objetivo não era a vontade de acreditar, mas a vontade de descobrir, o que é exatamente o oposto.

Caso se admita que uma condição de dúvida racional seria desejável, torna-se importante investigar o porquê da existência de tanta certeza irracional no mundo. Grande parte desse fato deve-se à racionalidade e credulidade inerentes à natureza humana mediana. Mas essa semente de pecado original intelectual é nutrida e estimulada por outros agentes, entre os quais três são os mais relevantes, a saber, educação, propaganda e pressão econômica. Vamos discuti-los em seguida.

(1) *Educação*. A educação elementar em todos os países adiantados está nas mãos do Estado. Alguns ensinamentos são reconhecidos como falsos pelos funcionários que os prescrevem, e muitos outros são considerados enganosos, ou de alguma forma muito duvidosos, por todas as pessoas não preconceituosas. Como, por exemplo, o ensino de história. Cada nação deseja apenas a autoglorificação nos livros escolares de história. Quando um homem escreve sua autobiografia espera-se que ele demonstre uma certa modéstia; mas quando uma nação escreve sua autobiografia não há limite para jactar-se e vangloriar-se. Quando eu era jovem, os livros didáticos ensinavam que os franceses eram cruéis e que os alemães eram virtuosos; agora ensinam o oposto. Não existe, em nenhum dos casos, o menor respeito pela verdade. Os livros escolares alemães, ao mencionar a batalha de Waterloo, retratam Wellington derrotado quando Blücher salvou a situação. Já os livros ingleses mostram a pouca importância de Blücher no episódio. Os escritores tanto dos livros alemães quanto dos ingleses sabem que não estão relatando a verdade. Livros didáticos americanos são, em geral, violentamente antibritânicos; mas desde a guerra tornaram-se pró-britânicos, sem visar à verdade em qualquer dos casos*. Tanto antes quando depois, um dos principais objetivos

---

* Ver *The Freeman*, 15 de fevereiro de 1922, p. 532. (N.A.)

da educação nos Estados Unidos é o de converter a mistura heterogênea de crianças imigrantes em "bons americanos". Aparentemente, não ocorreu a ninguém que um "bom americano", assim como um "bom alemão" ou um "bom japonês" possa ser, *pro tanto*, um ser humano de má índole. Um "bom americano" é um homem, ou uma mulher, imbuído da crença de que a América é o melhor país da terra e que deve ser sempre apoiado entusiasticamente em qualquer conflito. É possível que esses objetivos sejam verdadeiros; neste caso, um homem racional não teria conflito algum com eles. Mas se eles são verdadeiros, devem ser ensinados no mundo inteiro, não apenas na América. É uma circunstância suspeita que tais finalidades não tenham crédito fora do país onde são glorificadas. Enquanto isso, toda a máquina do Estado, nos diferentes países, dedica-se a fazer com que crianças indefesas acreditem em proposições absurdas, com vistas a torná-las propensas a morrer em defesa de interesses malévolos com a impressão de que estão lutando pela verdade e pelo direito. Essa é apenas é uma das inumeráveis maneiras das quais a educação é planejada, não para oferecer um conhecimento verdadeiro, mas para tornar as pessoas dóceis à vontade de seus senhores. Sem um sistema elaborado de embuste nas escolas elementares seria impossível preservar a camuflagem da democracia.

Antes de encerrar o tópico da educação, mencionarei outro exemplo da América* – não porque a América seja pior do que os outros países, mas visto que é mais moderna, demonstrando mais os perigos crescentes do que aqueles que estão diminuindo. No estado de Nova York, uma escola não pode se estabelecer sem uma licença do Estado, mesmo se ela for totalmente financiada por fundos privados. Uma lei recente** prescreve que a licença não deve ser concedida a nenhuma escola "onde se evidencie que a instrução proposta inclui o ensinamento da doutrina que governos organizados devem ser destituídos pela força, violência ou meios não

---

* Ver *The New Republic*, 1º de fevereiro de 1922, p. 259ff. (N.A.)

** Modificada desde que este texto foi escrito. (N.A.)

legais". Como a *New Republic* aponta, não há limite para qualquer governo organizado. A lei, portanto, tornaria ilegal durante a guerra ensinar a doutrina de que o governo do cáiser deveria ser derrubado pela força: assim, o apoio de Kolchak ou de Denikin contra o governo soviético teria sido ilegal. Essas conseqüências, é claro, não são intencionais e resultam apenas de diretrizes mal conduzidas. O que era premeditado surge de uma outra lei promulgada ao mesmo tempo, aplicada a professores de escolas estatais. A lei decreta que os certificados que permitem a pessoas ensinarem nessas escolas só serão concedidos àqueles que "mostraram de modo satisfatório" que são "leais e obedientes ao governo de seu estado e dos Estados Unidos" e serão recusados àqueles que tenham defendido, não importa onde ou quando, "uma forma de governo diversa da forma do governo do seu estado ou dos Estados Unidos". O comitê que elaborou essas leis, como citado pela *New Republic*, estabelece que o professor que "não aprova o sistema social presente(...) deve abandonar sua profissão", e que "a ninguém que não esteja ansioso para combater as teorias da mudança social deva ser confiada a tarefa de preparar os jovens e as pessoas mais velhas para o exercício das responsabilidades da cidadania". Assim, segundo a lei do estado de Nova York, Jesus Cristo e George Washington são por demais degradados moralmente para orientar a educação dos jovens. Se Jesus for a Nova York e disser: "Deixai as crianças e não as impeçais de virem a mim", o presidente do Conselho da escola de Nova York responderia: "Senhor, não vejo nenhuma evidência de que esteja muito interessado em combater teorias de mudança social. Na verdade, soube que defende o que chama o *reino* do céu, ao passo que este país, graças a Deus, é uma república. É claro que o governo de seu reino do céu diferiria substancialmente do governo do estado de Nova York e, portanto, nenhuma criança terá permissão de aproximar-se de sua pessoa." Se não houvesse dado essa resposta, ele não estaria cumprindo seu dever como um funcionário encarregado da administração da lei.

O efeito dessas leis é muito sério. Vamos supor, em benefício do argumento, que o governo e o sistema social do estado de Nova York sejam os melhores que jamais existiram no planeta; ainda assim, ambos presumivelmente podem ser aperfeiçoados. Qualquer pessoa que admita essa proposição óbvia está por lei incapacitada de ensinar em uma escola desse estado. Portanto, a lei decreta que os professores devem ser hipócritas ou tolos.

O perigo crescente exemplificado pela lei de Nova York é o resultante do monopólio de poder nas mãos de uma única organização, seja o Estado, um truste ou uma federação de trustes. No caso da educação, o poder está nas mãos do Estado, que pode impedir que o jovem ouça qualquer doutrina que ele não aprove. Acredito que ainda existam algumas pessoas que pensam que o Estado democrático mal se distingue do povo. No entanto, isso é uma ilusão. O Estado é uma coleção de funcionários diferentes para propósitos diversos, com salários confortáveis desde que o *status quo* seja preservado. A única alteração no *status quo* que possivelmente eles desejam é o aumento da burocracia e do poder dos burocratas. Assim, é natural que eles tirem vantagem de oportunidades como o ardor da guerra para adquirir poderes inquisitoriais sobre seus funcionários, envolvendo o direito de infligir inanição a qualquer subordinado que se oponha a eles. Em assuntos do intelecto, como a educação, essa situação é fatal. Põe fim a todas as possibilidades de progresso da liberdade ou de iniciativa intelectual. Contudo, é o resultado natural de permitir que toda a educação elementar caia sob o domínio de uma única organização.

A tolerância religiosa, até um certo ponto, tem sido vitoriosa, porque as pessoas não mais consideram a religião tão importante como antes. Mas em política e economia, que ocuparam o lugar da religião, há uma crescente tendência à perseguição que não é de modo algum confinada a um partido. A perseguição por opinião na Rússia é mais severa do que em qualquer país capitalista. Encontrei em Petrogrado um eminente poeta russo, Alexander Block, que nesse meio tempo morreu em razão de privações. Os bolcheviques lhe permitiram ensinar estética, porém ele queixou-se de que eles insistiam que o ensinamento tivesse "um ponto de vista marxista". Apesar da dificuldade de descobrir de que forma a teoria de rítmica poderia estar conectada com o marxismo, para evitar a inanição fez o melhor possível para deslindar o problema. É impossível, é claro, na Rússia, no período após a tomada de poder pelos bolcheviques, imprimir qualquer crítica aos dogmas sobre os quais o regime foi fundado.

Os exemplos da América e da Rússia ilustram a conclusão à qual parece que estamos chegando, ou seja, contanto que os homens continuem a ter a atual crença fanática na importância da política, o livre-pensamento em relação a questões políticas será impossível, e existe o grande perigo de que a falta de liberdade se dissemine para todos os outros campos, tal como aconteceu na Rússia. Só algum grau de ceticismo político pode nos salvar do infortúnio.

Não se deve supor que os funcionários encarregados da educação desejem que o jovem se eduque. Ao contrário, o intuito deles é fornecer informação sem estimular a inteligência. A educação deveria ter dois objetivos: primeiro, oferecer um conhecimento definitivo, leitura e escrita, linguagem e matemática, e assim por diante; segundo, criar hábitos mentais que capacitem as pessoas a adquirir conhecimento e a formular julgamentos sólidos. O primeiro deles podemos chamar de informação; o segundo, de inteligência. A utilidade da informação é admitida na prática, bem como na teoria; sem uma população letrada um Estado moderno é impossível. Mas a utilidade da inteligência é admitida apenas teoricamente e não na prática: não é desejável que pessoas comuns pensem por si mesmas, porque se presume que essas pessoas são difíceis de controlar e causam dificuldades administrativas. Só os guardiões, na linguagem de Platão, podem pensar; o resto deve obedecer, ou seguir líderes como um rebanho de carneiros. Essa doutrina, com freqüência inconsciente, sobreviveu à introdução da democracia política, e corrompeu radicalmente todos os sistemas nacionais de educação.

O Japão, o país mais bem-sucedido em prover informação sem inteligência, é o último acréscimo à civilização moderna. A educação elementar no Japão é considerada admirável do ponto de vista de instrução. Mas além de instrução ela tem outro propósito, qual seja, o de ensinar a idolatria do Mikado – um credo mais forte agora do que antes da modernização do Japão*. Assim, as escolas têm sido usadas ao mesmo tempo para prover conhecimento e promover a superstição. Visto que não somos tentados a idolatrar o Mikado, percebemos com clareza os pontos absurdos do ensino japonês. Nossas superstições nacionais nos parecem naturais e sensíveis, então não possuímos uma visão verdadeira delas como temos no tocante às superstições nipônicas. Mas se um japonês viajado resolvesse sustentar a tese de que nossas escolas ensinam superstições tão hostis à inteligência como a crença na divindade do Mikado, suspeito que ele seria capaz de formular um ótimo estudo de caso.

Para os dias de hoje, não estou em busca de remédios, mas sim preocupado com o diagnóstico. Deparamo-nos com a realidade paradoxal de que a educação tornou-se um dos principais obstáculos à inteligência e à liberdade de pensamento. Isso se deve basicamente ao fato de que o Estado reivindica um monopólio; no entanto, isso não é, de modo algum, a única causa.

(2) *Propaganda*. O nosso sistema educacional converte os jovens que cursaram escolas capazes de ler, mas, a maior parte, incapazes de avaliar uma evidência ou de formar uma opinião independente. Eles são, então, acometidos, ao longo de suas vidas, por declarações destinadas a fazê-los acreditar em todos os tipos de proposições absurdas, tais como as pílulas de Blank que curam todas as doenças, que Spitzbergen é quente e fértil e que os alemães comem cadáveres. A arte da propaganda praticada pelos políticos e governos modernos origina-se da arte da publicidade. A ciência da psicologia deve muito aos publicitários. No passado, é

---

* Ver *The Invention of a New Religion* do professor Chamberlain de Tóquio. Publicado pela Rationalist Press Association. (N.A.)

provável que muitos psicólogos tenham pensado que um homem não poderia convencer muitas pessoas da excelência de seus produtos apenas declarando com ênfase que eles eram excepcionais. A experiência mostra, no entanto, que eles estavam enganados. Se alguma vez eu for a um local público e afirmar que sou o homem mais modesto vivo, seria ridicularizado; mas se eu conseguir ganhar dinheiro suficiente para pôr anúncios com a mesma declaração em todos os ônibus e cartazes nas ferrovias principais, as pessoas se convenceriam de que eu tinha uma percepção publicitária invulgar. Se eu me dirigir a um pequeno lojista e disser: "Olhe o seu concorrente, lá no caminho; ele está tomando seu negócio; não seria um bom plano você deixar seu negócio, postar-se no meio da estrada e tentar atirar nele antes que ele atire em você?". Caso eu diga isso, qualquer pequeno lojista pensaria que sou louco. Mas quando o governo diz isso com ênfase e fanfarra, os pequenos lojistas ficam entusiasmados e, depois, muito surpresos ao perceberem que o negócio foi prejudicado. A propaganda bem-sucedida é agora um dos métodos reconhecidos dos governos em todos os países e, em especial, o método pelo qual a opinião democrática foi criada.

Existem dois males bem diferentes em relação à propaganda tal como é praticada atualmente. Por um lado, seu apelo é em geral para causas irracionais de crença e não para argumentos sérios; por outro, ela propicia uma vantagem injusta para aqueles que podem recorrer a mais publicidade, seja por meio da riqueza ou do poder. De minha parte, inclino-me a pensar que às vezes se faz demasiado estardalhaço quanto ao fato de que a propaganda apela para a emoção, em vez da razão. A linha entre emoção e razão não é tão aguçada como algumas pessoas pensam. Além disso, um homem inteligente poderia elaborar um argumento suficientemente racional a favor de qualquer posição que tenha chance de ser adotada. Há sempre bons argumentos em ambos os lados de qualquer assunto real. Afirmações errôneas definitivas podem ser legitimamente contra-argumentadas, porém isso não é de modo algum necessário. As meras palavras "Pears' Soap", que não afirmam nada, levam as pessoas a comprar esse produto. Se, em qualquer lugar que essas palavras aparecem, elas fossem substituídas pelas palavras "Partido Trabalhista", milhões de pessoas seriam levadas a votar neste partido, embora as propagandas não aleguem nenhum mérito para ele. No entanto, se ambos os lados de uma controvérsia forem confinados por lei a declarações que um comitê de eminentes especialistas em logística considerassem relevantes e válidas, o principal malefício da propaganda, tal como conduzida dos dias de hoje, permaneceria. Suponhamos que sob essa lei existam dois partidos com bons programas, um dos quais tem milhões de libras para gastar com propaganda, enquanto o outro tem apenas 100 mil. É óbvio que os argumentos a favor do partido mais rico seriam muito mais conhecidos do que aqueles a favor do partido mais pobre e, assim, o partido mais rico venceria. Essa situação, é claro, intensifica-se quando um só partido representa o governo. Na Rússia, o governo tem quase todo o monopólio da propaganda, porém isso é desnecessário. As vantagens que ele tem sobre seus oponentes serão, em geral, suficientes para que ele seja vitorioso, a menos que tenha um programa de governo excepcionalmente ruim.

A objeção à propaganda não é apenas em razão do seu apelo ao irracional, mas também, e muito mais, pela vantagem injusta concedida aos ricos e poderosos. A igualdade de oportunidade entre opiniões é essencial para que exista uma liberdade de pensamento verdadeira; e essa igualdade só pode ser assegurada por leis elaboradas para esse fim, embora não haja razão para esperar que sejam sancionadas. A cura não deve procurada basicamente nessas leis, mas em uma educação melhor e uma opinião pública cética mais perspicaz. Contudo, no momento não estou preocupado em discutir curas.

(3) *Pressão econômica*. Já mencionei alguns aspectos desse obstáculo à liberdade de pensamento, mas agora quero abordá-lo em linhas mais gerais, como um perigo iminente a menos que alguns passos definitivos sejam tomados para contê-lo. O exemplo supremo da pressão econômica voltada contra a liberdade de expressão é a União Soviética, onde, até o acordo comercial, o governo podia submeter, e efeti-

vamente submetia, à inanição pessoas cuja opinião lhe desagradasse como, por exemplo, Kropotkin. Mas a esse respeito a Rússia está só um pouco além de outros países. Na França, durante o caso Dreyfus, qualquer professor teria perdido seu cargo caso houvesse se manifestado a favor no início ou contra no final. Hoje, na América, duvido que um renomado professor universitário conseguiria um emprego se criticasse a Standard Oil Company, porque todos os reitores teriam recebido ou esperariam receber benefícios do Sr. Rockfeller. Em toda a América os socialistas são homens marcados e deparam-se com dificuldades extremas para conseguir trabalho a menos que tenham feito grandes donativos. A tendência, que existe em qualquer lugar onde o industrialismo é bem desenvolvido, de trustes e monopólios controlarem toda a indústria acarreta uma diminuição do número de possíveis empregadores, e assim torna-se cada vez mais fácil manter listas negras secretas pelas quais qualquer pessoa que não seja subserviente às grandes corporações pode passar fome. O crescimento dos monopólios está introduzindo na América muitos desses males associados a um Estado socialista como existiu na Rússia. Desse ponto de vista de liberdade, não faz diferença para um homem se seu único possível empregador for o Estado ou um truste.

Na América, que é o país mais adiantado industrialmente, e, em menor extensão, em outros países que estão se aproximando do patamar americano, é necessário para o cidadão comum, caso queira ganhar a vida, evitar incorrer na hostilidade de determinados homens poderosos. E esses homens têm uma visão – religiosa, moral e política – com a qual esperam que seus empregados concordem, pelo menos externamente. Um homem que discorde do cristianismo abertamente, ou acredite em uma atenuação das leis do casamento, ou proteste contra o poder das grandes corporações, encontrará na América um país muito desconfortável, a menos que seja um escritor importante. Exatamente os mesmos tipos de restrições em relação à liberdade de pensamento estão prestes a ocorrer em cada país onde a organização econômica tenha sido conduzida em direção ao monopólio.

Portanto, a salvaguarda da liberdade no mundo em crescimento é muito mais difícil do que no século XIX, quando a livre concorrência ainda era uma realidade. Quem quer que se preocupe com a liberdade do intelecto deve encarar essa situação de modo pleno e franco, percebendo a inaplicabilidade dos métodos que funcionavam satisfatoriamente nos primórdios do industrialismo.

Existem dois princípios simples que, caso fossem adotados, solucionariam quase todos os problemas sociais. Primeiro, a educação deve ter como um dos seus objetivos ensinar as pessoas a só acreditarem em proposições quando houver alguma razão para pensar que elas são verdadeiras. Segundo, os empregos devem ser concedidos apenas de acordo com a adequabilidade da pessoa ao trabalho.

Abordarei primeiramente o segundo ponto: o hábito de considerar as opiniões religiosas, morais e políticas de um homem antes de indicá-lo a um cargo ou lhe oferecer um trabalho é a forma moderna de perseguição, e é provável que se torne tão eficiente quanto a Inquisição. Os antigos direitos podem ser legalmente mantidos sem ter a mínima utilidade. Se, na prática, algumas opiniões levam um homem à inanição, é um conforto medíocre para ele saber que suas opiniões não são puníveis por lei. Há um certo sentimento público contra homens submetidos à desnutrição por não pertencerem à Igreja Anglicana, ou por terem opiniões levemente não ortodoxas sobre política. Mas praticamente não há um sentimento contra a rejeição de ateístas ou mórmons, comunistas extremados, ou homens que advogam o amor livre. Esses homens são vistos como maléficos e, assim, considera-se natural recusar-lhes emprego. As pessoas ainda não notaram que essa recusa, em um Estado altamente industrializado, é uma forma muito vigorosa de perseguição.

Se esse perigo fosse percebido de modo adequado, seria possível despertar a opinião pública de modo a assegurar que as crenças de um homem não devem ser levadas em conta para indicá-lo a um cargo. A proteção das minorias é de vital importância; e mesmo uma pessoa extremamente ortodoxa pode encontrar-se em uma situação de minoria algum dia.

Nesse sentido, todos nós devemos ter interesse em restringir a tirania das maiorias. Nada, exceto a opinião pública, pode solucionar esse problema. O socialismo acentuaria esse fato de alguma forma, visto que eliminaria as oportunidades que agora surgem por intermédio de empregadores excepcionais. Cada expansão dos empreendimentos industriais agrava a situação porque diminui o número de empregadores independentes. A batalha deve ser travada exatamente como foi realizada a batalha de tolerância religiosa. E, tal como nesse caso, um declínio na intensidade da crença é um provável fator decisivo. Enquanto os homens estiverem convencidos da verdade absoluta do catolicismo ou do protestantismo, eles estarão dispostos a perseguir em nome dessa crença. Contanto que os homens estejam certos de seus credos modernos, eles perseguirão em seu benefício. Algum elemento de dúvida é essencial para a prática, embora não para a teoria, da tolerância. E isso leva ao meu outro ponto, que diz respeito aos objetivos da educação.

A fim de haver tolerância no mundo, uma das coisas a ser ensinada nas escolas deve ser o hábito de ponderar a evidência e a prática de não dar total assentimento a proposições em que não haja razão para serem aceitas como verdadeiras. Por exemplo, a arte da leitura de jornais precisa ser ensinada. O professor deve selecionar algum incidente acontecido há muitos anos e que tenha provocado paixões políticas à época. Então, ele deve ler para as crianças o que foi publicado por um jornal de uma corrente política e o que foi mencionado por outros jornais de opinião oposta, e algum relato imparcial do que realmente aconteceu. Ele deve mostrar como, a partir do viés de cada relato, um leitor habituado à leitura pode inferir o que de fato ocorreu, e precisa fazer com que elas entendam que tudo nos jornais é mais ou menos falso. O ceticismo cínico que resultaria desse ensinamento tornaria as crianças mais tarde imunes a apelos de idealismo pelos quais pessoas decentes são induzidas a favorecer os esquemas dos vigaristas.

A história deve ser ensinada do mesmo modo. As campanhas de Napoleão em 1813 e 1814, por exemplo, podem ser estudadas no *Moniteur*, que nos mostraria a surpresa dos parisienses quando viram os aliados chegando às muralhas de Paris depois de terem (segundo os boletins oficiais) sido derrotados por Napoleão em todas as batalhas. Nas classes mais adiantadas, os estudantes devem ser encorajados a contar o número de vezes que Lênin foi assassinado por Trotski para aprender a desdenhar a morte. Por fim, lhes deve ser dado um livro didático de história aprovado pelo governo, e pedir a eles para inferirem o que um livro didático francês diria a respeito das nossas guerras com a França. Tudo isso seria um treinamento muito melhor em cidadania do que as máximas morais triviais pelas quais algumas pessoas acreditam que o dever cívico possa ser inculcado.

Penso que se deva admitir que os males do mundo são devidos tanto a defeitos morais quanto à falta de inteligência. Mas a humanidade ainda não descobriu qualquer método de erradicar defeitos morais; a pregação e a exortação só acrescentam hipocrisia moralista à lista prévia de vícios. A inteligência, ao contrário, é com facilidade aperfeiçoada por métodos conhecidos por todos os educadores competentes. Portanto, até que algum método de ensinar a virtude seja descoberto, o progresso precisará ser buscado pelo aperfeiçoamento da inteligência e não por valores morais. Um dos maiores obstáculos à inteligência é a credulidade, e esta poderia ser extremamente reduzida pela instrução sobre as formas preponderantes de falsidade. A credulidade é um mal ainda maior nos dias de hoje do que foi no passado, pois em razão do crescimento da educação agora é muito mais fácil disseminar a informação, e, em virtude da democracia, a difusão de informações falsas ou incorretas é mais importante do que no passado para os detentores do poder. Daí o aumento da circulação de jornais.

Caso fosse indagado sobre como o mundo será levado a adotar essas duas máximas, ou seja, (1) que os empregos devem ser dados a pessoas considerando sua aptidão para desempenhar o trabalho, (2) que um dos objetivos da educação deve ser o de curar as pessoas do hábito de acreditarem em proposições nas quais não há evidência, só poderia responder que isso precisa ser feito fomentando uma opinião pública esclarecida. E uma opinião pública esclarecida só pode ser formada pelos esforços daqueles que desejam que ela exista. Não acredito que as mudanças econômicas defendidas pelos socialistas terão qualquer efeito para curar os males que estamos analisando. Penso que, quaisquer que forem os acontecimentos políticos, a tendência do desenvolvimento econômico tornará a preservação da liberdade mental muito mais difícil, a menos que a opinião pública insista que o empregador não poderá controlar nada da vida do empregado, exceto o seu trabalho. A liberdade na educação pode com facilidade ser assegurada, caso seja desejada, limitando-se a função do Estado de inspeção e pagamento, e limitando-se rigidamente a inspeção à instrução definitiva. Porém isso, em nosso contexto, deixaria a educação nas mãos das igrejas, porque, infelizmente, elas estão mais ansiosas por pregarem suas crenças do que os livres-pensadores por ensinarem suas dúvidas. No entanto, isso propiciaria um campo livre e possibilitaria prover uma educação liberal, se for realmente desejável. Mais do que isso não deve ser requerido à lei.

Meu pleito ao longo deste ensaio tem sido a favor da disseminação de uma tendência científica, que é algo totalmente diferente do conhecimento de resultados científicos. A tendência científica é capaz de regenerar a comunidade e fornecer uma saída para todos os nossos problemas. Os resultados da ciência, na forma de mecanismo, os gases poluentes e a imprensa sensacionalista conduzirão a uma total destruição de nossa civilização. Isso é uma antítese curiosa, que os marcianos poderiam contemplar com um distanciamento divertido. Porém para nós é uma questão de vida ou morte. Dessa questão depende se nossos netos viverão em um mundo mais feliz ou se exterminarão uns aos outros por meio de métodos científicos, deixando talvez para os selvagens os destinos futuros da humanidade.

13

LIBERDADE NA SOCIEDADE

Até que ponto a liberdade é possível e até que ponto ela é desejável entre seres humanos que vivem em comunidades? Este é o problema geral que abordarei neste capítulo.

Talvez seja melhor começar com definições. "Liberdade" é um termo usado em muitos sentidos, e devemos decidir qual deles escolheremos antes de argumentar de modo proveitoso. "Sociedade" é um termo menos ambíguo, mas aqui também alguma tentativa de definição não pode ser dispensada.

Não penso que seja desejável usar palavras com sentidos conceituais. Por exemplo, segundo Hegel e seus seguidores a "verdadeira" liberdade consiste no direito de obedecer à polícia que, em geral, é chamada a "lei moral". A polícia, é claro, deve se submeter à autoridade de seus superiores, mas essa concepção não nos fornece um guia quanto à ação do governo. Da mesma forma, na prática, os partidários desse ponto de vista argumentam que o Estado é, essencialmente e por definição, impecável. Essa noção é inapropriada em um país democrático onde haja um partido do governo, desde que nesse país quase metade da nação acredite que o governo é muito nocivo. Portanto, não podemos nos contentar com a "verdadeira" liberdade como um substituto da liberdade.

No sentido mais abstrato, "liberdade" significa a ausência de obstáculos externos para a realização de desejos.

Considerando esse sentido abstrato, a liberdade pode ser expandida pela maximização do poder ou por desejos minimizados. Um inseto que vive alguns dias e depois morre de frio tem uma liberdade perfeita de acordo com essa definição, visto que o frio pode alterar seus desejos e, assim, não há nenhum momento em que ele deseje realizar o impossível. Entre seres humanos, também, esse modo de atingir a liberdade é possível. Um jovem aristocrata russo que se tornou comunista e comissário do Exército Vermelho explicou-me que os ingleses, ao contrário dos russos, não precisam de uma camisa de força física porque têm uma mental: suas almas estão sempre em camisas de força. Provavelmente, há alguma verdade nisso. Os personagens de Dostoiévski sem dúvida não se parecem com russos reais, mas de qualquer modo são pessoas que apenas um russo poderia ter inventado. Eles têm todos os tipos de desejos violentos e estranhos, dos quais um homem comum inglês está livre, pelo menos no tocante à sua vida consciente. É óbvio que uma comunidade na qual todos querem matar uns aos outros não pode ser tão livre quanto uma comunidade com desejos mais pacíficos. Nesse sentido, a modificação do desejo pode envolver tanto um grande ganho para a liberdade quanto um aumento de poder.

Essa consideração ilustra a necessidade que nem sempre é satisfeita pelo pensamento político: isto é, a necessidade do que podemos chamar de "dinâmicas psicológicas". Tem sido demasiadamente comum aceitar a natureza humana como um dado em política ao qual condições externas têm de ser adaptadas. Na verdade, as condições externas modificam a natureza humana e essa harmonia entre ambas deve ser buscada por uma interação mútua. Um homem retirado de um ambiente e posto subitamente em outro talvez de forma nenhuma sinta-se livre e, contudo, esse novo ambiente pode proporcionar liberdade para aqueles que estão acostumados a ele. Assim, não podemos discorrer sobre liberdade sem levar em consideração a possibilidade de desejos variáveis em virtude da mudança de ambiente. Em alguns casos, isso torna a obtenção da liberdade mais difícil, uma vez que um novo ambiente, embora satisfaça antigos desejos, pode criar novos que não possam ser satisfeitos. Essa possibilidade é ilustrada pelos efeitos psicológicos do industrialismo, que gera um grande número de novas aspirações: um homem pode estar descontente porque não tem condições de comprar um carro, e logo iremos querer aviões particulares. É possível que um homem esteja insatisfeito por causa de desejos inconscientes. Por exemplo, os americanos precisam de descanso, mas o desconhecem. Creio que isso explica em grande parte a onda de crimes nos Estados Unidos.

Embora os desejos dos homens variem, há determinadas necessidades fundamentais que podem ser consideradas quase universais: alimentação, bebida, saúde, vestuário, moradia, sexo e criação de filhos são as mais relevantes entre elas. (O vestuário e a moradia não são necessidades absolutas em climas quentes, mas, exceto nos trópicos, eles devem ser incluídos na lista.) Qualquer outro fator pode estar envolvido na questão da liberdade, porém, com certeza, ninguém é livre se for privado de alguns dos itens da lista acima, que constituem o mínimo de liberdade.

Isso nos leva à definição de "sociedade". É óbvio que o mínimo de liberdade citado pode ser melhor assegurado em uma sociedade do que por um Robinson Crusoé; na verdade, o sexo e a criação de filhos são essencialmente sociais. Pode-se definir uma "sociedade" como um grupo de pessoas que coopera para certos propósitos comuns. Em relação aos seres humanos, o grupo social mais primitivo é a família. Grupos socioeconômicos constituíram-se bem cedo; aparentemente grupos que cooperavam na guerra não são tão primitivos. No mundo moderno, a economia e a guerra são os principais motivos para a coesão social. Quase todos nós somos mais capazes de satisfazer nossas necessidades físicas no contexto de uma unidade social ampla, além da família ou da tribo, e nesse sentido a sociedade tem servido para expandir a liberdade. Pensa-se, também, que um Estado organizado nos torna menos vulneráveis a sermos mortos por nossos inimigos, porém isso é uma premissa duvidosa.

Se considerarmos os desejos de um homem como um dado, isto é, se ignorarmos as dinâmicas psicológicas, é óbvio que os obstáculos à sua liberdade são de dois tipos: físico e social. Vejamos o exemplo mais primário: a terra pode não produzir suficiente comida para seu sustento, ou outras pessoas podem impedi-lo de obter comida. A sociedade diminui os obstáculos físicos à liberdade, mas cria obstáculos sociais. Aqui, no entanto, podemos incorrer em erro ao ignorar o efeito da sociedade sobre o desejo. Pode-se presumir que formigas e abelhas, apesar de viverem em sociedades bem organizadas, sempre fazem espontaneamente as coisas que constituem seus deveres sociais. O mesmo é verdadeiro entre a maioria dos animais gregários. Segundo Rivers, esse fato ocorre com os homens na Melanésia. Isso depende de um alto grau de sugestionabilidade, e em fatores mais ou menos similares aos que acontecem no hipnotismo. Então, os homens assim constituídos podem cooperar sem perda de liberdade, e têm pouca necessidade de uma legislação. Estranhamente, embora homens civilizados tenham uma organização social muito mais elaborada do que os selvagens, parecem ser menos sociais em seus instintos: o efeito da sociedade sobre suas ações é mais externo do que com os selvagens. Esse é o motivo que os leva a discutir o problema da liberdade.

Não quero, é claro, negar que a cooperação social tem uma base instintiva, mesmo nas comunidades mais civilizadas. As pessoas desejam ser como seus vizinhos, e querem ser apreciadas por eles; elas imitam e adquirem estados de espírito predominantes por sugestão. Não obstante, esses fatores parecem se enfraquecer à medida que os homens tornam-se mais civilizados. São muito mais fortes nos estudantes do que nos adultos e, no conjunto, têm mais poder sobre indivíduos menos inteligentes. Cada vez mais, a cooperação social depende da apreensão racional de suas vantagens, em vez do que denominamos instinto do rebanho. O problema da liberdade individual não surge entre selvagens porque não sentem necessidade dela, porém é mais premente entre homens civilizados à proporção que se convertem em mais civilizados. Ao mesmo tempo, a atuação do governo na regulação de suas vidas aumenta continuamente, quando se torna mais claro que o governo pode ajudar a liberá-los dos obstáculos físicos à liberdade. O problema da liberdade nas sociedades é, portanto, aquele mais provável de aumentar em urgência, a menos que deixemos de nos tornar mais civilizados.

É óbvio que a liberdade não pode ser expandida pela mera diminuição do papel do governo. E como os desejos de um homem podem ser incompatíveis com os de outro homem, essa anarquia significa liberdade para os fortes e escravidão para os fracos. Sem governo, a população humana do globo dificilmente seria um décimo do que é; seu desenvolvimento seria restringido pela fome e a mortalidade infantil. Isso substituiria a escravidão física de modo muito mais grave do que a pior escravidão social encontrada em comunidades civilizadas em épocas normais. O problema que temos de considerar não é a ausência de governo, mas como assegurar suas vantagens com a menor interferência possível na liberdade. Isso significa um equilíbrio entre a liberdade física e social. Para ser preciso: quanta pressão governamental mais devemos estar preparados para suportar, a fim de termos mais comida ou melhores condições de saúde?

A resposta a essa questão, na prática, é uma consideração muito simples: somos nós que temos de conseguir comida e condições de saúde, ou é alguém mais? Em 1917, na Inglaterra, as pessoas em um cerco suportaram com boa vontade qualquer grau de pressão governamental, porque foi óbvio que representava uma vantagem para todos. Mas, quando uma pessoa tem de se submeter à pressão governamental e outra precisa obter comida, o caso é bem diferente. Desse modo, chegamos à questão entre capitalismo e socialismo. Os defensores do capitalismo apelam para os princípios sagrados da liberdade personificados em uma máxima: *O afortunado não pode ser reprimido no exercício da tirania sobre os desafortunados*.

O liberalismo *laissez-faire*, que se baseou nessa máxima, não deve ser confundido com anarquismo. Ele recorre à lei para impedir assassinato ou insurreição armada da parte dos desafortunados; até o ponto que ele ousa, opõe-se ao sindicalismo comercial. Mas dada a ação mínima do governo ele visa a realizar o resto pelo poder econômico. O liberalismo considera adequado para um empregador dizer a um empregado, "Você vai morrer de fome", mas impróprio para o empregado retrucar, "Você morrerá primeiro com um tiro". É óbvio que, à parte pedantismos legais, é ridículo fazer uma distinção entre essas duas ameaças. Cada uma delas infringe igualmente o mínimo elementar da liberdade, mas não uma mais do que a outra. Não foi apenas na esfera econômica que a desigualdade existiu. Os princípios sagrados da liberdade também foram invocados para justificar a tirania dos maridos sobre as mulheres e dos pais sobre as crianças; porém, deve-se dizer que o liberalismo tendeu a mitigar o primeiro deles. A tirania dos pais sobre as crianças ao impeli-las a trabalhar nas fábricas foi mitigada a despeito dos liberais.

Entretanto, esse é um tema desgastado e não desejo alongar-me nele. Quero abordar a questão geral: até que ponto a comunidade pode interferir com o indivíduo, não em favor de outro indivíduo, mas em benefício da comunidade? E com que finalidades ela deve interferir?

Cabe mencionar, para começar, que a reivindicação à condição mínima de liberdade – comida, bebida, saúde, moradia, vestuário, sexo e criação dos filhos – deve suplantar qualquer outra alegação. O mínimo citado é necessário para a sobrevivência biológica, isto é, para a vida dos nossos descendentes. Os itens que acabei de enumerar podem, portanto, ser descritos como necessários; os que vão além deles podem ser chamados confortos ou luxos de acordo com as circunstâncias. Mas *a priori* eu consideraria justificável privar uma pessoa de confortos a fim de suprir as necessidades básicas de outro. É provável que isso não seja apropriado do ponto de vista político, nem economicamente exeqüível em uma dada comunidade em um determinado momento; mas não é objetável com base na liberdade, porque privar um homem de satisfazer carências é uma interferência maior na liberdade do que impedi-lo de acumular supérfluos.

Mas se isso for aceito, nos levará muito longe. Considere a saúde, por exemplo. Nas eleições do Conselho

Borough uma das questões a ser decidida é a soma de dinheiro público a ser gasta em itens como saúde pública, cuidados com a maternidade e o bem-estar infantil. As estatísticas provam que o que é despendido nessas áreas tem um efeito notável na preservação da vida. Em cada bairro de Londres, os mais ricos uniram-se para impedir um aumento, ou se possível garantir uma diminuição, da despesa nessas direções. Ou seja, estavam preparados para condenar milhões de pessoas à morte para que eles pudessem continuar a usufruir de bons jantares e carros. Como controlam quase toda a imprensa, eles impediram que os fatos fossem divulgados às suas vítimas. Pelos métodos familiares aos psicanalistas, eles evitam encarar o fato para si mesmos. Não há nada surpreendente na atitude deles, habitual a todas as aristocracias ao longo do tempo. No que me diz respeito, a atitude deles não pode ser defendida no campo da liberdade.

Não proponho discutir o direito ao sexo, ou à paternidade ou à maternidade. Gostaria apenas de assinalar que em um país onde há um grande excedente de um sexo predominante, as instituições existentes parecem mal preparadas para mantê-lo; e que a tradição do ascetismo cristão teve o infeliz efeito de tornar as pessoas menos propensas a reconhecer esse direito do que o direito à comida. Os políticos, que não têm tempo para conhecer a natureza humana, são em particular ignorantes dos desejos que impelem os homens e as mulheres comuns. Qualquer partido político cujos líderes conhecessem um pouco de psicologia poderia ter sucesso no país.

Embora admita o direito abstrato da comunidade de interferir na vida de seus membros para assegurar os itens biologicamente necessários para todos, não posso aceitar seu direito de intervir em questões em que os bens de um homem não tenham sido obtidos às expensas de outro. Penso em coisas como opinião, conhecimento e arte. O fato de a maioria da comunidade não gostar de uma opinião não lhe dá o direito de interferir com aqueles que a sustentam. E se a maioria da comunidade deseja ignorar certos fatos, isso não lhe confere o direito de aprisionar aqueles que querem adquirir informações sobre eles. Conheço uma senhora que escreveu um longo livro a respeito da vida familiar no Texas, que eu considero, do ponto de vista sociológico, muito valioso. De acordo com a polícia britânica, ninguém deve saber a verdade acerca de qualquer coisa; portanto, é ilegal enviar esse livro pelo correio. Todos sabem que os pacientes dos psicanalistas são com freqüência curados pelo mero processo de conscientizá-los de fatos suja lembrança eles reprimem. A sociedade é, em certos aspectos, como esses pacientes, mas em vez de se permitir ser curada ela aprisiona os médicos que divulgam fatos desagradáveis. Isso é uma forma totalmente indesejável de interferência na liberdade. O mesmo argumento aplica-se à intervenção em assuntos pessoais sobre moralidade: se um homem escolhe ter duas mulheres, ou uma mulher, dois maridos, isso é uma opção deles e ninguém deve sentir-se compelido a tomar uma atitude acerca da questão.

Até agora, considerei argumentos puramente abstratos como limitações a interferências justificáveis na liberdade. Abordarei a seguir certas considerações mais psicológicas.

Os obstáculos à liberdade, como já vimos, são de dois tipos: social e físico. Tendo em vista um obstáculo social e um físico que causem a mesma perda direta de liberdade, o obstáculo social é o mais prejudicial porque provoca ressentimento. Se um menino quer subir em uma árvore e você o proíbe, ele ficará furioso; caso perceba que não tem condições de subir nela, ele aceitará a impossibilidade física. Para impedir o ressentimento, geralmente pode ser desejável permitir coisas que sejam danosas, tais como ir à igreja durante uma epidemia. Igualmente, os governos atribuem os infortúnios a causas naturais; para criar ressentimento, as oposições os atribuem a fatores humanos. Quando o preço do pão aumenta, os governos declaram que é devido às más colheitas, e as oposições alegam que é provocado pelos especuladores. Sob a influência do industrialismo, as pessoas passaram a acreditar cada vez mais na onipotência do homem; pensam que não há limite para as ações humanas para impedir calamidades naturais. O socialismo é uma forma dessa crença: não mais consideramos a pobreza como enviada por Deus, mas sim o resultado da insensatez e crueldade humanas. Esse fato alterou naturalmente a atitude do proletariado em relação aos seus "melhores". Algumas vezes, a fé na onipotência humana é levada longe demais. Muitos socialistas, inclusive o falecido ministro da Saúde, aparentemente pensam que sob o socialismo haverá bastante comida para todos mesmo que a população se multiplique até não mais restar um lugar para se ficar de pé na superfície da Terra. Isso, sem dúvida, é um exagero. No entanto, a crença moderna na onipotência do homem aumentou o ressentimento quando os acontecimentos não seguem a direção certa, porque os infortúnios não mais são atribuídos a Deus ou à natureza, mesmo quando poderiam ser. Isso torna as comunidades modernas mais difíceis de governar do que as comunidades do passado e é responsável pelo fato de que as classes governantes tendem a ser excepcionalmente religiosas, pois elas querem considerar os infortúnios de suas vítimas como o desejo de Deus. Isso torna as interferências no mínimo de liberdade mais difíceis de justificar do que no passado, visto que não podem ser camufladas como leis imutáveis, embora todos os dias sejam publicadas no *The Times* cartas de padres tentando reviver esse antigo estratagema.

Além do fato de que as interferências na liberdade social melindram, existem duas outras razões que as levam a ser indesejáveis. A primeira é que as pessoas não desejam o bem-estar dos outros, e a segunda é que não sabem em que ele consiste. Talvez, no fundo, elas sejam a mesma coisa, pois quando desejamos genuinamente o bem de alguma pessoa, em geral, somos bem-sucedidos em descobrir quais são essas necessidades. De qualquer modo, os resultados práticos são os mesmos, quer as pessoas causem danos por malevolência ou por ignorância. Assim, podemos reunir as duas e afirmar que dificilmente qualquer homem ou classe social pode ser confiável no que concerne aos interesses alheios. É claro, essa é a base do argumento para a democracia. Mas a democracia, em um Estado moderno, precisa funcionar por intermédio de funcionários e, portanto, torna-se indireta e remota quando diz respeito ao indivíduo. Existe um perigo especial nos funcionários, pois eles usualmente instalam-se em escritórios distantes das pessoas cujas vidas eles controlam. Tomemos o exemplo da educação. Os professores, no conjunto, pelo contato com crianças, passaram a compreendê-las e a cuidar delas, porém são controlados por funcionários sem experiência prática, para os quais as crianças são apenas uns pirralhos chatos. Nesse sentido, as interferências dos funcionários na liberdade dos professores são quase sempre prejudiciais. Assim como em tudo: o poder está nas mãos daqueles que controlam as finanças, e não daqueles que sabem em que o dinheiro deve ser gasto. Portanto, os detentores do poder são, em geral, ignorantes e malévolos, e quanto menos exercerem o poder, melhor.

A coerção torna-se mais grave quando a pessoa coagida concede um assentimento moral à coação, embora, caso pudesse, negligenciasse o que reconhece como suas obrigações. Todos nós preferimos pagar impostos do que não ter estradas, mas se por um milagre um coletor de impostos nos ignorasse, grande parte das pessoas não lhe lembraria da existência dele. E aquiescemos prontamente com medidas como a proibição da cocaína, embora o álcool seja uma proposta mais duvidosa. Mas o melhor caso refere-se às crianças. As crianças precisam estar sob uma autoridade e têm consciência disso, apesar de às vezes se rebelarem. O caso das crianças é único pelo fato de que aqueles que têm autoridade sobre elas por vezes gostam delas. Nesse aspecto, as crianças não se ressentem com a autoridade em geral, mesmo que resistam a ela em certas ocasiões especiais. As autoridades em educação, em oposição aos professores, não possuem esse mérito e, na verdade, sacrificam as crianças em prol do que consideram desejável para o Estado ao ensinar-lhes o "patriotismo", isto é, uma propensão a matar e ser morto por razões triviais. A autoridade seria comparativamente benéfica se estivesse sempre nas mãos de pessoas que desejam o bem daqueles a quem controlam, porém não há um método conhecido para assegurar essa situação.

A coerção é ainda pior quando a vítima está convencida de que o ato ordenado é cruel ou prejudicial. Seria abominável, caso fosse possível, coagir um maometano a comer porco ou um indiano a comer carne. Aqueles contrários à vacinação não devem ser obrigados a ser vacinados. Se seus filhos pequenos devem ser é outra questão: eu diria que não, mas a questão não é de liberdade, uma vez que a criança não é consultada em nenhum dos dois casos. A questão é entre os pais e o Estado, e não pode ser decidida por qualquer princípio geral. Aos pais que têm objeções conscienciosas à educação não é permitido manter seu filho sem instrução; contudo, até aonde os princípios gerais vão, os dois casos são exatamente análogos.

A distinção mais importante, nesse tema da liberdade, é entre os bens que um homem possui à custa de outro, e aqueles em que o ganho de um homem não implica prejuízo a outro. Se eu comer mais do que minha ração justa de comida, algum outro homem ficará com fome; se eu aprender uma grande quantidade não usual de matemática, não estarei causando nenhum mal, a menos que monopolize as oportunidades educacionais. Há outro ponto: coisas como comida, moradia e vestuário são necessidades da vida, em relação às quais não há muita controvérsia ou muita diferença de um homem para outro. Portanto, são adequadas para uma ação governamental em uma democracia. Em todas essas questões a justiça deve ser o princípio diretivo. Em uma moderna comunidade democrática, justiça significa igualdade. Mas não significaria igualdade em uma comunidade onde houvesse hierarquia de classes, reconhecida e aceita pelos inferiores assim como pelos superiores. Mesmo na Inglaterra moderna, a grande maioria dos assalariados ficaria chocada se fosse sugerido que o rei não deveria ter mais pompa do que eles. Assim, eu definiria a justiça como um mecanismo para fomentar um mínimo de inveja. Isso representaria igualdade em uma comunidade livre de superstição, mas não em uma que acredite com firmeza na desigualdade social.

No entanto, em opinião, pensamento, arte, etc., as posses de um homem não são obtidas às expensas de outro. Além disso, é duvidoso o que se considera correto nessa esfera. Se Davis está dando uma festa enquanto Lázaro está comendo uma casca de pão, Davis será visto como um hipócrita se enaltecer as vantagens da pobreza. Mas se eu gosto de matemática e outro homem gosta de música, não interferimos um com o outro, e quando elogiamos as atividades um do outro estamos sendo apenas polidos. Em questões de opinião, a livre concorrência é o único caminho para se chegar à verdade. O antigo lema liberal foi aplicado à esfera errada, a da economia; é à esfera mental que realmente ele se aplica. Queremos uma competição livre em idéias, não em negócios. A dificuldade é que, à medida que a livre concorrência nos negócios extingue-se, os vitoriosos cada vez mais procuram usar seu poder econômico na esfera mental e moral; e insistem que a forma de viver e de pensar corretamente permite ao indivíduo ganhar seu sustento. Isso é um infortúnio, porque a "vida correta" significa hipocrisia e "pensamento correto" quer dizer estupidez. Existe o perigo mais grave de que, seja sob a plutocracia ou sob o socialismo, todo o progresso mental e moral se torne impossível em virtude da perseguição econômica. A liberdade do indivíduo deve ser respeitada quando suas ações não prejudicarem outras pessoas de modo direto, óbvio e evidente. Caso contrário, nossos instintos de perseguição produzirão uma sociedade estereotipada, como a do século XVI na Espanha. O perigo é real e premente. A América está nesse caminho, mas nós, na Inglaterra, estamos quase certos de seguir seu exemplo, a menos que aprendamos o valor da liberdade em sua própria esfera. A liberdade que devemos buscar não implica o direito de oprimir outros, mas o direito de viver e de pensar da maneira que escolhermos, desde que nossas atitudes não impeçam outros de agir da mesma forma.

Por fim, quero tecer alguns comentários sobre o que, no início, chamei de "dinâmicas psicológicas". Uma sociedade em que um tipo de caráter é comum é capaz de ter mais liberdade do que outra na qual prevaleçam diferentes tipos. Uma sociedade composta por seres humanos e tigres não possui muita liberdade: ou os tigres, ou os seres humanos deverão ser dominados. Do mesmo modo, não há qualquer liberdade nas partes do mundo onde homens brancos governam populações de cor. Para assegurar o máximo de liberdade, é necessário formar o caráter pela educação, para que os homens possam ser felizes em atividades não opressivas. Isso é uma questão de formação de caráter durante os primeiros seis anos de vida. A srta. McMillan em Deptford está treinando crianças para torná-las aptas a criar uma comunidade livre. Se seus métodos fossem aplicados a todas as crianças, ricas e pobres, uma geração seria suficiente para solucionar nossos problemas sociais. Mas a ênfase na instrução tornou todos os partidos cegos diante do que é importante na educação. Nos anos mais tardios, os desejos só podem ser controlados e não fundamentalmente alterados; então, é na tenra infância que a lição de viver sua vida e não importunar os outros deve ser ensinada. Com homens e mulheres que não desejem apenas coisas que só possam ser obtidas por meio da infelicidade alheia, os obstáculos à liberdade social terão fim.

14

LIBERDADE *VERSUS* **AUTORIDADE NA EDUCAÇÃO**

A liberdade, tanto em educação como em outras áreas, deve ser uma questão de grau. Algumas liberdades não podem ser toleradas. Certa vez, encontrei uma senhora que afirmava que nenhuma criança poderia jamais ser proibida de fazer qualquer coisa, porque uma criança deve desenvolver sua natureza por si mesma. "O que fazer se a natureza a levar a engolir alfinetes?", perguntei; mas lamento dizer que a resposta foi um mero vitupério. E, no entanto, a criança com livre arbítrio mais cedo ou mais tarde engolirá alfinetes, beberá veneno de vidros de remédio, cairá de uma janela alta ou se conduzirá a um final infeliz. Em uma idade um pouco posterior, os meninos, quando tiverem oportunidade, não tomarão banho, comerão demais, irão fumar até adoecerem, ficarão gripados por deitarem-se com pés molhados, e assim por diante – além do que se divertirão importunando senhores mais velhos, que podem não ter os poderes de Eliseu de réplica. Portanto, aquele que defende a liberdade na educação não deve alegar que as crianças podem fazer tudo que lhes agrade o dia inteiro. É preciso haver um elemento de disciplina e de autoridade; a questão é saber dosá-lo e exercê-lo.

A educação pode ser vista por muitos enfoques: o do Estado, o da Igreja, o do mestre-escola, o dos pais ou até mesmo (embora isso seja com freqüência esquecido) o da própria criança. Cada um desses pontos de vista é parcial; cada um deles contribui com algo para o ideal da educação, mas também contribui com elementos negativos. Examinaremos esses aspectos sucessivamente, ponderando os argumentos a favor ou contra eles.

Comecemos com o Estado, a força mais poderosa na decisão do rumo da educação moderna. O interesse do Estado pela educação é muito recente. Não existiu na Antigüidade ou na Idade Média; até a Renascença, a educação só era valorizada pela Igreja. Na Renascença, surgiu um interesse pela escolaridade avançada, levando à fundação de instituições como o Collège de France para contrapor-se à eclesiástica Sorbonne. A Reforma, na Inglaterra e na Alemanha, fomentou um desejo da parte do Estado de ter algum controle sobre as universidades e as escolas de gramática, a fim de impedir que permanecessem uns viveiros do papismo. Mas seu interesse logo se desvaneceu. O Estado não teve uma atuação decisiva ou contínua na instrução até o recente movimento moderno pela educação universal compulsória. Não obstante, o Estado agora tem um papel mais forte em relação às instituições educacionais do que todos os outros fatores combinados.

Os motivos que levaram à educação universal compulsória são diversos. Seus defensores mais enérgicos foram estimulados pelo sentimento de que é desejável ser capaz de ler e escrever, de que uma população ignorante é uma desgraça para um país civilizado e de que a democracia é impossível sem educação. Esses motivos foram reforçados por outros. Logo se percebeu que a educação tinha vantagens comerciais, diminuía a criminalidade juvenil, e dava oportunidade de controlar as populações dos bairros pobres. Os que se opunham ao clero viram na educação estatal uma chance de combater a influência da Igreja; esse motivo influiu de maneira decisiva na Inglaterra e na França. Os nacionalistas, sobretudo depois da Guerra Franco-prussiana, consideravam que a educação universal aumentaria o fortalecimento nacional. Todas essas razões, no entanto, foram a princípio subsidiárias. O principal motivo para se adotar a educação universal foi o sentimento de que o analfabetismo era ignóbil.

A instituição, uma vez firmemente estabelecida, foi fundada pelo Estado para ser utilizada de diversos modos. Torna os jovens mais dóceis, tanto para o bem quanto para o mal. Melhora o comportamento e diminui a criminalidade; facilita uma ação comum com fins públicos; faz com que a comunidade seja mais compreensível quanto às diretrizes centrais. Sem isso, a democracia não pode existir exceto em uma configuração vazia. Mas a democracia, tal como concebida pelos políticos, é uma forma de *governo*, ou seja, é um método para induzir as pessoas a agirem de acordo com o desejo de seus líderes, com a impressão de que suas ações estão em conformidade com suas aspirações. Do mesmo modo, a educação estatal adquire uma certa influência. Ensina o jovem (até onde possa) a respeitar as instituições existentes, a evitar toda a crítica fundamental aos poderes instituídos e a olhar as nações estrangeiras com suspeita e desprezo. Isso expande a solidariedade nacional à custa do internacionalismo e do desenvolvimento individual. O dano causado ao desenvolvimento individual advém da pressão indevida da autoridade. As emoções coletivas – e não as emoções individuais – são encorajadas, e a discordância em relação às crenças predominantes é reprimida com severidade. A uniformidade é desejada porque é conveniente para o administrador, a despeito do fato de que ela só pode ser mantida pela atrofia mental. Os males resultantes são de tal dimensão que se pode questionar seriamente se a educação universal fez até agora bem ou mal.

O ponto de vista da Igreja quanto à educação é, na prática, não muito diferente da visão do Estado. Contudo, existe uma divergência importante: a Igreja preferiria que o laicismo não fosse de nenhum modo ensinado, salvo sob a insistência do Estado. O Estado e a Igreja desejam instilar crenças que provavelmente seriam dissipadas pelo livre questionamento. Mas o credo do Estado é mais fácil de ser inculcado em uma população capaz de ler jornais, ao passo que o credo da Igreja é mais fácil de ser instilado em uma população iletrada. O Estado e a Igreja são hostis ao pensamento, mas a Igreja é também (embora agora sub-repticiamente) hostil à instrução. Isso terminará, já está terminando, na medida em que as autoridades eclesiásticas aperfeiçoam a técnica de prover instrução sem estimular a atividade mental – uma técnica que no passado os jesuítas lideraram.

O professor, no mundo moderno, raramente pode exprimir seu ponto de vista. Ele é nomeado por uma autoridade educacional e "recebe o bilhete azul" se constatarem que está facultando educação. Independentemente desse motivo econômico, o professor é exposto de modo inconsciente a tentações. Ele exerce, ainda de forma mais direta do que o Estado e a Igreja, a disciplina; oficialmente ele sabe o que seus alunos desconhecem. Sem algum elemento de disciplina e autoridade é difícil manter uma classe em ordem. É mais fácil punir um menino que demonstre tédio do que um que demonstre interesse. Além disso, mesmo o melhor professor tende a exagerar sua importância, e a pensar que é possível e desejável moldar seus alunos em uma espécie de seres humanos segundo sua concepção. Lytton Strachey descreve Dr. Arnold andando em torno do lago de Como meditando sobre a "perversidade moral". A maldade moral, para ele, era aquilo que ele queria mudar em seus alunos. A crença de que essa malignidade estava muito impregnada neles justificava seu exercício de poder, e considerar-se como um governante cuja obrigação era mais a de castigar do que a de amar. Essa atitude – expressa de várias formas em diversas épocas – é natural a qualquer professor zeloso que não se importe em transmitir uma influência enganosa de auto-importância. Não obstante, o professor é a força mais relevante no que diz respeito à educação, e é principalmente para ele ou ela que devemos olhar em busca do progresso.

O professor também almeja a boa reputação de sua escola. Isso o leva a desejar que seus alunos distingam-se em competições atléticas e exames escolares, o que conduz a uma certa seleção de garotos mais bem dotados em detrimento de outros. Para a média, o resultado é ruim. É muito melhor para um menino jogar mal do que ver os outros jogando bem. H.G. Wells, em seu livro *Life of Sanderson of Oundle*, relata como este renomado professor lutou contra tudo o que deixasse as faculdades de um menino médio não exercitadas ou negligenciadas. Quando se tornou diretor, constatou que apenas alguns meninos selecionados cantavam na capela; eles eram treinados como um coro e os demais escutavam. Sanderson insistiu que todos deveriam cantar, com ou sem talento musical. Ao assumir essa posição, ele se distinguiu da propensão natural de um professor que se importa mais com sua reputação do que com seus alunos. É claro, se todos nós partilhássemos méritos com sabedoria não haveria conflito entre esses dois motivos: a escola que proporcionasse o melhor para seus alunos conseguiria mais merecimento. Mas, em um mundo movimentado, sucessos espetaculares sempre obterão mérito desproporcional à sua real importância e, portanto, algum conflito entre os dois motivos dificilmente poderá evitado.

Agora abordarei o ponto de vista dos pais. Este difere segundo o *status* econômico do pai: um assalariado médio tem desejos diferentes daqueles de um profissional liberal médio. Esse assalariado quer pôr seus filhos na escola o mais rápido possível para diminuir o incômodo em casa; ele também deseja tirá-los o quanto antes a fim de lucrar com seus ganhos. Quando recentemente o governo britânico decidiu cortar os gastos em educação, propôs-se que as crianças não deveriam entrar na escola antes da idade de seis anos, e que não deveriam ser obrigadas a permanecer nela após a idade de treze anos. A primeira proposta causou tamanho protesto público que teve de ser abolida: a indignação de mães preocupadas (recentemente emancipadas) foi irreprimível. A última proposta reduzindo a idade para sair do colégio não foi impopular. Os candidatos parlamentares que advogavam uma educação melhor conseguiram aplausos unânimes daqueles que compareciam às reuniões, mas constataram nos debates que assalariados apolíticos (que eram a maioria) queriam seus filhos livres para conseguir um trabalho remunerado o mais rápido possível. As exceções eram principalmente aqueles que esperavam que seus filhos pudessem ascender na escala social por meio de uma educação melhor.

Os profissionais liberais têm uma visão bem diferente. Sua renda é resultado de terem recebido uma educação melhor do que a média e, assim, desejavam proporcionar essa vantagem a seus filhos. Para atingir esse objetivo estão dispostos a fazer grandes sacrifícios. No entanto, em nossa sociedade competitiva atual o que será ambicionado por um pai comum não é uma boa educação, mas sim uma educação que seja melhor do que a de outras pessoas. Isso seria exeqüível rebaixando o nível geral e, portanto, não podemos esperar que um profissional liberal demonstre entusiasmo em relação a oportunidades de uma educação mais elevada para os filhos dos assalariados. Se todos que desejassem pudessem obter uma educação na área médica, a despeito de quão pobres seus pais fossem, é óbvio que os doutores ganhariam menos, tanto pela crescente competitividade quanto pela melhoria da saúde da comunidade. O mesmo fato aplica-se à lei, ao serviço civil, e assim por diante. Nesse sentido, as boas coisas que um profissional liberal deseja para seus filhos, ele não as quereria para a grande parte da população, a menos que tivesse um espírito público excepcional.

O defeito fundamental dos pais em nossa sociedade competitiva é que eles querem que seus filhos lhes dêem crédito. Isso está enraizado no instinto, e só pode ser curado por esforços direcionados para tal. O defeito existe também, embora em menor grau, nas mães. Todos nós sentimos de modo instintivo que os sucessos de nossos filhos refletem glória sobre nós, enquanto seus fracassos nos deixam envergonhados. Infelizmente, os sucessos que nos enchem de orgulho são com freqüência de caráter indesejável. Dos primórdios da civilização até quase os dias de hoje – e ainda hoje na China e no Japão – os pais têm sacrificado a felicidade de seus filhos no casamento ao decidir com quem se casarão, escolhendo quase sempre a noiva ou noivo mais rico disponível. No mundo ocidental (exceto em parte na França) as crianças libertaram-se dessa escravidão pela rebelião, mas os instintos dos pais não mudaram. Nem a felicidade nem a virtude, mas o sucesso material é o desejo de um pai médio para seus filhos. Ele quer que seja de tamanha relevância que ele possa se vangloriar dele para seus amigos, e esse desejo domina em grande parte seus esforços para educá-los.

A autoridade, caso deva gerir a educação, precisa ficar nas mãos de um ou dos diversos poderes já discutidos: o Estado, a Igreja, o professor e os pais. Vimos que não podemos confiar em nenhum deles para zelar de modo adequado pelo bem-estar da criança, visto que cada um deles deseja direcioná-la para um determinado fim que não diz respeito ao seu bem-estar. O Estado quer que a criança sirva para o engrandecimento da nação e para apoiar a forma existente de governo. A Igreja deseja que a criança sirva para aumentar o poder do clero. O professor, em um mundo competitivo, geralmente considera sua escola tal como o Estado julga a nação, e quer que a criança enalteça o colégio. O pai deseja que a criança glorifique a família. A criança, como um fim em si mesma, como um ser humano distinto com uma reivindicação a qualquer felicidade ou bem-estar possíveis, não está inserida nesses vários propósitos externos, salvo de modo muito parcial. Infelizmente, a criança não tem a experiência necessária para guiar sua própria vida e, assim, é uma presa para interesses prejudiciais que florescem em sua inocência. Esse é o motivo que dificulta a inclusão da educação como um problema político. Mas primeiro comentaremos o ponto de vista da criança.

É óbvio que a maioria das crianças, se fosse deixada para se conduzir por si mesma, não aprenderia a ler ou escrever, e cresceria menos adaptada às circunstâncias da vida. Nesse sentido, é preciso haver instituições educacionais, e as crianças devem se submeter, até um certo limite, à autoridade. Porém, em vista do fato de que nenhuma autoridade pode ser inteiramente confiável, é necessário ter como meta a menor autoridade possível, e tentar pensar em maneiras pelas quais os desejos naturais e impulsos dos jovens possam ser utilizados na educação. Isso é mais factível do que julgamos, pois, afinal de contas, a vontade de adquirir conhecimento é natural para a maioria dos jovens. O pedagogo tradicional, ao possuir um conhecimento sem valor para compartilhar e desprovido totalmente da capacidade de transmiti-lo, imaginou que os jovens tinham horror intrínseco à instrução, mas nesse caso ele se enganou por não ter percebido suas próprias imperfeições. Há um conto encantador de Tchekhov sobre um homem que tentou ensinar um gatinho a caçar ratos. Quando ele não corria atrás dos ratos, o homem batia nele e o resultado foi que mesmo já adulto o gato ficava aterrorizado na presença de um rato. "Esse é o homem", acrescenta Tchekhov, "que me ensinou latim." Os gatos ensinam seus filhotes a caçarem ratos, porém esperam até que o instinto deles tenha despertado. Então os gatinhos concordam com suas mamães que o conhecimento merece ser adquirido, de modo que a disciplina não é necessária.

Os primeiros dois ou três anos da vida escaparam até agora da dominação do pedagogo, e todas as autoridades concordam que são esses os anos da vida em que aprendemos mais. Toda criança aprende a falar por seus próprios esforços. Qualquer pessoa que tenha observado uma criança pequena sabe que os esforços são consideráveis. A criança escuta propositadamente, olha com atenção o movimento dos lábios, pratica sons durante o dia inteiro e concentra-se com um surpreendente entusiasmo. É claro que os adultos a encorajam por orgulho, mas não lhes ocorre puni-la nos dias em que não aprende uma palavra nova. Tudo o que eles proporcionam é a oportunidade e elogio. É duvidoso que algo mais seja necessário em qualquer estágio.

Precisa-se fazer com que a criança ou o jovem sinta que vale a pena adquirir conhecimento. Algumas vezes é difícil, porque na verdade o saber não tem valor. É também difícil quando apenas uma quantidade considerável de conhecimento em algum campo é útil de forma que no início o aluno tende a sentir-se meramente entediado. Nesses casos, entretanto, a dificuldade não é insuperável. Tomemos, por exemplo, o ensino de matemática. Sanderson de Oundle percebeu que quase todos os seus alunos estavam interessados em maquinaria e ofereceu-lhes oportunidade de construir máquinas bem elaboradas. Durante esse trabalho prático, foi necessário fazer cálculos e isso estimulou o interesse pela matemática requerida para o sucesso de um empreendimento construtivo, pelo qual eles sentiam grande entusiasmo. Esse método é caro e exige uma habilidade paciente da parte do professor. Mas segue o instinto do aluno e, assim, implica menos tédio com algum esforço intelectual maior. O esforço é natural tanto para os animais quanto para os homens, porém deve haver um empenho para que haja um estímulo instintivo. Um jogo de futebol requer mais esforço do que andar em círculo para dar tração a um moinho, contudo, um é prazeroso e o outro uma punição. É um engano supor que o esforço mental possa ser raramente um prazer; na verdade, certas condições são necessárias para torná-lo agradável e até há pouco tempo nenhuma tentativa fora feita para criar essas circunstâncias na educação. As principais condições são: primeiro, um problema que precisa de solução; segundo, um sentimento de esperança em relação à possibilidade de obter uma solução. Note o modo pelo qual David Copperfield aprendeu aritmética:

> Mesmo quando as lições acabavam, o pior ainda estava por vir na forma de uma soma aterrorizante. Isso era inventado para mim, transmitido oralmente pelo Sr. Murdstone e começava, "se eu for a uma loja de queijos e comprar cinco mil queijos Gloucester duplos por 4,5 *pennies* cada, qual será o valor do pagamento" – diante disso percebo o prazer secreto da Srta. Murdstone. Concentrei-me nesses queijos sem qualquer resultado ou esclarecimento até a hora do jantar; quando me converti em um mulato por absorver a sujeira da lousa nos poros da minha pele, deram-me uma fatia de pão para ajudar-me com os queijos, e caí em desgraça durante o resto da noite.

Obviamente, o pobre garoto não poderia ter qualquer interesse nesses queijos, ou qualquer expectativa de fazer a soma correta. Se ele houvesse querido uma caixa de um certo tamanho, e tivessem-lhe dito para poupar sua mesada até que pudesse comprar madeira e pregos suficientes, suas aptidões matemáticas teriam sido estimuladas de modo surpreendente.

Não deve haver nada hipotético nas somas que uma criança deve fazer. Certa vez li um relato de um menino sobre sua lição de aritmética. A governanta apresentou um problema:

– Se um cavalo vale três vezes mais do que um pônei, e o pônei vale £22, quanto custa um cavalo?

– Ele está doente? – perguntou o menino.

– Isso não faz diferença – disse a governanta.

– Oh, mas James (o cavalariço) diz que isso faz uma grande diferença.

A capacidade de entender uma verdade hipotética é um dos desenvolvimentos mais tardios da faculdade lógica, e não deve ser esperada em crianças pequenas. No entanto, isso é uma digressão, e retomarei nosso tema principal.

Eu não afirmo que *todas* as crianças possam ter seus interesses intelectuais despertados por um estímulo adequado. Algumas têm uma inteligência bem abaixo da média e requerem um tratamento especial. É muito prejudicial misturar em uma classe crianças cujas aptidões mentais são diferentes: os mais inteligentes se entediarão por causa de explicações que eles claramente entendem, e os menos dotados ficarão preocupados porque se espera que eles compreendam coisas que ainda não captaram. Os temas e os métodos devem ser adaptados à inteligência do aluno. Macaulay foi aprender matemática em Cambridge, mas é óbvio, por suas cartas, que foi pura perda de tempo. Ensinaram-me latim e grego, porém não gostei, porque achava uma tolice aprender uma língua que não era mais falada. Creio que tudo do pouco resultado proveitoso advindo dos anos de estudos dos clássicos eu aprenderia em um mês na vida adulta. Depois de um mínimo básico, deveria-se levar em conta as preferências pessoais e os alunos só deveriam receber ensinamento sobre assuntos que considerassem interessantes. Isso pressiona os professores, que acham mais fácil serem maçantes, em especial quando têm uma carga de trabalho excessiva. Mas as dificuldades podem ser superadas ao conceder aos professores menos horas de atividade e instrução quanto à arte de ensinar, o que está ocorrendo no treinamento de professores das escolas elementares, porém não está sendo aplicado aos professores das universidades ou das escolas públicas.

A liberdade educacional tem muitos aspectos. Antes de tudo, a liberdade de aprender ou não. Depois, a liberdade de escolha do aprendizado. Na educação mais tardia, existe a liberdade de opinião. A liberdade de aprender ou não só deve ser parcialmente concedida na infância. É necessário ter certeza de que todos os que não são imbecis aprendam a ler e a escrever. Até que ponto isso pode ser feito pela mera oferta de oportunidade, só a experiência mostrará. No entanto, mesmo que apenas a oportunidade seja suficiente, as crianças devem ter a chance de confiarmos nelas. A maioria preferiria brincar do lado de fora, quando as oportunidades necessárias estivessem faltando. Mais tarde, isso pode ser deixado à escolha dos jovens como, por exemplo, se devem ir para a universidade; alguns gostariam de cursar a universidade, outros não. Isso constituiria um princípio de seleção tão bom quanto qualquer outro para os exames de ingresso. Não se deveria permitir aos alunos que não trabalhem permanecer em uma universidade. Os jovens ricos que agora desperdiçam seu tempo na faculdade estão desmoralizando os outros e ensinando a si mesmos a serem inúteis. Se um trabalho sério fosse exigido como condição de permanência, as universidades deixariam de ser atraentes para pessoas que não apreciam incursões intelectuais.

A liberdade de escolha do aprendizado deve ser muito mais estimulada do que nos dias de hoje. Penso que seja necessário agrupar temas por suas afinidades naturais; há graves desvantagens no sistema eletivo, que deixa um jovem livre para escolher um conjunto de assuntos desconectados. Se eu fosse organizar um programa educativo em Utopia, com fundos ilimitados, daria a cada criança com cerca de doze anos alguma instrução nos clássicos, matemática e ciência. Após dois anos, se evidenciaria em que as aptidões da criança recairiam, e seus gostos seriam uma indicação segura desde que não houvesse "opções suaves". Por conseguinte, deveria-se permitir a cada menino e menina que assim o desejasse especializar-se aos quatorze anos. Primeiro, a especialização seria bem ampla, definindo-se gradualmente à medida que a educação progredisse. A época na qual era possível ter uma cultura universal já passou. Um homem diligente pode conhecer alguma coisa de história e literatura que requerem um conhecimento das línguas clássicas e modernas. Ou ele pode saber algo de matemática, ou uma ou duas matérias científicas. Mas o ideal de uma educação "global" está ultrapassado; foi destruído pelo progresso do conhecimento.

A liberdade de opinião, da parte dos professores e dos alunos, é a mais importante dos diversos tipos de liberdade e a única que não requer nenhum tipo de limitação. Tendo em vista que essa premissa não existe, cabe recapitular os argumentos a seu favor.

O argumento fundamental para a liberdade de opinião é a dúvida de todas as nossas crenças. Se tivéssemos certeza de que conhecemos a verdade, haveria algo para recomendar seu ensino. Mas nesse caso o ensinamento não implicaria autoridade, visto sua racionalidade inerente. Não é necessário promulgar uma lei proibindo alguém de ensinar matemática se ele tiver opiniões heréticas quanto à tabela de multiplicação, pois aqui a verdade é clara e não necessita ser reforçada por penalidades. Quando o Estado intervém para assegurar o ensino de alguma doutrina, ele age desse modo *porque* não há uma evidência conclusiva em favor dessa doutrina. O resultado é que o ensinamento não é verdadeiro, mesmo que possa ser verdade. No estado de Nova York, até há pouco tempo, era ilegal ensinar que o comunismo é benéfico; na União Soviética, é ilegal ensinar que o comunismo é pernicioso. Sem dúvida, uma dessas opiniões é verdadeira e a outra é falsa, porém ninguém sabe qual. Ou Nova York ou a União Soviética ensinava a verdade e prescrevia a falsidade, mas em nenhum desses locais o ensinamento era ministrado de modo verdadeiro, uma vez que cada um apresentava uma proposição duvidosa como certa.

A diferença entre verdade e veracidade é importante nesse contexto. A verdade é para os deuses; de nosso ponto de vista é um ideal do qual podemos nos aproximar, mas sem esperança de alcançá-lo. A educação nos prepararia para uma abordagem o mais próxima possível da verdade, e para atingir esse objetivo deve-se ensinar a veracidade. A veracidade, segundo minha perspectiva, é o hábito de formar nossas opiniões com base na evidência, e sustentá-las com o grau de convicção que a evidência garante. Esse grau não nos assegura a certeza completa e, portanto, devemos estar sempre prontos para uma nova evidência contra crenças prévias. Além disso, quando agimos fundamentados em uma crença, devemos, se possível, apenas considerar essa ação como útil, mesmo que nossa crença seja mais ou menos inexata; é preciso evitar ações desastrosas, a menos que nossa crença seja *exatamente* verdadeira. Na ciência, um observador constata seus resultados junto com um "provável erro": mas quem já ouviu falar de um teólogo ou de um político confessando um provável erro em seus dogmas, ou mesmo admitindo que qualquer erro é concebível? Porque na ciência, na qual nos aproximamos mais do conhecimento real, um homem pode confiar com segurança na força de seu caso, ao passo que onde nada é conhecido, a afirmação imoderada e a hipnose são os caminhos usuais para convencer os outros a partilhar nossas crenças. Se os fundamentalistas pensassem que têm um bom argumento contra a evolução, eles não tornariam seu ensinamento ilegal.

O hábito de ensinar a alguém ortodoxia, política, religião ou moral acarreta todos os tipos de efeitos danosos. Para começar, isso exclui do ensinamento profissionais que aliam honestidade com vigor intelectual, precisamente os homens que terão o melhor efeito moral e mental sobre seus alunos. Farei três comentários. Primeiro, quanto à política: espera-se que um professor de economia na América ensine doutrinas como determinação para os ricos e poderosos da elite dos milionários; caso não o faça, perceberá que é aconselhável partir para outro lugar, como o Sr. Laski, antigo professor de Harvard, agora um dos mais renomados professores da London School of Economics. Segundo, em relação à religião: a imensa maioria dos eminentes intelectuais não crê na religião cristã, mas esconde o fato em público, porque teme perder seus rendimentos. Assim, acerca de todos os assuntos mais importantes a maioria dos homens cujas opiniões e argumentos seriam valiosíssimos está condenada ao silêncio. Terceiro, do ponto de vista moral: praticamente todos homens não foram castos em algum momento de suas vidas; é claro que aqueles que ocultam esse fato são piores dos que o revelam, visto que eles acrescentam a hipocrisia à culpa. No entanto, os cargos para professores só estão abertos para os hipócritas. Isso se deve apenas aos efeitos da ortodoxia sobre a escolha e o caráter dos professores.

Agora, abordarei o efeito nos alunos, o qual irei considerar sob dois ângulos, intelectual e moral. Do ponto de vista intelectual, o estímulo para um jovem é um problema de importância prática óbvia quando opiniões divergentes são emitidas. Por exemplo, um jovem que esteja aprendendo economia precisa ouvir palestras de individualistas e socialistas, protecionistas e adeptos do livre comércio, inflacionários e daqueles que acreditam no padrão-ouro. Ele deve ser encorajado a ler os melhores livros de várias escolas recomendados por aqueles que acreditam neles. Isso o ajudaria a avaliar argumentos e evidências para saber que nenhuma opinião é totalmente correta, e julgar os homens por sua qualidade, em vez de pela sua conformidade com as idéias pré-concebidas. A história deve ser ensinada não apenas do ponto de vista de um único país, mas também de outros países. Se a história fosse ensinada por franceses na Inglaterra e por ingleses na França, não haveria desacordos entre os dois países, pois cada um deles compreenderia o enfoque do outro. Um jovem deveria aprender a pensar que todas as questões estão em aberto, e que um argumento deve ser seguido a qualquer parte que ele conduza. As necessidades da vida prática destruirão essa atitude tão logo ele comece a ganhar seu sustento; mas até então ele deve ser estimulado a provar as alegrias da livre especulação.

Moralmente, também, o ensinamento de uma ortodoxia a um jovem é muito prejudicial. Não é só pelo fato de que ele compele os professores mais capacitados a serem hipócritas e, portanto, a transmitirem um exemplo moral ruim.

Há ainda, e o que é mais importante, o fato de que isso encoraja a intolerância e as formas perniciosas do instinto de rebanho. Edmund Gosse em seu livro *Father and Son* relata como, quando ele era criança, seu pai contou-lhe que iria se casar de novo. O garoto notou que era algo do qual o pai se envergonhava, então por fim, perguntou aterrorizado: "Pai, ela é anabatista?". E, na verdade, era. Até esse momento, ele acreditara que os anabatistas eram malvados. Nesse sentido, as crianças de escolas católicas acreditam que os protestantes são maus, crianças em qualquer escola de países de língua inglesa crêem que os ateus são cruéis, e as crianças na Alemanha pensam que os franceses são perversos. Quando uma escola aceita como parte de sua tarefa ensinar uma opinião que não possa ser defendida intelectualmente (como quase todos as escolas fazem), ela é impelida a dar a impressão de que aqueles que têm uma opinião oposta são maléficos, caso contrário isso pode não gerar a paixão necessária para repelir os assaltos da razão. Assim, pelo bem da ortodoxia as crianças tornam-se intolerantes, não-caridosas, cruéis e belicosas. Essa circunstância será inevitável enquanto as opiniões definidas forem prescritas na política, na moral e na religião.

Por fim, ocasionado por esse dano moral ao indivíduo, existe um prejuízo não narrado à sociedade. Guerras e perseguições são inúmeras por toda parte, e em todos os lugares elas foram causadas pelo ensinamento nas escolas. Wellington costumava dizer que a batalha de Waterloo fora vencida nos campos de jogos de Eton. Ele teria sido mais verdadeiro se tivesse dito que a guerra contra a França revolucionária fora instigada nas classes de aula de Eton. Em nossa era democrática, Eton perdeu sua importância; agora, são as escolas elementares e secundárias comuns que devemos considerar. Em cada país, por meio do acenar de bandeiras, do dia do Império, das celebrações de 4 de julho, do Corpo de Treinamento de Oficiais, etc., tudo é realizado para incutir em meninos um gosto pelo homicídio, e nas meninas a convicção de que homens que cometem assassinatos são os que mais merecem respeito. Todo esse sistema de degradação moral ao qual meninos e meninas inocentes são expostos se tornaria inviável se as autoridades concedessem liberdade de opinião a alunos e professores.

A organização rígida é a fonte do mal. As autoridades educacionais não vêem as crianças, como supostamente a religião deve fazer, como seres humanos cujas almas devem ser salvas. Elas as consideram um material a ser usado para esquemas grandiosos: futura "mão-de-obra" nas fábricas ou "baionetas" na guerra, etc. Nenhum homem está apto a educar a menos que sinta em cada aluno um fim em si mesmo, com seus direitos e sua personalidade, não uma mera peça em um jogo de quebra-cabeça, um soldado em um regimento, ou um cidadão em um Estado. O respeito pela personalidade humana é o início da sabedoria, em todas as questões sociais, mas acima de tudo em educação.

15

PSICOLOGIA E POLÍTICA

Discutirei neste ensaio o tipo de efeitos que a psicologia terá em breve na política. Proponho abordar tanto os possíveis efeitos positivos quanto os prováveis efeitos perniciosos.

As opiniões políticas não se baseiam na razão. Mesmo um assunto tão técnico como o retorno do padrão-ouro foi determinado fundamentalmente por sentimento e, de acordo com os psicanalistas, esse sentimento não pode ser mencionado em uma sociedade instruída. Agora, os sentimentos de um adulto compõem-se de um núcleo de instinto rodeado por um amplo invólucro de educação. Um dos caminhos pelos quais a educação atua é pela influência na imaginação. Todos querem ver-se a si mesmos como boas pessoas e, assim, seus esforços, tais como suas ilusões, são influenciados pelo que considera o melhor possível para atingir seu objetivo. Penso que o estudo da psicologia pode alterar nossa concepção de uma "pessoa boa"; caso isso aconteça, é óbvio que seus efeitos na política serão profundos. Duvido que alguém que tenha aprendido psicologia moderna na juventude possa parecer-se ao falecido lorde Curzon ou ao atual bispo de Londres.

No tocante à ciência, há dois tipos de efeitos que devemos observar. Por um lado, os especialistas podem realizar invenções ou descobertas passíveis de serem utilizadas pelos detentores do poder. Por outro, a ciência é capaz de influenciar a imaginação e, desse modo, alterar as analogias e as expectativas das pessoas. Existe, estritamente falando, um terceiro tipo de efeito, ou seja, uma mudança na maneira de viver com todas as conseqüências dos avanços científicos. No caso da física, todas as três classes de efeitos são, hoje, claramente desenvolvidas. A primeira é ilustrada pelos aviões, a segunda pela visão mecanicista da vida, e a terceira pela substituição, por grande parte da população, da agricultura e do campo pela indústria e pela vida urbana. No caso da psicologia, ainda dependemos de profecia no que concerne à maioria dos seus efeitos. A profecia é sempre temerária, porém é mais acentuada com relação aos efeitos do primeiro e do terceiro tipos do que àqueles que dependam de uma mudança da perspectiva imaginativa. Portanto, falarei primeiro e com mais relevância sobre os efeitos deste último ponto de vista.

Algumas poucas palavras referentes a outros períodos da história podem ajudar a criar o cenário. Na Idade Média, cada questão política era determinada por argumentos teológicos, que assumiam a forma de analogias. A controvérsia predominante era entre o papa e o imperador: definiu-se que o papa simbolizava o Sol e o imperador a Lua e, então, o papa venceu. Seria um erro argumentar que o papa venceu porque tinha exércitos melhores; ele obteve seus exércitos pelo poder persuasivo da analogia Sol-e-Lua e com os frades franciscanos atuando como sargentos recrutadores. Isso é o tipo de ação que na verdade movimenta massas humanas e decide eventos importantes. Nos dias de hoje, algumas pessoas pensam que a sociedade é uma máquina e outras a vêem como uma árvore. As primeiras são os fascistas, os imperialistas, os industriais, os bolcheviques; as segundas são os constitucionalistas, agrarianistas ou os pacifistas. O argumento é tão absurdo como o dos guelfos e dos guibelinos, visto que a sociedade não é nem uma máquina nem uma árvore.

Com a Renascença, vivenciamos uma nova influência, a da literatura, em especial da literatura clássica. Isso continua até hoje, sobretudo entre aqueles que ingressam nas escolas públicas e nas antigas universidades. Quando o professor Gilbert Murray tem de formar uma opinião acerca de uma questão política, percebe-se que sua primeira reação é se questionar: "O que Eurípides disse sobre esse assunto?". Mas essa visão não é mais dominante no mundo. Predominou na Renascença e ao longo do século XVIII até a Revolução Francesa. Os oradores revolucionários apelavam constantemente para os brilhantes exemplos de virtude dos romanos, e imaginavam-se vestidos com togas. Escritores como Montesquieu e Rousseau tiveram uma influência ainda não superada por qualquer escritor. Pode-se dizer que a Constituição Americana representa a concepção de Montesquieu para a Constituição Britânica. Não tenho conhecimentos jurídicos suficientes para delinear a influência que a admiração por Roma exerceu no Código Napoleônico.

Com a Revolução Industrial, avançamos para uma nova era – a era da física. Cientistas, em especial Galileu e Newton, prepararam caminho para essa nova época, mas o que veio à luz foi a personificação da ciência na técnica econômica. A máquina é um objeto muito peculiar: funciona de acordo com as leis científicas conhecidas (de outra forma não seria construída) para um propósito definido externamente e diz respeito ao homem, em geral, com a vida física deste. Sua relação com o homem é a mesma que o mundo tinha com Deus na teologia calvinista; talvez tenha sido por isso que o industrialismo foi criado pelos protestantes e pelos não-conformistas, e não pelos anglicanos. A analogia da máquina teve um profundo efeito em nosso pensamento. Falamos de uma visão "mecânica" do mundo, uma explanação "mecânica" e assim por diante, significando nominalmente uma explanação em termos de leis físicas, mas introduzindo, talvez de modo inconsciente, o aspecto teológico de uma máquina, ou seja, sua devoção a um fim externo. Assim, se a sociedade é uma máquina, pensamos que ela tem um propósito externo. Não mais nos satisfazemos em afirmar que ela existe pela glória de Deus, porém é fácil achar sinônimos para Deus tais como: o Bank of England, o Império Britânico, a Standard Oil Company, o Partido Comunista, etc. Nossas guerras são conflitos entre esses sinônimos – é a analogia medieval Sol-e-Lua de novo.

O poder da física deveu-se ao fato de ser uma ciência muito precisa, que alterou profundamente a vida cotidiana. Mas essa alteração originou-se pela atuação no ambiente, não no homem em si. Caso houvesse uma ciência igualmente definida e capaz de modificar o homem de forma direta, a física restaria na sombra. Isso é o que pode ocorrer com a psicologia. Até há pouco tempo, a psicologia era uma verborragia filosófica sem importância – o saber acadêmico que estudei na juventude não merecia ter sido aprendido. Mas agora existem dois modos de abordar a psicologia que são, sem dúvida, relevantes: o dos fisiologistas e o dos psicanalistas. À medida que os resultados nessas duas direções tornam-se mais precisos e corretos, torna-se evidente que a psicologia irá dominar cada vez mais a perspectiva do homem.

Vamos examinar o caso da educação. Antigamente, pensava-se que a educação deveria começar por volta dos oito anos, com o aprendizado das declinações latinas; o que aconteceria depois era considerado sem importância. Esse ponto de vista, na essência, parece ainda predominante no Partido Trabalhista, que quando no poder, interessou-se muito mais em aperfeiçoar a educação após os quatorze anos do que em criar escolas maternais. Com a concentração na educação tardia surgiu um certo pessimismo quanto aos seus poderes: pensava-se que tudo o que ela poderia realizar seria preparar um homem para ganhar seu sustento. No entanto, a tendência científica atribui mais poder à educação do que no passado, só que começando muito cedo. Os psicanalistas a iniciariam ao nascer; os biólogos, ainda mais cedo. É possível educar um peixe a ter um olho no meio em vez de dois olhos, um de cada lado (Jennings, *Prometheus*, p. 60). Mas para obter esse resultado é preciso começar bem antes do seu nascimento. Até agora, existem dificuldades em relação à educação pré-natal dos mamíferos, porém é provável que sejam superadas.

Contudo, você poderá objetar que estou usando o termo "educação" em um sentido muito bizarro. O que há em comum entre deformar um peixe e ensinar a um menino gramática latina? Devo dizer que me parecem muito similares: ambos são danos desumanos infligidos pelo prazer da experimentação. Talvez, entretanto, isso dificilmente seja uma definição da educação. A essência da educação é que há uma mudança (outra que não a morte) efetuada em um organismo para satisfazer às aspirações do executor. É claro, o executante diz que seu desejo é proporcionar uma condição melhor para o aluno, mas essa afirmação não representa qualquer fato verificável de modo objetivo.

Hoje, existem muitas maneiras de modificar um organismo. Pode-se mudar sua anatomia, como no caso do peixe que perdeu um olho, ou no de um homem que perdeu o apêndice. É possível alterar seu metabolismo, por exemplo, com medicamentos, e mudar seus hábitos ao criar associações. A instrução comum é um aspecto particular desta última proposição. Atualmente, tudo na educação, com exceção da instrução, é mais fácil de executar quando o organismo é muito jovem, pois é maleável. Em seres humanos, o tempo importante para a educação é o da concepção até ao final do quarto ano. Mas, como já observei, a educação pré-natal ainda não é possível, embora venha a ser factível antes do final deste século.

Existem dois métodos principais para a educação infantil prematura: um por meio de químicas e o outro por sugestão. Quando digo "químicas" talvez seja visto como um materialista indevido. No entanto, ninguém pensaria isso se eu houvesse falado "É claro que uma mãe cuidadosa daria ao bebê uma dieta mais completa disponível", que é apenas uma maneira mais longa de dizer a mesma coisa. Contudo, estou interessado em possibilidades mais ou menos sensacionais. É possível constatar que o acréscimo de remédios adequados à dieta, ou a injeção intravenosa de substâncias corretas aumentarão a inteligência ou modificarão a natureza emocional. Todos conhecemos a conexão entre o retardo mental grave e a ausência de iodo. Talvez vejamos que os homens inteligentes foram aqueles que, na tenra infância, ingeriram pequenas quantidades de algum composto raro em sua dieta devido à falta de limpeza nos potes e panelas. Ou talvez a dieta da mãe durante a gestação tenha sido o fator decisivo. Desconheço esse assunto; somente observo que sabemos mais sobre a educação de salamandras do que sobre a dos seres humanos, sobretudo porque não imaginamos que salamandras têm almas.

O lado psicológico de uma educação prematura não pode ser estimulado antes do nascimento, uma vez que diz respeito à formação de hábitos, e hábitos adquiridos antes do nascimento são, na maioria, inúteis depois. Mas penso que, sem dúvida, existe enorme influência dos primeiros anos na formação do caráter. Há uma certa oposição, para mim bastante desnecessária, entre aqueles que acreditam em intervir na mente através do corpo, e os que crêem em tratá-la de modo direto. O médico ultrapassado, embora seja um cristão convicto, tende a ser materialista; segundo ele, os estados mentais são provocados por causas físicas e devem ser curados pela eliminação dessas causas. O psicanalista, ao contrário, sempre procura as causas psicológicas e tenta exercer ação sobre elas. Toda essa questão alia-se ao dualismo mente e matéria, o que considero um erro. Algumas vezes é mais fácil descobrir o tipo de antecedente, o qual chamamos de físico; em outras, o que denominamos de causa psicológica pode ser descoberta com mais facilidade. Entretanto, suponho que ambas sempre existiram, e que é racional lidar com a que se descobrir com mais facilidade em um caso particular. Não há inconsistência em tratar um caso com a administração de iodo e o outro curando a fobia.

Ao tentar ter uma visão psicológica da política, é natural que comecemos a procurar os impulsos fundamentais dos seres humanos comuns e as maneiras pelas quais eles podem ser desenvolvidos pelo ambiente que os cerca. Há cem anos, os economistas ortodoxos pensavam que a cobiça era o único motivo de preocupação de um político; esse ponto de vista foi adotado por Marx e formou a base de sua interpretação econômica da história. Advém naturalmente da física e do industrialismo: foi a conseqüência da dominação criativa da física em nossa época. Agora, é apoiado pelos capitalistas e comunistas e por todas as instituições e pessoas respeitáveis, tais como o *Times* ou os magistrados que manifestam uma surpresa total quando mulheres jovens sacrificam seus rendimentos para casar com homens desempregados. De acordo com o ponto de vista vigente, a felicidade é proporcional à renda, e uma mulher solteira idosa deve ser mais feliz do que uma mulher pobre casada. A fim de tornar isso realidade, fazemos todo o possível para infligir sofrimento a esta última.

Em oposição à ortodoxia e ao marxismo, a psicanálise declara que o impulso fundamental é o sexo. Ganância, dizem, é um desenvolvimento mórbido de uma certa perversão sexual. É óbvio que as pessoas que acreditam nessa premissa agirão de modo muito diferente daquelas que têm um ponto de vista econômico. Todas as pessoas, exceto determinados casos patológicos, desejam ser felizes, mas a maioria aceita alguma teoria atual acerca do que consiste a felicidade. Se as pessoas pensam que a riqueza constitui felicidade, elas não se comportarão em relação ao sexo como algo essencial. Não creio que essas perspectivas sejam de todo verdadeiras, mas com certeza penso que a última é menos prejudicial. O que emerge é a importância de uma teoria correta do que constitui a felicidade. Se uma teoria errada prevalecer, os homens bem-sucedidos serão infelizes sem saber o motivo. Esse fato os enraivece e os leva a desejar o massacre dos homens jovens a quem invejam de modo inconsciente. Grande parte da política moderna baseada em especial na economia tem origem, na verdade, na ausência da satisfação dos instintos; e essa falta, por sua vez, é enormemente devida a uma falsa psicologia popular.

Não creio que o sexo preencha todas as premissas. Na política, sobretudo, o sexo é muito importante quando reprimido. Na guerra, as solteironas desenvolvem uma ferocidade em parte atribuída à indignação aos jovens que as negligenciaram. Elas são também absurdamente belicosas. Lembro-me que logo após o Armistício ao cruzar a ponte Saltash de trem vi muitos navios de guerra ancorados embaixo. Duas solteironas idosas no vagão voltaram-se uma para outra e murmuraram: "Não é triste vê-los ociosos!". Mas o sexo satisfeito cessa de influenciar em demasia a política.

Das inúmeras imagens de treva que assim oprimiam meus sonhos, escolho para registro uma visão solitária. Vi-me imerso num transe cataléptico de duração e intensidade incomuns. De súbito uma mão gelada tocou minha testa, e uma voz impaciente e quase incompreensível sussurrou "Levanta!" em meu ouvido.

Sentei ereto. A escuridão era total. Eu não conseguia enxergar o vulto que me acordara. Não conseguia lembrar nem há quanto tempo eu caíra no transe, nem onde me encontrava. Eu me mantinha imóvel, empenhado em tentar organizar os pensamentos, e a mão fria agarrou meu pulso com força, sacudindo-o com petulância, e a voz estranha disse de novo:

– Levanta! Não pedi que te levantasses?

– E quem – questionei – és tu?

– Não tenho nome nas regiões que habito – respondeu a voz, em tom lúgubre. – Fui mortal, e sou espírito. Fui implacável, e sou piedoso. Deves perceber que tremo. Meus dentes batem enquanto falo, e não é por causa do frio da noite... da noite sem fim. Mas esta situação é hedionda e insuportável. Como podes tu dormir tranquilamente? Não posso descansar com o barulho destes gritos de agonia. Este horror é mais do que posso suportar. Põe-te de pé! Vem comigo para a Noite exterior e deixa que eu te mostre os túmulos. Não é este um espetáculo lamentável? Vê!

Eu olhei; e o vulto invisível, que ainda segurava meu pulso, tinha exposto ao ar livre, abertas, todas as sepulturas da humanidade; e de cada uma emanava a fina radiância fosfórica da decomposição, e eu podia enxergar os recessos mais escondidos, e vi os corpos amortalhados no descanso triste e solene que compartilhavam com o verme. No entanto, ai!, os que descansavam de verdade eram poucos, e os que não dormiam eram muitos, eram milhões; e havia um débil debater, e havia um desconforto generalizado e triste, e do fundo das incontáveis fossas vinha o agitar melancólico das vestes dos enterrados. E, entre os que pareciam desfrutar de um repouso tranquilo, vi que um vasto número deles não mais estava, em maior ou menor grau, na posição rígida e incômoda do sepultamento. Continuei olhando, e a voz me disse outra vez:

– Não é? Ah! *Não é* esta uma visão lamentável?

Antes que eu pudesse encontrar palavras para responder, porém, o vulto já havia largado meu pulso, as luzes fosfóricas estavam extintas e as tumbas tinham sido fechadas num estrondo repentino e violento, e delas se levantava uma confusão de gritos desesperados que diziam: "Não é? Ah, Deus!, *não é* esta uma visão muito lamentável?".

Fantasias como essas, que se apresentavam à noite, estendiam sua influência terrífica para todas as minhas horas de vigília. Fiquei com os nervos dilacerados, e me vi subjugado por um terror perpétuo. Não tinha coragem de cavalgar, ou de andar, ou de me entregar a qualquer atividade que me tirasse de casa. Na verdade, não ousava mais me afastar da presença imediata dos que sabiam de minha propensão à catalepsia, receoso de que, caindo num de meus acessos habituais, pudesse ser enterrado antes que minha condição real fosse comprovada. Passei a desconfiar dos cuidados e da fidelidade dos meus amigos mais queridos. Apavorava-me que, durante um transe de duração maior, eles pudessem ser persuadidos de que minha situação era irreversível. Cheguei mesmo a temer que, como eu causava muitos transtornos, pudessem se aliviar considerando que um ataque muito prolongado fosse desculpa cabível para que se livrassem de mim de uma vez por todas. Foi em vão que eles tentaram, com as promessas mais solenes, garantir que eu estava seguro. Arranquei deles juramentos sagrados de que em nenhuma circunstância me enterrariam a não ser que a decomposição ficasse tão evidente que tornasse minha preservação impossível. E mesmo assim meus terrores mortais não davam ouvidos à razão, não aceitavam nenhum consolo. Providenciei uma série de precauções elaboradas. Entre outras coisas, mandei reformar o mausoléu da minha família, de modo que fosse possível abri-lo de dentro com rapidez. A mais leve pressão sobre uma alavanca que se projetava até o fundo da cripta faria com que os portais de ferro saltassem para trás. Houve providências também para a livre entrada de ar e de luz e para a conveniente colocação, ao alcance do caixão que me era destinado, de recipientes para comida e água. Este caixão tinha estofamento macio e acolhedor, e dispunha de uma tampa que foi planejada com o mesmo princípio da porta do jazigo; molas foram instaladas nela, de forma que um mínimo movimento do corpo proporcionasse liberdade instantânea. Além disso havia, pendendo do teto da catacumba, um sino grande cuja corda, como foi projetado, deveria ser estendida para dentro do caixão por um buraco e amarrada a uma das mãos do cadáver. Só que, ai de mim!, de que vale a vigilância contra o Destino do homem? Nem mesmo essas medidas bem orquestradas bastaram para evitar as agonias extremas da inumação em vida, para salvar um desgraçado de agonias predestinadas!

Chegou um momento – como tantas vezes antes chegara – em que me vi emergindo da inconsciência total e experimentando uma sensação lânguida e indefinida de existência. Devagar, a passo de tartaruga, aproximou-se o amanhecer fraco e cinza do dia físico. Um desconforto entorpecido. A tolerância apática frente a uma dor surda. Sem preocupação, sem esperança, sem empenho. Então, depois de um longo intervalo, um zumbido nos ouvidos; então, depois de um lapso ainda maior, uma sensação de picada ou formigamento nas extremidades; então um período aparentemente eterno de quietude aprazível, durante o qual os sentimentos do despertar vão penetrando no pensamento; então um breve retorno às profundezas do não ser; então uma súbita recuperação. Por fim o leve tremelicar de uma pálpebra, e logo em seguida o choque elétrico de um terror, mortal e indefinido, que desloca o sangue, em torrentes, das têmporas para o coração. E agora o primeiro esboço real de pensamento. E agora a primeira tentativa de lembrar. E agora um sucesso parcial e evanescente. E agora a memória reassumiu de tal forma seu domínio que, até certo ponto, tenho noção de meu estado. Percebo que não estou acordando de um sono comum. Recordo que a catalepsia me atacou. E agora, por último, sob o peso de um oceano, meu espírito arrepiado é pressionado pelo Perigo mais repulsivo – pela espectral e sempre presente Ideia.

Por alguns minutos, possuído por essa especulação, permaneci imóvel. Por quê? Porque não conseguia reunir coragem para me mexer. Não ousava executar o movimento que mostraria qual era o meu destino – e havia algo em meu coração sussurrando que *ele estava decidido*. Desespero – do tipo que nenhuma outra espécie de infortúnio pode forjar –, apenas o mais puro desespero me levou, depois de longa indecisão, a abrir minhas pesadas pálpebras. Abri os olhos. Estava escuro – tudo escuro. Eu sabia que o acesso havia passado. Sabia que minhas faculdades visuais estavam totalmente restauradas – mas estava escuro, tudo escuro, a intensa e última escuridade da Noite que perdura por todo o sempre.

Tentei gritar; meus lábios e minha língua ressecada se moveram convulsivamente na tentativa – mas nenhuma voz brotou de meus pulmões cavernosos, que, como que esmagados pelo peso de uma montanha, arquejavam e palpitavam junto com o coração a cada penosa inspiração de ar. O movimento dos maxilares, neste esforço para gritar alto, indicou que eles estavam enlaçados, como se costuma fazer com os mortos. Senti, também, que estava deitado em superfície dura, e que algo similar comprimia meus flancos. Até ali eu não me arriscara a mover nenhum membro. Sentia os braços esticados e as mãos cruzadas – e então as joguei para cima num arroubo. Elas bateram em algo sólido, um obstáculo de madeira que cobria meu corpo, quinze centímetros acima de mim. Não havia mais dúvida – eu repousava, afinal, em um caixão.

E então, por entre a desgraça infinita, surgiu o doce querubim da Esperança – pois lembrei de minhas precauções.

Estremeci, e fiz esforços repetidos para abrir a tampa: ela não se mexeu. Procurei pela corda do sino nos meus pulsos: não havia corda. O Consolo desapareceu em definitivo e um Desespero ainda mais inflexível assumiu o controle; porque não pude deixar de notar a ausência do acolchoamento que eu havia providenciado com tanto cuidado – e então invadiu minhas narinas o cheiro forte e peculiar de terra úmida. A conclusão era inevitável. Eu caíra em transe fora de casa – entre estranhos – quando e como eu não lembrava – e os estranhos me enterraram como se eu fosse um cachorro – entalado num caixão qualquer – e jogado para sempre no fundo, no fundo de uma anônima e ordinária *cova*.

Enquanto essa convicção terrível penetrava à força no âmago da minha alma, fiz mais um esforço para gritar alto. E essa segunda tentativa deu certo. Um grito forte, um berro selvagem e contínuo de agonia ressoou pelos domínios da Noite subterrânea.

– Ei! Ei! – disse uma voz rude, em resposta.

– Que diabo que houve agora? – disse outra.

– Pare com isso! – disse uma terceira.

– O que você quer, uivando esquisito desse jeito, como um gato selvagem?

E então fui agarrado e sacudido, durante vários minutos, por uma junta de indivíduos mal-encarados. Eles não me arrancaram do sono – eu estava bem desperto quando gritei –, mas me ajudaram a recuperar por completo a memória.

A aventura ocorrera perto de Richmond, Virginia. Acompanhado de um amigo numa expedição de caça, desci alguns quilômetros pelas margens do rio James. Ao anoitecer, fomos surpreendidos por uma tempestade. A cabine de um barquinho ancorado no rio, carregado de terra de jardinagem, era o único abrigo disponível. Fizemos uso dele e passamos a noite a bordo. Dormi num dos dois únicos leitos da embarcação – e nem é preciso descrever como são os leitos de uma chalupa de sessenta toneladas. O que eu ocupei não tinha nenhuma roupa de cama. Tinha uma largura de 45 centímetros, e estava fixado 45 centímetros abaixo do convés. Tive de me enfiar ali, com extrema dificuldade. Mesmo assim, dormi como uma pedra; e toda a minha visão – não foi sonho, não foi pesadelo – proveio logicamente das circunstâncias de minha posição, da minha habitual propensão mental e da dificuldade, que mencionei antes, de recuperar os sentidos e principalmente de recobrar a memória no longo período que se seguiu ao despertar. Os homens que me sacudiram eram os tripulantes da chalupa e alguns trabalhadores que vieram recolher a carga. Da carga é que veio o cheiro de terra. A bandagem nos maxilares era um lenço de seda que, na falta da minha touca de dormir, eu tinha enrolado na cabeça.

As torturas que enfrentei, no entanto, foram sem dúvida idênticas, enquanto duraram, aos suplícios reais de uma sepultura. Foram medonhas, foram inconcebivelmente tenebrosas; mas do Mal germinou o Bem, pois o excesso do suplício deu origem a uma reviravolta inevitável. Minha alma ganhou um tom – ganhou serenidade. Saí para as ruas. Passei a me exercitar com afinco. Respirei o ar puro do Céu. Não pensei mais apenas na Morte. Joguei fora meus livros de medicina. Queimei o "Buchan".* Não li mais "Pensamentos Noturnos"**, nenhuma bobagem sobre necrópoles, nenhuma historieta de terror – *como esta*. Em resumo, tornei-me um novo homem, vivi uma vida de homem. Desde aquela noite memorável, livrei-me para sempre dos meus temores fúnebres, e com eles se foi a catalepsia, em relação à qual, talvez, eles tenham sido mais a causa do que a consequência.

Existem momentos em que, mesmo aos olhos sóbrios da Razão, o mundo habitado pela triste Humanidade assume uma aparência de Inferno – mas a imaginação do homem não

---

* William Buchan (1729-1805), médico escocês, autor do popular *Medicina doméstica*. (N.T.)

** *Night Thoughts*, a obra mais famosa do poeta inglês Edward Young (1683-1765). (N.T.)

é uma Carathis* que possa explorar impunemente todas as suas cavernas. Ai de nós! A assustadora legião dos terrores sepulcrais não pode ser considerada totalmente fictícia, mas, como os Demônios em cuja companhia Afrasiab** fez sua viagem pelo rio Oxus, ela precisa dormir, ou então seremos devorados por ela – a legião precisa ser forçada a adormecer, ou então sucumbiremos.

---

* Rainha e feiticeira, personagem de *Vathek*, novela do inglês William Beckford (1760-1844). (N.T.)

** Rei e vilão, personagem da literatura clássica persa. (N.T.)

A CAIXA OBLONGA

Alguns anos atrás, parti em viagem de Charleston, na Carolina do Sul, para a cidade de Nova York, no belo paquete *Independence*, do capitão Hardy. O navio partiria no dia 15 de junho, se o tempo permitisse; embarquei no dia 14, para fazer alguns arranjos na minha cabine.

Fiquei sabendo que teríamos um grande número de passageiros, incluindo uma quantidade de damas maior do que o habitual. Na lista constavam vários conhecidos meus, e, entre outras presenças, fiquei contente de ver o nome do sr. Cornelius Wyatt, um jovem artista por quem eu nutria sentimentos de calorosa amizade. Ele fora meu colega de estudos na Universidade C., onde andávamos sempre juntos. Tinha o temperamento típico de um gênio, num misto de misantropia, sensibilidade e entusiasmo. A essas qualidades se somava o coração mais caloroso e verdadeiro que jamais bateu em um peito humano.

Observei que seu nome estava afixado em *três* cabines; e, conferindo novamente a lista de passageiros, descobri que ele reservara lugares para si, para sua esposa e para duas irmãs dele. As cabines eram bastante espaçosas e cada uma tinha dois leitos, um acima do outro. Esses leitos, na verdade, eram estreitos ao extremo, de modo que eram insuficientes para mais do que uma pessoa; mesmo assim, não pude compreender por que havia *três* cabines para essas quatro pessoas. Eu estava, bem por aquela época, num estado de espírito instável e anormal, desses que deixam o sujeito curioso a respeito de ninharias; e confesso, com vergonha, que me ocupei numa variedade de conjeturas – impertinentes e ridículas – sobre esse caso da cabine excedente. Não era mesmo da minha conta, mas me dediquei a solucionar o enigma com a maior das teimosias. Por fim cheguei a uma conclusão, e me encheu de espanto o fato de que não chegara a ela mais cedo. "É uma criada, é claro", pensei. "Que tolice minha, não ter pensado antes numa solução tão óbvia!" Então recorri à lista outra vez – e então pude ter certeza de que *nenhuma* criada acompanharia o grupo; embora, na verdade, o propósito inicial tivesse sido trazer uma – pois as palavras "e criada" tinham sido escritas e depois riscadas. "Ah, uma bagagem extra, com certeza", disse agora para mim mesmo, "algo que ele não quer que fique no porão de carga, algo que queira manter ao alcance dos olhos... ah, já sei: uma pintura ou algo assim – e foi isso o que ele andou negociando com Nicolino, o judeu italiano." Essa ideia me satisfez, e de momento pus de lado minha curiosidade.

As duas irmãs de Wyatt eu conhecia muito bem, eram as garotas mais amáveis e espertas do mundo. Sua esposa eu ainda não tinha visto, o casamento era recente. Mas ele sempre falava dela quando estava comigo, e no seu estilo entusiasmado habitual. Ele a descrevia como uma mulher de beleza inigualável, sábia, educada. Eu estava, portanto, ansioso para conhecê-la.

No dia em que visitei o navio (dia 14), Wyatt e os seus também deveriam visitá-lo – segundo me informou o capitão –, e esperei a bordo por uma hora a mais do que previra, na esperança de ser apresentado à noiva; mas chegou um pedido de desculpas: "O sr. W. estava um pouco indisposto e declinou de vir a bordo até amanhã, até a hora da partida".

Tendo chegado a manhã seguinte, eu me encaminhava do hotel para o cais quando o capitão Hardy me encontrou e disse que, "devido a circunstâncias" (uma expressão estúpida, mas conveniente), "achava melhor que o *Independence* não zarpasse antes de um ou dois dias, e que, quando tudo estivesse pronto, ele anunciaria e me mandaria o recado". Isso me pareceu estranho, pois havia uma brisa firme vinda do sul; mas, como "as circunstâncias" não estavam disponíveis, embora eu procurasse identificá-las com muita perseverança, não me restou nada a fazer a não ser voltar para casa e suportar minha impaciência com calma.

Não recebi a esperada mensagem do capitão por quase uma semana. Ela acabou chegando, contudo, e embarquei imediatamente. O navio estava repleto de passageiros, e tudo estava imerso naquele alvoroço que antecede a partida. O grupo de Wyatt chegou cerca de dez minutos depois de mim. Lá estavam as duas irmãs, a noiva e o artista – este último num de seus costumeiros acessos de misantropia taciturna. Eu estava acostumado demais a esses acessos, contudo, para prestar alguma atenção especial neles. Ele nem mesmo me apresentou a esposa; essa cortesia coube, por força, a uma das irmãs dele, Marian – uma garota muito doce e inteligente que nos apresentou em poucas e apressadas palavras.

A sra. Wyatt chegara usando um véu que lhe escondia o rosto; quando o ergueu, em retribuição à minha reverência, fiquei profundamente atônito, devo confessar. Eu teria ficado ainda mais espantado, não fosse o fato de que a experiência me levou a não crer com irrestrita confiança nas descrições entusiasmadas do meu amigo, o artista, quando ele se derramava em comentários sobre os encantos das mulheres. Quando a beleza era o tema, eu conhecia muito bem a facilidade com que ele voava às alturas do puro ideal.

Verdade seja dita, não pude deixar de considerar a sra. Wyatt como uma mulher de aparência comum. Se não era de todo feia, não estava, creio, muito longe disso. Estava vestida, no entanto, com apurado bom gosto – e então não tive dúvida de que ela cativara o coração do meu amigo com as graças mais duradouras do intelecto e da alma. Ela disse bem poucas palavras e se dirigiu de imediato, com o sr. W., para a sua cabine.

Minha velha bisbilhotice ressurgiu. *Não* havia criado ou criada – *isso* era inquestionável. Procurei, portanto, pela bagagem extra. Depois de alguma demora, chegou ao cais uma carreta com uma caixa oblonga de pinho, que parecia ser a única coisa que ainda era esperada. Logo em seguida fizemos vela, e em pouco tempo estávamos tranquilamente saindo da barra e rumando para o mar aberto.

A caixa em questão era, como eu disse, oblonga. Tinha cerca de um metro e oitenta de comprimento e uns oitenta centímetros de largura – eu a observei com atenção; gosto de ser preciso. Bem, era um formato *peculiar*; assim que vi a caixa, gabei-me pela acurácia da minha suposição. Eu havia chegado à conclusão, podemos recordar, de que a bagagem excedente do meu amigo, o artista, só poderia ser um conjunto de pinturas, ou ao menos uma pintura; porque eu sabia que ele estivera em conferência com Nicolino por várias semanas; e eis que aqui estava uma caixa que, por seu formato, *possivelmente* não continha nada menos que uma cópia da "Última Ceia" de Leonardo; e eu sabia que uma cópia dessa mesma "Última Ceia", feita em Florença por Rubini, o Moço, estava em posse de Nicolino havia algum tempo. Considerei, portanto, que essa questão estava suficientemente esclarecida. Ri sozinho ao pensar em minha perspicácia. Era a primeira vez, ao que eu soubesse, que Wyatt me escondia um de seus segredos artísticos; mas estava evidente, aqui, que ele queria me pregar uma peça, contrabandeando uma bela pintura para Nova York bem embaixo do meu nariz, esperando que eu não fosse desconfiar de nada. Resolvi entrar no jogo e responder *à altura*, dali por diante.

Uma coisa me incomodava bastante, contudo. A caixa *não* foi depositada na cabine extra. Foi colocada no quarto de Wyatt; e ali, além disso, ela permaneceu, ocupando praticamente todo o piso – para extremo desconforto, sem dúvida, do artista e de sua mulher, especialmente porque o piche ou a tinta com que se escreveu sobre a caixa, em grandes letras maiúsculas, emitia um cheiro forte, desagradável e, a *meu* ver, particularmente nojento. Na tampa estavam pintadas estas palavras:

> Para a sra. Adelaide Curtis, Albany, Nova York. Sob responsabilidade do ilmo. sr. Cornelius Wyatt. Este lado para cima. Manejar com cuidado.

Ora, eu tinha conhecimento de que a sra. Adelaide Curtis, de Albany, era a mãe da mulher do artista – mas encarei a história do endereço como uma mistificação preparada especialmente para mim. Botei na cabeça que a caixa e seu conteúdo, era óbvio, não iriam para nenhum lugar que não fosse o estúdio do meu misantropo amigo, em Chambers Street, Nova York.

Nos primeiros três ou quatro dias tivemos tempo bom, embora o vento estivesse parado à frente, tendo se dirigido para o norte logo depois de termos perdido de vista a costa. Os passageiros se achavam, em consequência, bem-dispostos e inclinados à sociabilidade. *Devo* excluir, contudo, Wyatt e suas irmãs, que se comportavam de maneira fria e, não pude deixar de pensar, agiam até mesmo de forma descortês com os outros. A conduta de *Wyatt* não me chamava tanto a atenção. Ele estava tristonho, até mais do que o habitual – estava mesmo *sombrio* –, mas para as excentricidades dele eu estava sempre preparado. Quanto às irmãs, contudo, eu não sabia o que pensar. Elas se trancavam em sua cabine durante a maior parte do tempo e absolutamente se recusavam, embora eu insistisse com elas, a fazer contato com qualquer pessoa a bordo.

A sra. Wyatt, por sua vez, era bem mais agradável. Ou melhor, era *falante*; e ser falante é um tanto recomendável quando se está no mar. Ela ficou excessivamente íntima da maioria das senhoras; e, para meu profundo espanto, demonstrou inequívoca disposição de coquetear com os homens. Divertiu muito a todos. Eu digo "*divertiu*" – e mal sei como me explicar. A verdade é que logo descobri que muito mais riam *da* sra. W. do que *com* ela. Os cavalheiros pouco diziam a seu respeito; as damas, porém, em questão de pouco tempo a qualificaram de "coisinha querida, de aparência bem banal, totalmente inculta e decididamente vulgar". O grande enigma era entender como Wyatt caíra na cilada dessa união. Riqueza era um motivo comum – mas aqui eu sabia que não era motivo nenhum, pois Wyatt me contara que ela não possuía nem um tostão e não tinha perspectivas de obter renda de onde quer que fosse. Ele se casara, segundo me disse, "por amor, e apenas por amor"; e sua noiva era "muito mais do que merecedora" de seu amor. Quando pensei nessas expressões que o meu amigo usou, fiquei indescritivelmente perplexo, devo confessar. Seria possível que ele estivesse perdendo o juízo? O que mais eu poderia pensar? *Ele*, tão refinado, tão erudito, tão exigente, dotado de uma requintada percepção do imperfeito e de uma apurada apreciação do belo! Na verdade, a dama parecia especialmente afeiçoada a ele – ainda mais na ausência dele –, ao fazer papel de boba com frequentes citações do que havia sido dito por seu "adorado marido, o sr. Wyatt". A palavra "marido" parecia estar sempre – para usar uma de suas delicadas expressões –, sempre "na ponta de sua língua". Enquanto isso, saltava aos olhos de todos a bordo que *ela* era evitada por ele de maneira bastante intencional, e que ele, na maior parte do tempo, trancava-se sozinho em sua cabine, de onde, de fato, podia-se dizer que praticamente não saía, dando toda a liberdade à esposa, deixando que ela se divertisse à vontade em público, à vista de todos, no salão principal.

Minha conclusão, pelo que vi e ouvi, foi a de que o artista, por alguma inexplicável excentricidade ou inclinação, ou talvez em algum acesso de paixão entusiástica e fantasiosa, fora induzido a se unir com uma pessoa que não estava de nenhuma maneira à sua altura, e que a consequência natural fora o desgosto completo e imediato. Lamentei por ele, do fundo do meu coração – mas não podia, nem por esse motivo, perdoar sua incomunicabilidade a respeito da *Última Ceia*. Por isso decidi elaborar minha vingança.

Certo dia ele veio ao convés e, levando-o pelo braço como era meu costume, passeei com ele para lá e para cá. Seu abatimento, contudo (o que eu considerava até natural, dadas as circunstâncias), parecia totalmente inextinguível. Pouco dizia, sempre taciturno, e quando falava algo, era com evidente esforço. Arrisquei um ou dois gracejos, e ele esboçou um sorriso forçado. Pobre sujeito! Pensando em sua mulher, ponderei se ele teria capacidade de sequer simular jovialidade. Por fim, arrisquei um lance mais certeiro. Resolvi dar início a uma série de insinuações encobertas e alusões acerca da caixa oblonga – de forma que ele percebesse, gradualmente, que eu estava *longe* de ser alvo ou vítima de seu pequeno jogo de mistificação. Meu primeiro movimento foi uma espécie de ataque disfarçado. Eu disse alguma coisa acerca do "formato peculiar *daquela* caixa" e, enquanto falei, sorri como se soubesse de algo, pisquei para ele e o toquei de leve nas costelas com meu dedo indicador.

A maneira com que Wyatt recebeu essa brincadeira inofensiva me convenceu de imediato de que ele estava louco. Primeiro ele me olhou como se julgasse impossível compreender a espirituosidade da minha observação; porém, à medida que a insinuação começou a fazer sentido, parecendo penetrar aos poucos em sua mente, seus olhos, cada vez mais, pareceram querer saltar das órbitas. Então seu rosto ficou muito vermelho e, em seguida, ficou medonhamente pálido – depois, como que incrivelmente deleitado por minha insinuação, ele começou a rir alto, de forma violenta, uma risada que, para meu grande assombro, ele manteve num vigor cada vez maior por dez minutos ou mais. Concluindo, caiu como um poste sobre o convés. Quando me apressei a erguê-lo, ele tinha toda a aparência de um homem *morto*.

Chamei ajuda e, com a maior dificuldade, trouxemos Wyatt de volta a si. Depois de se reanimar, ele falou de forma incoerente por um tempo. Por fim o sangramos e o colocamos na cama. Na manhã seguinte, ele estava bastante recuperado, no que dizia respeito a sua mera saúde física. Nem falo de sua condição mental, claro. Evitei-o durante o resto da viagem, por advertência do capitão, que parecia estar totalmente de acordo com minha opinião sobre sua insanidade, mas me aconselhou a não mencionar o tema com ninguém a bordo.

Várias circunstâncias se passaram imediatamente após esse ataque de Wyatt, e elas contribuíram para intensificar a curiosidade de que eu já estava possuído. Entre outras coisas, isto: eu estava sempre nervoso, bebia muito um forte chá verde e dormia mal à noite – na verdade, houve duas noites nas quais se pode dizer que nem cheguei a dormir. Bem, a porta da minha cabine dava para o salão principal, ou sala de jantar, como ocorria com todas as cabines de homens desacompanhados a bordo. Os três quartos de Wyatt ficavam num espaço adjacente, separado do salão principal apenas por uma porta de correr que não era trancada nem mesmo à noite. Seguíamos quase o tempo inteiro na direção do vento, com brisa forte e constante, e o navio se inclinava a sotavento em grande medida; sempre que o vento vinha de encontro a estibordo, essa porta de correr entre as duas áreas se abria, e aberta ficava, ninguém se dando o trabalho de levantar para fechá-la. E a posição do meu leito era tal que quando a porta da minha própria cabine estava aberta, assim como a porta de correr em questão (minha porta estava *sempre* aberta devido ao calor), eu podia enxergar o interior do espaço adjacente de forma muito distinta, e via justo o trecho em que se localizavam as cabines do sr. Wyatt. Pois bem, em duas noites (*não* consecutivas), durante minha vigília, por volta das onze da noite nas duas vezes, vi com meus próprios olhos a sra. W. sair de forma sorrateira da cabine do sr. W. e entrar no quarto extra, no qual permanecia até o raiar do dia, quando era chamada pelo marido e voltava para a cabine dele. Era claro que eles estavam virtualmente separados. Tinham aposentos separados – sem dúvida na perspectiva de um divórcio mais permanente. Aqui, afinal, pensei, estava o mistério da cabine extra.

Havia outra circunstância, também, que me interessava muito. Nas duas noites despertas em questão, e imediatamente após o desaparecimento da sra. Wyatt na cabine extra, fui atraído por certos ruídos singulares, cautelosos, abafados, no quarto do marido. Depois de escutar bem por um tempo, prestando atenção e refletindo, por fim tive êxito total em interpretar os ruídos. Eram sons ocasionados pela ação do artista de abrir à força a caixa oblonga, por meio de um formão e de um malho – este último estando aparentemente silenciado, ou amortecido, por algum tecido de lã ou algodão que envolvia sua cabeça.

Dessa maneira imaginei poder distinguir o preciso momento em que ele soltava por completo a tampa – e também poder perceber quando a removia inteiramente, e quando a depositava no leito mais baixo de seu quarto; este último ponto, por exemplo, eu determinava a partir de certas batidas leves que a tampa dava de encontro às extremidades de madeira do leito, enquanto ele tentava deitá-la ali com a *maior* suavidade – não havendo espaço para ela no chão. Depois disso, nas duas ocasiões, havia uma quietude absoluta e eu não ouvia mais nada até perto do raiar do dia; a menos, talvez, que valha mencionar um soluço baixo, um som de murmúrio, tão reprimido que se tornava quase inaudível – se é que, de fato, o conjunto destes últimos sons não era produzido mesmo por minha própria imaginação. Estou dizendo que os sons *lembravam* soluços ou suspiros – mas é claro que não podiam ser nem uma coisa nem outra. Acho que não passavam de um zumbido em meus ouvidos. O sr. Wyatt, sem dúvida, de acordo com seu costume, estava apenas fruindo um de seus hobbies – entregando-se a um de seus acessos de entusiasmo artístico. Ele abrira sua caixa oblonga de modo a regalar seus olhos com o tesouro pictórico que ela continha. Não havia nada ali, contudo, que devesse fazê-lo *soluçar*. Repito, portanto, que isso só pode ter sido uma das fantasias aberrantes de minha mente, desregulada pelo chá verde do bom capitão Hardy. Pouco antes do amanhecer, nas duas noites de que falei, distintamente ouvi o sr. Wyatt recolocar a tampa sobre a caixa oblonga e cravar os pregos de volta em seus lugares por meio do malho silenciado. Feito isso, ele saía de sua cabine, vestido, e se dirigia à cabine da sra. W. para chamá-la.

Já estávamos no mar havia sete dias e havíamos passado pelo Cabo Hatteras, quando surgiu uma tremenda ventania vinda do sudoeste. Contudo, estávamos preparados para isso, em certa medida, já que o clima vinha dando ameaças há algum tempo. Tudo foi ajustado para uma possível tempestade, no interior e no exterior do navio; e como o vento ia ganhando cada vez mais força, tivemos de recorrer, por fim, à vela de mezena e a uma vela alta no mastro de proa, ambas em pouco pano.

Nesse arranjo, navegamos com bastante segurança por 48 horas – o navio provando-se excelente no enfrentamento de turbulências, recebendo bem pouca água no convés. Ao fim desse período, contudo, a ventania se transformou num furacão, e nossa vela de popa se rasgou em frangalhos, com o que passamos a nos inclinar demais nas depressões do mar, o convés sendo lavado por ondas prodigiosas, uma depois da outra. Com isso perdemos três homens, arrastados para fora do navio junto com a cozinha de convés e quase toda a amurada de bombordo. Recuperamos os sentidos pouco antes do estraçalhamento da vela alta de proa, e então içamos uma vela de estai para tempestade, e com isso conseguimos ficar bem por algumas horas, o navio enfrentando o mar com muito mais estabilidade.

A violenta ventania não dava trégua, contudo, e não víamos sinais de que fosse amainar. Descobriu-se que o cordame estava mal ajustado e tensionado em excesso; e no terceiro dia da tempestade, por volta das cinco da tarde, nosso mastro de ré, numa forte guinada a barlavento, desabou em cima da borda. Por uma hora ou mais, em vão, tentamos nos livrar dele, em função da estonteante rotação do navio; e, antes mesmo de que conseguíssemos fazê-lo, o carpinteiro veio à popa e anunciou que havia mais de um metro de água no porão de carga. Para agravar nosso dilema, verificamos que as bombas de água estavam entupidas e praticamente imprestáveis.

Tudo, agora, era confusão e desespero – mas houve um esforço para aliviar o peso do navio, e jogamos ao mar toda a carga que conseguimos recolher, e derrubamos os dois mastros que restavam. Aliviamos o peso do navio afinal – mas seguíamos sem poder utilizar as bombas; e no meio-tempo o vazamento nos vencia com muita rapidez.

Ao pôr do sol, a violência da ventania havia diminuído sensivelmente, e, com o assentamento do mar, ainda nutríamos débeis esperanças de que pudéssemos nos salvar nos botes. Às oito da noite, as nuvens se abriram a barlavento, e fomos presenteados com uma lua cheia – um lance de boa sorte que serviu maravilhosamente para reanimar nossos espíritos abatidos.

Com muita dificuldade, passando por um trabalho inacreditável, conseguimos, por fim, descer o escaler principal sem acidentes materiais, e o lotamos com toda a tripulação e a maioria dos passageiros. Esse grupo partiu imediatamente e, depois de muitos sofrimentos, chegou em segurança, afinal, à baía de Oracoke, três dias depois do naufrágio.

Catorze passageiros e o capitão permaneceram a bordo, confiando seus destinos ao bote da popa. Nós o descemos sem dificuldade, embora apenas por milagre tenhamos impedido que submergisse quando bateu na água. Ele continha, já flutuando, o capitão e sua esposa, o sr. Wyatt e seu grupo, e um oficial mexicano com esposa e quatro filhos, além de mim mesmo com um pajem negro.

Não tínhamos espaço, é claro, para nada além de uns poucos instrumentos estritamente necessários, de algumas provisões e das roupas que vestíamos. Ninguém sequer pensou em tentar salvar algo mais. Qual não foi o assombro de todos, então, no momento em que, quando já estávamos alguns metros afastados do navio, o sr. Wyatt ergueu-se no cordame de popa e pediu ao capitão Hardy, com a maior frieza, que o bote fosse içado de volta para que trouxéssemos sua caixa oblonga!

– Sente-se, sr. Wyatt – respondeu o capitão, com certa severidade. – O senhor fará o barco virar se não se sentar e ficar imóvel. Nossa amurada está quase na água agora.

– A caixa! – vociferou o sr. Wyatt, ainda de pé. – A caixa, estou dizendo! Capitão Hardy, o senhor não pode, o senhor não *irá* recusar meu pedido. O peso dela é insignificante, não é nada, é uma coisa de nada. Pela mãe que o trouxe ao mundo, pelo amor dos Céus, pela esperança de sua salvação, *imploro* ao senhor que voltemos para buscar a caixa!

Por um momento, o capitão pareceu sensibilizado pelo apelo fervoroso do artista, mas retomou sua compostura severa e disse apenas:

– Sr. Wyatt, o senhor está *louco*. Não posso lhe dar ouvidos. Repito, sente-se ou o bote vai virar. Fique onde está... Segurem-no! Agarrem-no! Ele vai pular no mar! Pronto, eu sabia, ele pulou!

Enquanto o capitão falava, o sr. Wyatt pulou do bote e, como ainda estávamos a sotavento do navio naufragado, conseguiu, num empenho quase sobre-humano, agarrar uma corda que pendia das correntes da proa. Num instante ele já estava a bordo, descendo a toda velocidade para sua cabine.

Nesse meio-tempo fomos arrastados mais para perto da popa do navio e, saindo do sotavento, ficamos à mercê de ondulações tenebrosas que não perdiam força. Fizemos esforço para voltar, com grande determinação, mas nosso pequeno barco era como uma pluma no sopro da tempestade. Percebemos, num relance, que a desgraça do desventurado artista estava selada.

À medida que nossa distância do navio naufragado aumentava rapidamente, vimos o louco (pois só assim podíamos encará-lo) emergir da escada do tombadilho, de onde, com uso de uma força digna de um gigante, ele puxou para cima, por inteiro, a caixa oblonga. Enquanto olhávamos aquilo no extremo de nosso espanto, ele prendeu a caixa com várias voltas de uma corda de três polegadas, e em seguida, com a mesma corda, fez o mesmo em torno de seu corpo. Um momento depois, ambos, corpo e caixa, estavam no mar – desapareceram subitamente, de uma só vez e para sempre.

Ficamos sem reação por algum tempo, tristes, nossos remos parados, nossos olhos fixos naquele ponto. Por fim recomeçamos a remar. O silêncio se manteve, absoluto, por uma hora. Então arrisquei um comentário:

– O senhor observou, capitão, como eles afundaram de forma instantânea? Isso não foi uma coisa extremamente singular? Confesso que acalentei uma mínima esperança de que ele se salvasse ao final, quando o vi se amarrar na caixa e se lançar ao mar.

– Afundaram por uma lógica natural – disse o capitão –, e como um raio. Contudo, logo voltarão à superfície... *mas não antes que o sal derreta.*

– O sal! – exclamei.

– Não fale alto! – disse o capitão, apontando para a esposa e as irmãs do falecido. – Conversaremos sobre essas coisas num momento mais apropriado.

***

Passamos por muitos tormentos e nos salvamos por um triz; a sorte favoreceu a nós assim como aos nossos companheiros do escaler principal. Descemos em terra, afinal, mais mortos do que vivos, após quatro dias de intensa aflição, na praia que fica em frente a Roanoke Island. Permanecemos ali por uma semana, não fomos importunados por saqueadores de naufrágios e por fim conseguimos seguir para Nova York.

Mais ou menos um mês depois da perda do *Independence*, aconteceu de eu encontrar o capitão Hardy na Broadway. Nossa conversa convergiu, naturalmente, para o desastre, e em especial para o destino triste do pobre Wyatt. Assim tomei conhecimento dos seguintes pormenores.

O artista comprara passagens para si e para esposa, duas irmãs e criada. Sua esposa era, de fato, como fora descrita, uma mulher linda, educada e culta. Na manhã de 14 de junho (o dia em que fiz minha primeira visita ao navio), a dama adoeceu de súbito e morreu. O jovem marido ficou fora de si de tanta dor – mas circunstâncias de natureza imperativa não permitiram que sua viagem a Nova York pudesse ser adiada. Era necessário entregar à mãe dela o cadáver de sua adorada esposa, e, por outro lado, o preconceito universal que o impedia de fazê-lo às claras era bem conhecido. Nove entre dez passageiros prefeririam abandonar o navio a viajar com um defunto.

Nesse dilema, o capitão Hardy providenciou que o cadáver, tendo sido antes parcialmente embalsamado, e depositado, com grande quantidade de sal, num caixão de dimensões apropriadas, pudesse ser transportado a bordo como mercadoria. Nada deveria ser dito a respeito do falecimento da dama; e, como estava ao alcance de todos saber que o sr. Wyatt comprara passagem para sua esposa, tornou-se necessário que alguma pessoa a personificasse durante a viagem. Foi fácil persuadir a dama de quarto da falecida a assumir a tarefa. A cabine extra, destinada originalmente para esta moça, teve então sua reserva apenas mantida. Nessa cabine a pseudo-esposa dormiu, é claro, todas as noites. Durante o dia ela desempenhava, no máximo de suas capacidades, o papel de sua patroa – cuja aparência, como fora cuidadosamente apurado, não era conhecida por nenhum dos passageiros a bordo.

Meu próprio engano surgiu, algo naturalmente, de um temperamento muito descuidado, muito curioso, muito impulsivo. Mas nos últimos tempos é uma coisa rara que eu consiga dormir direito à noite. Há um semblante que me assombra, por mais que eu me vire na cama. Há uma risada histérica que vai soar para sempre em meus ouvidos.

"Tu és o homem"

Farei as vezes de Édipo, agora, no enigma de Rattleborough. Vou expor a vocês, como só eu posso fazer, o segredo da maquinaria que gerou o milagre de Rattleborough – o único, o verdadeiro, o reconhecido, o inconteste, o incontestável milagre que pôs um fim definitivo à infidelidade entre os habitantes de Rattleborough e converteu à ortodoxia das matronas todos os mundanos que um dia se atreveram a ser céticos.

Esse acontecimento – sobre o qual deveria ser uma vergonha, para mim, discorrer num tom de inadequada leviandade – se deu no verão de 18... . O sr. Barnabas Shuttleworthy – um dos cidadãos mais abastados e respeitáveis da vila – estava desaparecido havia vários dias, em circunstâncias que levantavam a suspeita de crime de morte. Shuttleworthy saíra de Rattleborough bem cedo num sábado de manhã, a cavalo, com a declarada intenção de seguir para a cidade de..., cerca de 25 quilômetros distante, e de retornar na noite do mesmo dia. Duas horas após sua partida, no entanto, seu cavalo retornou sem ele e sem as sacolas de sela que haviam sido afixadas em seu lombo no início da viagem. O animal estava ferido e coberto de lama. Essas circunstâncias naturalmente causaram grande perplexidade entre os amigos do homem desaparecido; e quando se constatou, na manhã de domingo, que ele ainda não aparecera, toda a vila, *en masse*, resolveu sair à procura de seu corpo.

O primeiro e mais enérgico na iniciativa dessa busca era o amigo do peito do sr. Shuttleworthy – o sr. Charles Goodfellow, ou, como ele era universalmente chamado, "Charley Goodfellow", ou "Velho Charley Goodfellow". Ora, quer seja uma coincidência maravilhosa, quer seja que o nome em si exerça um efeito imperceptível sobre a personalidade, nunca, até aqui, tive condições de averiguar; mas é um fato inquestionável que nunca houve um sujeito chamado Charles que não fosse um companheiro franco, valoroso, honesto, benévolo e de coração aberto, dono de uma voz clara e melodiosa que nos faz bem quando ouvimos e de olhos que nos encaram de frente, no rosto, como que dizendo: "Tenho a consciência limpa; não tenho medo de homem nenhum, e sou totalmente incapaz de fazer mal para alguém". E, assim, todos os amáveis e incautos figurantes do palco têm todas as possibilidades de ter o nome Charles.

Ora, o "Velho Charley Goodfellow", embora não estivesse em Rattleborough não havia nem seis meses ou algo assim, e embora ninguém soubesse nada sobre a vida que ele levara antes de vir se estabelecer na vizinhança, não tivera nenhuma dificuldade no mundo em se fazer conhecido de todas as pessoas respeitáveis na vila. Homem algum, entre essas pessoas, desconfiaria de uma só palavra dele, qualquer que fosse o caso. Quanto às mulheres, não há como dizer o que elas não fariam para obsequiá-lo. E tudo isso veio de ele ter sido batizado Charles, e de ele possuir, por consequência, aquele rosto ingênuo que é proverbialmente a "melhor carta de recomendação".

Já afirmei que o sr. Shuttleworthy era um dos mais respeitáveis e, sem dúvida, o homem mais rico em Rattleborough, sendo que o "Velho Charley Goodfellow" era íntimo dele como se fosse seu próprio irmão. Os dois velhos senhores eram vizinhos de porta, e, embora o sr. Shuttleworthy raramente, se é que o fazia, visitava o "Velho Charley", e nunca se soube que tivesse feito alguma refeição na casa do amigo, nada impedia que os dois fossem extremamente íntimos, como acabei de observar; pois o "Velho Charley" jamais deixava um dia se passar sem entrar três ou quatro vezes para ver como andava o seu vizinho, e com grande frequência ficava para um café da manhã ou chá, e quase sempre para o jantar; e, então, a quantidade de vinho que era consumido pelos dois camaradas numa sentada era uma coisa realmente difícil de verificar. A bebida favorita do "Velho Charley" era Château Margaux, e parecia fazer bem ao coração do sr. Shuttleworthy ver o velho companheiro esvaziar garrafas, como ele fazia, litro após litro; de modo que um dia, quando o vinho estava *por dentro* e o juízo, como consequência natural, meio *por fora*, ele disse a seu camarada, dando tapinhas em suas costas:

– Vou dizer o que é, Velho Charley, você é, de longe, o companheiro mais genuíno com quem jamais cruzei em toda essa minha vida; e, já que você adora acabar com o vinho dessa maneira, maldito seja meu nome se eu não te presentear com uma grande caixa do Château Margaux. Deus me livre – (o sr. Shuttleworthy tinha uma triste mania de blasfemar, embora raramente fosse além de um "Deus me livre", ou "Meu Deus do céu", ou "Pelo amor de Deus") –, Deus me livre – diz ele – se eu não enviar um pedido à cidade hoje à tarde mesmo requisitando uma caixa dupla do melhor que se pode obter, e com ele te farei um regalo, farei sim! Tu não precisas dizer nada, eu o *farei*, e o assunto está encerrado; então fica atento, o presente chegará às tuas mãos num belo dia desses, precisamente quando tu menos esperares por ele!

Menciono este tantinho de liberalidade de parte do sr. Shuttleworthy apenas como um modo de mostrar a vocês a que ponto chegava a *grande* intimidade que existia entre os dois amigos.

Bem, no domingo de manhã em questão, quando se tornou mais do que admitido que o sr. Shuttleworthy deparara com crime de morte, em nenhum momento vi alguém tão profundamente afetado quanto o "Velho Charley Goodfellow". Quando ele ficou sabendo que o cavalo voltara para casa sem seu dono, e sem as sacolas de sela de seu dono e todo ensanguentado por um tiro de pistola, que atravessara fora a fora o peito do pobre animal sem chegar a matá-lo – quando ficou sabendo de tudo isso, ele ficou pálido como se o homem desaparecido fosse seu próprio querido irmão ou pai, e tremeu e tiritou todo como se estivesse no auge de uma febre.

De início ele estava subjugado demais pela dor para ter condições de fazer o que quer que fosse, ou para optar por algum plano de ação; de maneira que por um bom tempo ele tentou dissuadir os outros amigos do sr. Shuttleworthy de fazer tanto alvoroço em torno do assunto, pensando que seria melhor esperar um pouco – digamos que por uma semana ou duas, ou por um mês ou dois – para ver se algo não apareceria, ou se o sr. Shuttleworthy não voltaria de modo natural, explicando suas razões para enviar seu cavalo antes. Ouso dizer que vocês já devem ter observado mais de uma vez esta disposição para temporizar, ou para procrastinar, em pessoas que estão passando por algum pesar muito pungente. Suas capacidades mentais parecem ter se adormecido, de maneira que elas têm horror a tudo que se assemelhe a ação, e não gostam de nada mais no mundo além de repousar em silêncio na cama e "embalar sua dor", como na expressão das velhas damas – quer dizer, ruminar sobre seus problemas.

O povo de Rattleborough tinha, de fato, uma opinião tão boa a respeito da sabedoria e da prudência do "Velho Charley" que a maior parte das pessoas estava disposta a concordar com ele, e a não fazer alvoroço do assunto "até que algo aparecesse", como os honestos senhores de idade o disseram; e creio que, no fim das contas, essa teria sido a determinação geral, não fosse a muito suspeita interferência do sobrinho do sr. Shuttleworthy, um jovem de hábitos muito dissipados, e até mesmo de personalidade bastante ruim. Esse sobrinho, cujo nome era Pennifeather, não dava ouvidos a nada racional no que dizia respeito a "deitar quieto", e insistia em proceder a uma busca imediata pelo "cadáver do homem assassinado". Essa foi a expressão que ele usou; e o sr. Goodfellow observou com agudeza, em seguida, que se tratava de uma "expressão *singular*, para não dizer mais". Essa observação do "Velho Charley" também teve grande efeito sobre o povo reunido; e se ouviu um homem do grupo perguntar, causando grande impressão, "como acontecia de o jovem sr. Pennifeather ter conhecimento tão íntimo das circunstâncias relacionadas ao desaparecimento de seu abastado tio, a ponto de se sentir autorizado a garantir, de forma distinta e inequívoca, que o tio *havia* sido assassinado". A seguir houve um tanto de contenda e observações sarcásticas entre vários membros da aglomeração, especialmente entre o "Velho Charley" e o sr. Pennifeather – embora essa disputa entre os dois não fosse, de fato, de modo algum uma novidade, pois pouca boa vontade restava entre as duas partes nos últimos três ou quatro meses; e o negócio tinha ido tão longe que o sr. Pennifeather chegara a derrubar a soco o amigo de seu tio por algum suposto excesso de liberdade que o amigo tomara na casa do tio, na qual o sobrinho era morador. Nessa ocasião, segundo se diz, o "Velho Charley" se portou com moderação exemplar e tolerância cristã. Ele se recuperou do golpe, levantou, arrumou suas roupas e não fez qualquer tentativa de retaliação; apenas murmurou umas poucas palavras sobre "exercer sumária vingança na primeira oportunidade conveniente" – uma ebulição de raiva natural e muito justificável, que de todo modo não queria dizer nada e, sem sombra de dúvida, foi esquecida logo depois de ter sido aventada.

Não importando em que pé estivesse o assunto (que não tem referência nenhuma com o ponto de que tratamos agora), é quase certo que o povo de Rattleborough, principalmente graças à persuasão do sr. Pennifeather, aderiu por fim à determinação de se dispersar pelas regiões adjacentes em busca do desaparecido sr. Shuttleworthy. Estou dizendo que eles aderiram a tal determinação num primeiro momento. Depois que estava totalmente resolvido que uma busca devia ser feita, considerou-se quase uma coisa lógica que os investigadores deveriam se dispersar – quer dizer, distribuir-se em grupos – para um exame mais abrangente da região em volta. Esqueço, entretanto, qual foi a linha de raciocínio que o "Velho Charley" usou para convencer a assembleia de que esse era o plano mais precipitado que se podia empregar. Convencer, entretanto, ele convenceu – a todos menos ao sr. Pennifeather; e, por fim, acertou-se que uma busca devia ser realizada, com cuidado e muita minúcia, pelos habitantes da vila *en masse*, o próprio "Velho Charley" indicando o caminho.

Quanto a esse último ponto, não podia haver desbravador melhor que o "Velho Charley", que todos sabiam possuir o olho de um lince; no entanto, embora ele os guiasse por todos os tipos de buracos e cantos inusitados, por rotas que ninguém jamais suspeitara que existissem nas redondezas, e embora a busca se mantivesse incessante, dia e noite, por quase uma semana, mesmo assim nenhum vestígio do sr. Shuttleworthy pôde ser encontrado. Quando digo nenhum vestígio, no entanto, não é para ser entendido de forma literal; pois vestígio, em certa medida, certamente havia. O caminho do pobre senhor foi rastreado, pelas ferraduras de seu cavalo (que eram peculiares), até um ponto cerca de cinco quilômetros ao leste da vila, na estrada principal que levava à cidade. Aqui o rastro se deslocava para uma trilha paralela através de um trecho de bosque – a trilha saindo de novo, mais adiante, na estrada principal, e cortando cerca de um quilômetro da distância normal. Seguindo as marcas de ferradura por essa vereda, o grupo topou por fim com um charco de água parada, meio escondido pelos arbustos espinhosos à direita da vereda, e depois desse charco todos os vestígios do rastro se perdiam de vista. Parecia, no entanto, que alguma espécie de luta tomara lugar ali, e podia ser concluído que um corpo grande e pesado, muito maior e mais pesado do que o de um homem, tinha sido arrastado da via paralela para dentro do charco. O charco foi varrido cuidadosamente duas vezes, mas nada foi encontrado; e o grupo estava a ponto de ir embora, no desespero de não obter resultado algum, quando a Providência sugeriu ao sr. Goodfellow o expediente de drenar toda a água de vez. O projeto foi recebido com aclamações e muitos cumprimentos ao "Velho Charley" por sua sagacidade e deliberação. Como muitos dos cidadãos haviam trazido pás, na suposição de que pudessem vir a ter de desenterrar um cadáver, a drenagem foi efetuada com rapidez e facilidade; e tão logo o fundo ficou visível descobriu-se, bem no meio da lama que restou, um colete preto de veludo de seda que quase todos os presentes reconheceram imediatamente como sendo propriedade do sr. Pennifeather. Esse colete estava bastante rasgado e manchado de sangue, e houve várias pessoas no grupo que tinham clara lembrança de que ele fora usado por seu proprietário na mesma manhã em que o sr. Shuttleworthy partiu para a cidade; enquanto que houve outras, ainda, prontas a testemunhar por juramento, se necessário, que o sr. P. não estava usando a peça em questão em nenhum momento durante o *restante* daquele dia memorável; e não se achava ninguém que pudesse dizer que tivesse visto a peça nos trajes do sr. P. em nenhum momento que fosse depois de ocorrido o desaparecimento do sr. Shuttleworthy.

As coisas apresentavam agora um aspecto muito preocupante para o sr. Pennifeather, e foi observado, como confirmação indubitável das suspeitas que se erguiam contra ele, que ele estava ficando extremamente pálido, e quando instado a manifestar o que tinha a dizer para se explicar foi absolutamente incapaz de dizer uma palavra. Num instante, os poucos amigos que herdara de seu turbulento modo de viver o abandonaram sem exceção e de imediato, e se tornaram ainda mais clamorosos do que seus antigos e declarados inimigos na exigência de que fosse preso no ato. De outro lado, porém, a magnanimidade do sr. Goodfellow resplandeceu com brilho ainda mais radioso por contraste. Ele fez uma calorosa e intensamente eloquente defesa do sr. Pennifeather, na qual aludiu mais de uma vez a seu sincero perdão ao selvagem cavalheiro – "o herdeiro do valoroso sr. Shuttleworthy" – pelo insulto que aquele (o jovem cavalheiro) havia, sem dúvida no calor da paixão, julgado adequado lançar sobre ele (o sr. Goodfellow). "Ele o perdoou pelo ocorrido", disse ele, "do fundo de seu coração; e quanto a ele mesmo (o sr. Goodfellow), muito antes de levar a um extremo as circunstâncias suspeitas que, como lamentava dizer, realmente haviam surgido em desfavor do sr. Pennifeather, ele (o sr. Goodfellow) faria todo esforço de que fosse capaz, empregaria toda a pouca eloquência que possuía para... para... para amenizar, até onde chegasse seu poder de fazê-lo, as piores feições desse negócio deveras desconcertante."

O sr. Goodfellow avançou nesta linha por uma boa meia hora, muito em conta tanto de sua cabeça como de seu coração; mas esses nossos conhecidos de coração aberto poucas vezes são coerentes em suas observações, incorrem em toda sorte de bobagens, embaraços e disparates, no fervor de seu zelo em servir a um amigo, fazendo dessa maneira, muitas vezes com as intenções mais benévolas do mundo, infinitamente mais para prejudicar sua causa do que para favorecê-la.

Foi, neste caso, o que resultou de toda a eloquência do "Velho Charley"; pois, embora ele labutasse com dedicação pelos interesses do suspeito, ainda assim ocorreu, de um jeito ou de outro, que cada sílaba que ele proferia cuja tendência direta mas involuntária fosse não exaltar o orador na boa estima de sua audiência tinha o efeito de aprofundar a suspeita já associada ao indivíduo cuja causa ele pleiteava, e de incendiar contra ele a fúria da multidão.

Um dos erros mais inexplicáveis cometidos pelo orador foi sua referência ao suspeito como "o herdeiro do valoroso sr. Shuttleworthy". As pessoas, na verdade, nunca haviam pensado nisso antes. No máximo lembravam-se de certas ameaças de deserdamento proferidas um ou dois anos antes pelo tio (que não tinha parente vivo além do sobrinho), e elas, portanto, sempre encararam esse deserdamento como um assunto resolvido – tão bitoladas eram as ideias dessas criaturas que habitavam Rattleborough; mas a observação do "Velho Charley" repôs de imediato, na mente de todos, a consideração desse ponto, e assim permitiu a todos ver a possibilidade de que as ameaças tivessem sido *mais* do que uma ameaça. E logo a seguir surgiu a lógica questão *cui bono?* – uma questão que tendia, até mais do que o colete, a associar ao jovem o terrível crime. E aqui, para que eu não seja interpretado mal, permitam-me divagar por um momento, apenas para observar que a frase em latim que empreguei, extremamente breve e simples, é invariavelmente mal traduzida e mal entendida. "*Cui bono*", em todos os romances de primeira linha e onde mais for – nos da sra. Gore, por exemplo (a autora de "Cecil"), uma dama que cita todas as línguas, do caldaico ao chickasaw, e é auxiliada em seu saber, "quando necessário", num plano sistemático, pelo sr. Beckford –, em *todos* os romances de primeira linha, afirmo, dos de Bulwer e Dickens aos de Turnapenny e Ainsworth*, as duas palavrinhas latinas *cui bono* são apresentadas como "para que propósito" ou (como em *quo bono*) "para que benefício". Seu verdadeiro significado, todavia, é "para vantagem de quem". *Cui*, para quem; *bono*, serve de benefício. É uma expressão puramente legal, aplicável precisamente em casos tais como o que estamos considerando, nos quais a probabilidade de alguém ser o executante de uma ação depende da probabilidade de o benefício servir a esse indivíduo ou advir do que se obteve com a ação. Ora, no presente caso, a questão *cui bono* comprometia de maneira muito acentuada o sr. Pennifeather. Seu tio o ameaçara, depois de fazer um testamento em seu favor, com deserdamento. Mas a ameaça, na verdade, não fora levada adiante; o testamento original, ao que parecia, não fora alterado. *Tivesse* sido alterado, o único motivo presumível para assassinato, de parte do suspeito, teria sido o motivo ordinário da vingança; e mesmo a motivação teria sido contrapesada pela esperança de restabelecer

---

* *Cecil, or the Adventures of a Coxcomb* (1841): o romance de maior sucesso da prolífica escritora inglesa Catherine Gore; William Beckford é o milionário excêntrico e aventureiro autor de *Vathek* (1786); Edward Bulwer-Lytton (1803-1873) e William Harrison Ainsworth (1805-1882) são também, como Dickens, autores ingleses; "Turnapenny" pode dizer respeito ao personagem Turnpenny, de *Redgauntlet* (1824), de Walter Scott. (N.T.)

boas relações com o tio. Com o testamento não tendo sido alterado, porém, e a ameaça da alteração ainda suspensa sobre a cabeça do sobrinho, surge de imediato a mais forte instigação possível para a atrocidade; assim concluíram, muito sagazes, os valorosos cidadãos de Rattleborough.

O sr. Pennifeather, consequentemente, foi preso ali mesmo, e o grupo, depois de prosseguir um pouco mais na busca, dirigiu-se para casa, com ele sob custódia. No caminho, entretanto, houve outra circunstância que apontava para a confirmação da suspeita aventada. O sr. Goodfellow, cujo zelo o levava a estar sempre um pouco na frente do grupo, foi visto, de repente, correndo adiante alguns passos, curvando-se e então, ao que parecia, apanhando um objeto pequeno na relva. Tendo examinado rapidamente o objeto, ele foi visto, também, fazendo uma espécie de tentativa interrompida de escondê-lo no bolso de seu casaco; mas sua ação foi percebida, como afirmei, e adequadamente impedida, quando se descobriu que o objeto apanhado era uma adaga espanhola que uma dúzia de pessoas reconheceu de imediato como pertencente ao sr. Pennifeather. Além do mais, as iniciais dele estavam gravadas no cabo. A lâmina da adaga estava desembainhada e coberta de sangue.

Não restava mais dúvida quanto à culpa do sobrinho, e logo após chegar a Rattleborough ele foi levado até um magistrado para interrogatório.

Aqui as coisas outra vez tomaram um rumo mais do que adverso. O prisioneiro, sendo questionado quanto ao seu paradeiro na manhã do desaparecimento do sr. Shuttleworthy, teve a absoluta audácia de reconhecer que exatamente naquela manhã ele saíra com seu rifle, para caçar cervos, nas redondezas imediatas do charco em que o colete manchado de sangue fora descoberto graças à perspicácia do sr. Goodfellow.

Este último então se apresentou e, com lágrimas nos olhos, pediu permissão para ser interrogado. Declarou que uma rigorosa noção do respeito que devia a seu Criador, não menos que a seus irmãos humanos, não permitia que ele seguisse em silêncio. Até ali, a mais sincera afeição pelo jovem (não obstante que este tenha agido mal com ele, o sr. Goodfellow) o induzira a recorrer a todas as hipóteses que a imaginação podia sugerir, no propósito de tentar dar conta do que parecia suspeito nas circunstâncias que depunham tão seriamente contra o sr. Pennifeather; mas agora essas circunstâncias eram simplesmente convincentes *demais*, condenatórias *demais*; ele não mais hesitaria – contaria tudo que sabia, embora o seu coração (o do sr. Goodfellow) fosse absolutamente se fazer em pedaços na tentativa. Ele prosseguiu e relatou que, na tarde do dia anterior à partida do sr. Shuttleworthy para a cidade, aquele valoroso ancião mencionara a seu sobrinho, em *sua* presença (a do sr. Goodfellow), que seu objetivo em ir à cidade na manhã seguinte era o de fazer o depósito de uma soma de dinheiro mais alta do que o normal no banco "Farmer's and Mechanic's", e que ali mesmo, então, o citado sr. Shuttleworthy havia distintamente declarado a seu citado sobrinho sua determinação irrevogável de anular o testamento feito originalmente e de não lhe deixar nem um tostão. Ele (a testemunha) então solenemente apelou ao acusado que afirmasse se o que ele (a testemunha) acabara de afirmar era ou não era a verdade em todos os seus detalhes substanciais. Para grande assombro de todos os presentes, o sr. Pennifeather admitiu com franqueza que *era*.

O magistrado então considerou seu dever enviar alguns policiais para uma busca no quarto do acusado, na casa do tio. Dessa busca eles retornaram quase imediatamente, de posse da bem conhecida caderneta de bolso vermelha, encadernada em couro e aço, que o velho senhor tinha o hábito de carregar desde muitos anos. Seu valioso conteúdo, no entanto, havia sido surrupiado, e o magistrado tentou, em vão, arrancar do prisioneiro que uso fora feito dele, ou onde estava escondido. De fato, ele obstinadamente negava ter qualquer conhecimento do assunto. Os policiais, além disso,

IV

A tendência da cultura em nossa época está, e provavelmente continuará a estar, voltada para a ciência e afastada da arte e literatura. Isso se deve, é claro, à imensa utilidade prática da ciência. Existe uma tradição literária poderosa originária da Renascença e apoiada pelo prestígio social: um "senhor" deve saber um pouco de latim, mas não precisa saber como uma máquina a vapor é fabricada. No entanto, a sobrevivência dessa tradição tende apenas a tornar os "senhores" menos úteis do que outros homens. Creio que devemos pressupor que, a curto prazo, ninguém será considerado educado a menos que conheça alguma coisa de ciência.

É uma boa intenção, porém o lamentável é que a ciência parece estar obtendo suas vitórias à custa do empobrecimento de nossa cultura em outras direções. A arte se torna cada vez mais um assunto de elites e de uns poucos patronos ricos: não é vista como importante para o homem comum, como era quando associada à religião e à vida pública. O dinheiro gasto na construção da catedral de St. Paul poderia ter sido usado para proporcionar à nossa frota marítima vitória sobre os holandeses; contudo, na época de Carlos II, St. Paul era considerada mais importante. As necessidades emocionais que antes eram satisfeitas por formas estéticas admiráveis estão agora encontrando cada vez mais escapes triviais: a dança e sua música nos dias de hoje não têm, como regra, nenhum valor artístico, exceto no balé russo que é importado de uma civilização menos moderna. Temo que a decadência da arte seja inevitável e que se deva à nossa maneira de viver mais cuidadosa e utilitária, comparada com a de nossos ancestrais.

Imagino que daqui a cem anos todas as pessoas bem educadas serão muito versadas em matemática, em biologia e terão um grande conhecimento de fabricação de máquinas. A educação, exceto para poucos, se tornará cada vez mais o que chamamos de "dinâmica", isto é, ensinaremos as pessoas a realizar e não a pensar e sentir. Elas executarão todos os tipos de tarefas com uma habilidade extraordinária, mas serão incapazes de refletir racionalmente se essas tarefas têm importância. É possível que haja uma casta oficial de pensadores e outra de sensitivos – a primeira, um desenvolvimento da Royal Society; a última, uma aliança da Royal Academic e da congregação dos bispos. Os resultados obtidos pelos pensadores serão de propriedade do governo e serão revelados apenas ao Ministério da Guerra, ao almirantado e ao Ministério da Aeronáutica, dependendo do caso. Talvez o ministro da Saúde possa ser incluído se, na época, fizer parte de suas obrigações disseminar doenças em países inimigos. Os Sensitivos Oficiais decidiriam quais as emoções que devem ser propagadas nas escolas, teatros, igrejas, etc., apesar de os Pensadores Oficiais terem o dever de descobrir como provocar as desejadas emoções. Tendo em vista a má índole dos estudantes, provavelmente seria desejável que as decisões dos Sensitivos Oficiais fossem também segredos governamentais. Eles poderão, entretanto, exibir pinturas ou pregar sermões que tenham sido sancionados pelo Conselho de Antigos Censores.

A imprensa diária, presumivelmente, seria abolida pela radiodifusão. Algum número de semanários poderia sobreviver para exprimir opiniões minoritárias. Mas a leitura talvez venha a ser uma prática rara, substituída por ouvir o toca-discos ou qualquer outra invenção melhor. De modo similar, a escrita será substituída na vida cotidiana pelo ditafone.

Caso as guerras sejam eliminadas e a produção for organizada cientificamente, é provável que quatro horas de trabalho por dia sejam suficientes para que todos tenham conforto. Será uma questão aberta em relação à quantidade de trabalho e lazer, uma opção entre trabalhar mais ou usufruir prazeres; é presumível que caminhos diversos sejam escolhidos. As horas de lazer serão, sem dúvida, dedicadas pela maioria das pessoas a dançar, assistir futebol e ir ao cinema. As crianças não sentirão ansiedade, visto que o Estado tomará conta delas; a doença será muito rara; a idade avançada será postergada por meio de processos de rejuvenescimento até pouco antes da morte. Será um paraíso hedonista no qual quase todos acharão a vida tão tediosa a ponto de ser dificilmente suportada.

Em um mundo como tal deve-se temer que os impulsos destrutivos tornem-se irresistíveis. O Clube de Suicídio de R.L. Stevenson pode florescer nele; sociedades secretas dedicadas ao assassinato artístico podem crescer. A vida no passado manteve-se séria em razão do perigo e interessante por ser séria. Sem o perigo, se a natureza humana permanecer inalterada, a vida perderia seu sabor e os homens recorreriam a todos os tipos de vícios decadentes na expectativa de uma pequena excitação.

Esse dilema é inescapável? Os aspectos mais sombrios da vida são essenciais para encontrarmos o que há de melhor nela? Não creio. Se a natureza humana for impossível de ser alterada, como pessoas ignorantes ainda supõem que seja, não haveria esperança de reverter a situação. Mas agora sabemos, graças aos psicólogos e aos fisiologistas, que a "natureza humana" representa no máximo um décimo da natureza sendo os outros nove décimos atribuídos à educação. O que chamamos de natureza humana pode ser quase por completo alterado por mudanças na educação nos primeiros anos de vida. E essas mudanças podem ocorrer de forma a preservar uma suficiente seriedade na vida sem a ameaça do medo, se o pensamento e a energia forem devotados a esse fim. Dois fatores são necessários para esse propósito: o desenvolvimento de impulsos construtivos nos jovens e oportunidades para sua existência na vida adulta.

Até então, a defesa e o ataque forneceram grande parte do que é sério na vida. Defendemo-nos contra a pobreza; nossos filhos contra um mundo indiferente; nosso país, contra inimigos nacionais; atacamos, verbal ou fisicamente, aqueles que consideramos hostis ou perigosos. No entanto, existem outras fontes de emoções capazes de serem igualmente poderosas. As emoções da criação estética e da descoberta científica podem ser tão intensas e absorventes quanto o amor mais apaixonado. E o amor em si, embora possa ser dominador e opressivo, é também capaz de ser criativo. Com uma educação correta, um grande percentual da humanidade encontraria a felicidade em atividades construtivas, desde que o tipo certo estivesse disponível.

Isso nos leva ao nosso segundo requisito. Deve haver uma oportunidade de iniciativa construtiva, não apenas para um trabalho útil ordenado por uma autoridade superior. Não deve haver barreiras para a criação intelectual ou artística, nem para as relações humanas construtivas nem a sugestão de maneiras pelas quais a vida possa melhorar. Nesse contexto, e com uma educação correta, haverá ainda espaço para um modo de vida sério e árduo para aqueles que sintam necessidade. Nesse caso, mas só nele, uma comunidade organizada de modo a eliminar os principais males da vida como a conhecemos poderia ser estável, visto que isso seria satisfatório para seus membros mais enérgicos.

Essa é, devo confessar, a questão em que nossa civilização possivelmente tomará o rumo incorreto. É preciso muita organização, e, sendo ela tão necessária, é quase certo que venha haver mais do que deveria. O dano que isso acarretará será a diminuição de oportunidades para o esforço individual. Grandes organizações produzem um sentimento de impotência no indivíduo, levando a uma redução do esforço. O perigo pode ser evitado se for percebido pelos administradores, mas ele é do tipo que a maioria dos administradores é por natureza incapaz de detectar. Em cada esquema respeitável para organizar o padrão da vida humana é necessário injetar uma certa dose de anarquismo, suficiente para prevenir a imobilidade que leva à inércia, porém não o bastante para provocar uma ruptura. Isso é um problema delicado, não insolúvel do ponto de vista teórico, contudo difícil de ser solucionado na turbulência das questões práticas.

ÍNDICE REMISSIVO

A

administração – 49, 98, 100, 144, 189

África – 37, 80, 218, 219

agnosticismo – 47, 138, 139

Alemanha – 24, 28, 53, 65, 79, 80, 108, 169, 182, 205, 207, 213

altruísmo – 50

anarquia – 137, 159, 218, 220

Arnold, Thomas – 171

arte – 30, 85, 87, 90, 91, 94, 97, 117, 147, 152, 177, 196, 222, 223

Ásia – 10, 37, 92, 213, 216, 218

assassinato – 27, 46, 102, 108, 109, 159, 182, 206, 207, 225

autoridade – 5, 104, 108, 130, 155, 164, 168, 170, 171, 174, 179, 192, 208, 212, 213, 214, 215, 216, 218, 221, 226

autoridade central; poderes da – 212, 213, 214, 215, 216, 218, 221

B

Bacon, Roger – 39

behaviorismo: conseqüências éticas; perspectivas na educação – 40, 83, 84, 85, 86, 87, 88, 90

bens materiais – 77, 78

Bentham, Jeremy – 101

Bergson, Henri – 41, 53, 55, 57, 61, 62, 63, 64, 65, 79, 86

Block, Alexander – 145

bolchevismo – 104, 137, 196

Bosanquet, Bernard – 54

Boutroux, Émile – 54

Bradley, F.H. – 54, 62

budismo – 46, 199

Burtt, E.A. – 37, 39

Butler, Samuel – 75, 76

C

capitalismo – 125, 159, 200, 204, 209

casamento – 16, 17, 20, 23, 28, 117, 150, 173, 206, 220

castas – 219, 220, 221

censura – 209, 210

ceticismo – 5, 7, 9, 13, 14, 15, 17, 18, 25, 36, 37, 58, 63, 119, 131, 132, 137, 146, 152, 195, 196

civilização ocidental – 92

classe – 18, 28, 29, 30, 84, 102, 121, 126, 129, 137, 163, 171, 177, 192, 194, 210, 215

Coleridge, S.T. – 104
comércio – 30, 129, 132, 181, 195, 205, 208, 210
Confúcio – 93, 94, 95, 96, 99
conhecimento – 8, 10, 26, 35, 40, 54, 55, 56, 61, 66, 67, 74, 90, 107, 108, 118, 122, 134, 140, 143, 146, 147, 154, 161, 174, 175, 179, 180, 194, 199, 206, 223
Conrad, Joseph – 8
contemplação – 61, 63, 85, 105
controle – 24, 43, 51, 53, 60, 115, 125, 127, 128, 129, 136, 169, 194, 197, 198, 204, 205, 207, 213, 214, 216, 217, 218
controle da natalidade – 115
Conway, Moncure – 135
corpo – 19, 68, 72, 73, 84, 189, 203
cortesia – 28, 29, 30, 94, 95, 96, 97
Couturat, Louis – 65
credulidade – 142, 153
crueldade – 17, 24, 111, 116, 162, 194, 206

D

Dalai Lama – 212
Dante, G. – 104
Darwin, Charles – 105, 141
David Copperfield – 176
Descartes, R. – 105
determinação – 180, 196
determinismo – 38, 39, 42, 193
Dewey, John – 57, 65
dinâmicas psicológicas – 156, 158, 166
divórcio – 16, 222
Donne, John – 104

Dreyfus, Alfred – 150
dúvida – 7, 8, 11, 17, 20, 21, 23, 27, 28, 32, 46, 51, 58, 71, 82, 84, 86, 87, 101, 102, 121, 125, 140, 141, 142, 152, 156, 163, 179, 187, 189, 202, 203, 204, 207, 208, 219, 224

E

Egito – 195, 204
Einstein, Albert – 14, 53, 69, 71, 141
emprego – 18, 150, 151
escândalos – 9, 42, 106
espaço – 19, 40, 53, 54, 55, 62, 69, 71, 72, 73, 85, 97, 113, 226
Eurípides – 24, 186

F

fanatismo – 114
fascismo 196
fatos – 5, 26, 29, 39, 41, 45, 47, 48, 49, 58, 59, 60, 78, 107, 110, 127, 140, 161, 162, 198, 203, 206, 220
fé – 9, 11, 36, 37, 40, 42, 45, 46, 63, 65, 95, 136, 138, 163
fidelidade – 16, 20
filosofia da ciência – 9, 42
física – 34, 41, 43, 57, 68, 69, 70, 71, 72, 73, 84, 87, 90, 108, 141, 156, 159, 162, 185, 186, 187, 189, 221
Frazer, J.G. – 27, 109
Frederico II da Prússia – 39
Frege, F.L.G. – 65, 68
Freud, Sigmund – 26, 47, 83, 86

G

Galileu – 38, 40, 105, 186
Giles, L. – 94, 98
Gosse, Edmund – 182
governo (ver também Estado) – 24, 38, 46, 60, 80, 104, 105, 113, 123, 129, 130, 131, 139, 141, 144, 145, 148, 149, 153, 155, 158, 159, 160, 170, 172, 174, 193, 196, 200, 206, 207, 212, 214, 218, 220, 224
Grécia, tragédia grega – 38
Grey, lorde Edward – 132
Guilherme II, cáiser – 52, 106, 144

H

hábitos – 16, 19, 35, 36, 124, 146, 188, 189
Hamlet (Shakespeare) – 31, 32, 61
harmonia – 10, 31, 50, 85, 86, 156
Hegel, G.W.F. – 32, 53, 55, 56, 67, 155
hegelianismo – 54, 55, 56
hipocrisia – 99, 133, 153, 166, 181
humanidade – 8, 9, 10, 29, 30, 32, 35, 36, 38, 111, 114, 118, 125, 126, 134, 153, 154, 194, 195, 213, 225
Hume, David – 9, 10, 11, 40, 41, 42, 52
Husserl, Edmund – 65

I

idealismo – 53, 55, 65, 66, 121, 152
idealistas – 32, 52, 67
igualdade – 149, 165
imaginação – 23, 24, 26, 39, 85, 184, 185, 193, 202
imigração – 104, 214
imprensa – 51, 80, 123, 131, 154, 161, 198, 212, 224
inconsciente – 21, 22, 23, 49, 56, 81, 146, 171, 186, 190
Índia – 16, 67, 78, 92, 112
individualismo – 96, 199, 203, 208
indução – 9, 42, 43, 58
inferno – 17, 32, 85, 99
Inglaterra – 7, 18, 25, 52, 54, 57, 65, 79, 80, 92, 93, 98, 102, 104, 106, 112, 113, 114, 123, 136, 138, 139, 159, 165, 166, 169, 181, 196, 206, 210, 212, 217, 218, 220
injustiça – 95, 109, 110, 215
instrução – 115, 143, 147, 153, 154, 165, 167, 169, 171, 175, 177, 178, 188
intelecto – 45, 61, 62, 75, 145, 151
inteligência – 35, 49, 51, 146, 147, 153, 177, 188, 193, 210
intolerância – 17, 182, 195, 196, 197, 198
intuição – 61, 62, 64

J

James, William; Will to Believe – 53, 55, 56, 65, 132, 140, 142
Jaurès, Jean – 109
Jorge III – 105, 133
justiça – 25, 95, 132, 165, 205, 206, 215, 218

K

Kant, Immanuel – 42, 53, 66, 67, 68, 101, 102
Kepler, Johann – 38, 39, 40
Keynes, John Maynard – 11

L

Lao-Tsé – 95
Laski, H.J. –169, 180
Leibniz, G.W. – 23, 65, 67
lei criminal – 60, 113, 116
lei natural – 39, 89
Lênin, culto de – 153, 203, 204
liberalismo – 113, 159, 160, 196
liberdade de opinião – 178, 179, 183, 209
Liga das Nações – 116, 216
livres-pensadores – 138, 154, 198, 199
Lloyd George, David – 132
Lobatchevski, N. – 68
Locke, John – 52, 196
lunáticos – 18, 48, 51

M

Macaulay, lorde Thomas Babington – 177
maldade – 85, 113, 125, 171
Malebranche, N. – 52
malevolência – 22, 163
Malthus, Thomas – 126
Marx, Karl – 125, 126, 189
medo – 23, 34, 47, 107, 127, 129, 130, 191, 192, 194, 218, 225
Meinong, A. von – 65, 68
Melanésia – 16, 158
memória – 22, 41, 48, 58, 61, 64, 88, 89

Milton, John – 85, 87, 89, 104
misticismo – 62, 63, 96, 138
mitos – 18, 29, 30
monopólios – 150, 198, 215
Montaigne, M. de – 7, 39
Montesquieu, Charles – 70, 186
Moore, G.E. – 10, 65
Morley, John – 133
Morris, William – 76

N

nacionalismo – 17, 208
natureza humana – 16, 17, 21, 26, 33, 37, 56, 65, 66, 67, 78, 80, 81, 82, 85, 88, 94, 117, 142, 156, 161, 163, 168, 188, 222, 225, 226
novidade – 62, 64, 75, 199, 209

O

O'shea, M.V., The Child: His Nature and His Needs –
objetividade – 47, 49, 87
ódio – 24, 25, 29, 50, 110, 125, 126, 127, 131, 194, 200
oportunidade – 81, 82, 139, 149, 168, 169, 175, 178, 192, 219, 226

P

padrões morais – 108, 118
paixões – 11, 15, 18, 36, 78, 80, 121, 139, 152, 194
partidos políticos – 119, 131
Peacock, T.L. – 75
perigo – 5, 129, 134, 145, 146, 149, 151, 163, 166, 191, 195, 201, 225, 226
petróleo – 204, 215, 216
Pirro – 13, 14

pluralismo – 65, 73
Poetas de Lake – 76
poligamia – 16, 17, 137
pragmatismo – 44, 46, 53, 57, 58, 59, 60, 65
profecia – 185, 193, 197
proibição – 81, 108, 109, 110, 114, 141, 164
propaganda – 5, 44, 60, 104, 118, 135, 139, 142, 147, 148, 149, 193, 199, 205, 206, 209, 217
protestantismo – 36, 60, 137, 152
publicações obscenas – 114

R

realismo – 53, 65, 69, 73, 74
Renascença – 39, 40, 169, 185, 186, 196, 208, 223
respeito – 10, 18, 28, 30, 40, 47, 50, 54, 63, 68, 78, 88, 94, 97, 105, 107, 124, 135, 142, 150, 152, 153, 161, 162, 163, 171, 174, 182, 183, 186, 189, 191, 198, 203, 215, 218
ressentimento –162, 163
Ricardo, David – 126
Rivers, dr. William – 16, 158, 191
Roma – 186, 196, 212
Russell, Conrad – 9
Russell, lorde John – 7

S

saber – 44, 48, 66, 67, 81, 83, 84, 85, 90, 121, 122, 142, 151, 162, 168, 175, 179, 181, 187, 190, 194, 202, 217, 223

Sacco – 206
Salter, Sir Arthur, Allied Shipping Contro – 125, 126, 127, 129, 130
Sanderson, F.W. – 172, 175
Sassoon, Siegfried – 136
Schiller, F.C.S. – 57, 65
sexo – 157, 160, 161, 190, 191
Shakespeare, William – 23, 89, 90, 104
Smith, Rev. Sydney – 101
sofrimento – 107, 126, 129, 190
sonhos – 26, 30
Spencer, H. – 58
Spinoza, B. – 105
Strachey, Lytton – 171
subjetividade – 53, 73
substância – 65, 72
Suíça – 207
superstição – 39, 108, 109, 111, 138, 147, 165
Swinburne, Algernon – 104

T

taoísmo – 95, 199
Tchekhov, Anton – 175
teoria da relatividade – 40, 69, 141
terra, propriedade privada da – 191, 204
Tibete – 17, 52
tolerância – 101, 114, 137, 145, 152, 195, 196
tradição – 9, 40, 45, 53, 54, 63, 75, 96, 97, 108, 161, 199, 200, 202, 205, 223
Tratado de Versalhes – 125, 213

U

União Soviética – 24, 37, 46, 52, 80, 83, 92, 108, 145, 146, 149, 150, 199, 200, 201, 202, 203, 206, 207, 213

universo – 29, 30, 32, 33, 39, 55, 66, 67, 69, 73, 74, 85

utilidade – 61, 106, 132, 146, 151, 204, 223

V

Vanzetti, B. – 206

veracidade – 80, 132, 179, 180

vocabulário – 88, 90

W

Watson, John B – 40, 83, 86, 87, 88, 90

Wellington, Arthur Wellesley, duque de – 142, 182

Wells, H.G.; The Time Machine – 92, 131, 172

Whitehead, A.N. – 38, 41, 42, 53, 68

Whitman, Walt – 57

Wordsworth, William – 104

Wright, Whittaker – 106

Coleção L&PM POCKET (LANÇAMENTOS MAIS RECENTES)

598. **Snoopy em Feliz Dia dos Namorados! (2)** – Schulz
599. **Mas não se matam cavalos?** – Horace McCoy
600. **Crime e castigo** – Dostoiévski
601(7). **Mistério no Caribe** – Agatha Christie
602. **Odisséia (2): Regresso** – Homero
603. **Piadas para sempre (2)** – Visconde da Casa Verde
604. **À sombra do vulcão** – Malcolm Lowry
605(8). **Kerouac** – Yves Buin
606. **E agora são cinzas** – Angeli
607. **As mil e uma noites** – Paulo Caruso
608. **Um assassino entre nós** – Ruth Rendell
609. **Crack-up** – F. Scott Fitzgerald
610. **Do amor** – Stendhal
611. **Cartas do Yage** – William Burroughs e Allen Ginsberg
612. **Striptias (2)** – Laerte
613. **Henry & June** – Anaïs Nin
614. **A piscina mortal** – Ross Macdonald
615. **Geraldão (2)** – Glauco
616. **Tempo de delicadeza** – A. R. de Sant'Anna
617. **Tiros na noite 2: Medo de tiro** – Dashiell Hammett
618. **Snoopy em Assim é a vida, Charlie Brown! (3)** – Schulz
619. **1954 – Um tiro no coração** – Hélio Silva
620. **Sobre a inspiração poética (Íon) e ...** – Platão
621. **Garfield e seus amigos (8)** – Jim Davis
622. **Odisséia (3): Ítaca** – Homero
623. **A louca matança** – Chester Himes
624. **Factótum** – Bukowski
625. **Guerra e Paz: volume 1** – Tolstói
626. **Guerra e Paz: volume 2** – Tolstói
627. **Guerra e Paz: volume 3** – Tolstói
628. **Guerra e Paz: volume 4** – Tolstói
629(9). **Shakespeare** – Claude Mourthé
630. **Bem está o que bem acaba** – Shakespeare
631. **O contrato social** – Rousseau
632. **Geração Beat** – Jack Kerouac
633. **Snoopy: É Natal! (4)** – Charles Schulz
634(8). **Testemunha da acusação** – Agatha Christie
635. **Um elefante no caos** – Millôr Fernandes
636. **Guia de leitura (100 autores que você precisa ler)** – Organização de Léa Masina
637. **Pistoleiros também mandam flores** – David Coimbra
638. **O prazer das palavras** – vol. 1 – Cláudio Moreno
639. **O prazer das palavras** – vol. 2 – Cláudio Moreno
640. **Novíssimo testamento: com Deus e o diabo, a dupla da criação** – Iotti
641. **Literatura Brasileira: modos de usar** – Luís Augusto Fischer
642. **Dicionário de Porto-Alegrês** – Luís A. Fischer
643. **Clô Dias & Noites** – Sérgio Jockymann
644. **Memorial de Isla Negra** – Pablo Neruda
645. **Um homem extraordinário e outras histórias** – Tchékhov
646. **Ana sem terra** – Alcy Cheuiche
647. **Adultérios** – Woody Allen
648. **Para sempre ou nunca mais** – R. Chandler
649. **Nosso homem em Havana** – Graham Greene
650. **Dicionário Caldas Aulete de Bolso**
651. **Snoopy: Posso fazer uma pergunta, professora? (5)** – Charles Schulz
652(10). **Luís XVI** – Bernard Vincent
653. **O mercador de Veneza** – Shakespeare
654. **Cancioneiro** – Fernando Pessoa
655. **Non-Stop** – Martha Medeiros
656. **Carpinteiros, levantem bem alto a cumeeira & Seymour, uma apresentação** – J.D.Salinger
657. **Ensaios céticos** – Bertrand Russell
658. **O melhor de Hagar 5** – Dik e Chris Browne
659. **Primeiro amor** – Ivan Turguêniev
660. **A trégua** – Mario Benedetti
661. **Um parque de diversões da cabeça** – Lawrence Ferlinghetti
662. **Aprendendo a viver** – Sêneca
663. **Garfield, um gato em apuros (9)** – Jim Davis
664. **Dilbert (1)** – Scott Adams
665. **Dicionário de dificuldades** – Domingos Paschoal Cegalla
666. **A imaginação** – Jean-Paul Sartre
667. **O ladrão e os cães** – Naguib Mahfuz
668. **Gramática do português contemporâneo** – Celso Cunha
669. **A volta do parafuso** *seguido de* **Daisy Miller** – Henry James
670. **Notas do subsolo** – Dostoiévski
671. **Abobrinhas da Brasilônia** – Glauco
672. **Geraldão (3)** – Glauco
673. **Piadas para sempre (3)** – Visconde da Casa Verde
674. **Duas viagens ao Brasil** – Hans Staden
675. **Bandeira de bolso** – Manuel Bandeira
676. **A arte da guerra** – Maquiavel
677. **Além do bem e do mal** – Nietzsche
678. **O coronel Chabert** *seguido de* **A mulher abandonada** – Balzac
679. **O sorriso de marfim** – Ross Macdonald
680. **100 receitas de pescados** – Sílvio Lancellotti
681. **O juiz e seu carrasco** – Friedrich Dürrenmatt
682. **Noites brancas** – Dostoiévski
683. **Quadras ao gosto popular** – Fernando Pessoa
684. **Romanceiro da Inconfidência** – Cecília Meireles
685. **Kaos** – Millôr Fernandes
686. **A pele de onagro** – Balzac
687. **As ligações perigosas** – Choderlos de Laclos
688. **Dicionário de matemática** – Luiz Fernandes Cardoso
689. **Os Lusíadas** – Luís Vaz de Camões
690(11). **Átila** – Éric Deschodt
691. **Um jeito tranqüilo de matar** – Chester Himes
692. **A felicidade conjugal** *seguido de* **O diabo** – Tolstói
693. **Viagem de um naturalista ao redor do mundo** – vol. 1 – Charles Darwin
694. **Viagem de um naturalista ao redor do mundo** – vol. 2 – Charles Darwin
695. **Memórias da casa dos mortos** – Dostoiévski
696. **A Celestina** – Fernando de Rojas
697. **Snoopy: Como você é azarado, Charlie Brown! (6)** – Charles Schulz
698. **Dez (quase) amores** – Claudia Tajes

699(9).**Poirot sempre espera** – Agatha Christie
700.**Cecília de bolso** – Cecília Meireles
701.**Apologia de Sócrates** *precedido de* **Êutifron e** *seguido de* **Críton** – Platão
702.**Wood & Stock** – Angeli
703.**Striptiras (3)** – Laerte
704.**Discurso sobre a origem e os fundamentos da desigualdade entre os homens** – Rousseau
705.**Os duelistas** – Joseph Conrad
706.**Dilbert (2)** – Scott Adams
707.**Viver e escrever** (vol. 1) – Edla van Steen
708.**Viver e escrever** (vol. 2) – Edla van Steen
709.**Viver e escrever** (vol. 3) – Edla van Steen
710(10).**A teia da aranha** – Agatha Christie
711.**O banquete** – Platão
712.**Os belos e malditos** – F. Scott Fitzgerald
713.**Libelo contra a arte moderna** – Salvador Dalí
714.**Akropolis** – Valerio Massimo Manfredi
715.**Devoradores de mortos** – Michael Crichton
716.**Sob o sol da Toscana** – Frances Mayes
717.**Batom na cueca** – Nani
718.**Vida dura** – Claudia Tajes
719.**Carne trêmula** – Ruth Rendell
720.**Cris, a fera** – David Coimbra
721.**O anticristo** – Nietzsche
722.**Como um romance** – Daniel Pennac
723.**Emboscada no Forte Bragg** – Tom Wolfe
724.**Assédio sexual** – Michael Crichton
725.**O espírito do Zen** – Alan W.Watts
726.**Um bonde chamado desejo** – Tennessee Williams
727.**Como gostais** *seguido de* **Conto de inverno** – Shakespeare
728.**Tratado sobre a tolerância** – Voltaire
729.**Snoopy: Doces ou travessuras? (7)** – Charles Schulz
730.**Cardápios do Anonymus Gourmet** – J.A. Pinheiro Machado
731.**100 receitas com lata** – J.A. Pinheiro Machado
732.**Conhece o Mário?** vol.2 – Santiago
733.**Dilbert (3)** – Scott Adams
734.**História de um louco amor** *seguido de* **Passado amor** – Horacio Quiroga
735(11).**Sexo: muito prazer** – Laura Meyer da Silva
736(12).**Para entender o adolescente** – Dr. Ronald Pagnoncelli
737(13).**Desembarcando a tristeza** – Dr. Fernando Lucchese
738.**Poirot e o mistério da arca espanhola & outras histórias** – Agatha Christie
739.**A última legião** – Valerio Massimo Manfredi
740.**As virgens suicidas** – Jeffrey Eugenides
741.**Sol nascente** – Michael Crichton
742.**Duzentos ladrões** – Dalton Trevisan
743.**Os devaneios do caminhante solitário** – Rousseau
744.**Garfield, o rei da preguiça (10)** – Jim Davis
745.**Os magnatas** – Charles R. Morris
746.**Pulp** – Charles Bukowski
747.**Enquanto agonizo** – William Faulkner
748.**Aline: viciada em sexo (3)** – Adão Iturrusgarai
749.**A dama do cachorrinho** – Anton Tchékhov
750.**Tito Andrônico** – Shakespeare
751.**Antologia poética** – Anna Akhmátova
752.**O melhor de Hagar 6** – Dik e Chris Browne
753(12).**Michelangelo** – Nadine Sautel
754.**Dilbert (4)** – Scott Adams
755.**O jardim das cerejeiras** *seguido de* **Tio Vânia** – Tchékhov
756.**Geração Beat** – Claudio Willer
757.**Santos Dumont** – Alcy Cheuiche
758.**Budismo** – Claude B. Levenson
759.**Cleópatra** – Christian-Georges Schwentzel
760.**Revolução Francesa** – Frédéric Bluche, Stéphane Rials e Jean Tulard
761.**A crise de 1929** – Bernard Gazier
762.**Sigmund Freud** – Edson Sousa e Paulo Endo
763.**Império Romano** – Patrick Le Roux
764.**Cruzadas** – Cécile Morrisson
765.**O mistério do Trem Azul** – Agatha Christie
766.**Os escrúpulos de Maigret** – Simenon
767.**Maigret se diverte** – Simenon
768.**Senso comum** – Thomas Paine
769.**O parque dos dinossauros** – Michael Crichton
770.**Trilogia da paixão** – Goethe
771.**A simples arte de matar** (vol.1) – R. Chandler
772.**A simples arte de matar** (vol.2) – R. Chandler
773.**Snoopy: No mundo da lua! (8)** – Charles Schulz
774.**Os Quatro Grandes** – Agatha Christie
775.**Um brinde de cianureto** – Agatha Christie
776.**Súplicas atendidas** – Truman Capote
777.**Ainda restam aveleiras** – Simenon
778.**Maigret e o ladrão preguiçoso** – Simenon
779.**A viúva imortal** – Millôr Fernandes
780.**Cabala** – Roland Goetschel
781.**Capitalismo** – Claude Jessua
782.**Mitologia grega** – Pierre Grimal
783.**Economia: 100 palavras-chave** – Jean-Paul Betbèze
784.**Marxismo** – Henri Lefebvre
785.**Punição para a inocência** – Agatha Christie
786.**A extravagância do morto** – Agatha Christie
787(13).**Cézanne** – Bernard Fauconnier
788.**A identidade Bourne** – Robert Ludlum
789.**Da tranquilidade da alma** – Sêneca
790.**Um artista da fome** *seguido de* **Na colônia penal e outras histórias** – Kafka
791.**Histórias de fantasmas** – Charles Dickens
792.**A louca de Maigret** – Simenon
793.**O amigo de infância de Maigret** – Simenon
794.**O revólver de Maigret** – Simenon
795.**A fuga do sr. Monde** – Simenon
796.**O Uraguai** – Basílio da Gama
797.**A mão misteriosa** – Agatha Christie
798.**Testemunha ocular do crime** – Agatha Christie
799.**Crepúsculo dos ídolos** – Friedrich Nietzsche
800.**Maigret e o negociante de vinhos** – Simemon
801.**Maigret e o mendigo** – Simenon
802.**O grande golpe** – Dashiell Hammett
803.**Humor barra pesada** – Nani
804.**Vinho** – Jean-François Gautier
805.**Egito Antigo** – Sophie Desplancques
806(14).**Baudelaire** – Jean-Baptiste Baronian
807.**Caminho da sabedoria, caminho da paz** – Dalai Lama e Felizitas von Schönborn
808.**Senhor e servo e outras histórias** – Tolstói
809.**Os cadernos de Malte Laurids Brigge** – Rilke
810.**Dilbert (5)** – Scott Adams
811.**Big Sur** – Jack Kerouac
812.**Seguindo a correnteza** – Agatha Christie
813.**O álibi** – Sandra Brown

814. Montanha-russa – Martha Medeiros
815. Coisas da vida – Martha Medeiros
816. A cantada infalível *seguido de* A mulher do centroavante – David Coimbra
817. Maigret e os crimes do cais – Simenon
818. Sinal vermelho – Simenon
819. Snoopy: Pausa para a soneca (9) – Charles Schulz
820. De pernas pro ar – Eduardo Galeano
821. Tragédias gregas – Pascal Thiercy
822. Existencialismo – Jacques Colette
823. Nietzsche – Jean Granier
824. Amar ou depender? – Walter Riso
825. Darmapada: A doutrina budista em versos
826. J'Accuse...! – a verdade em marcha – Zola
827. Os crimes ABC – Agatha Christie
828. Um gato entre os pombos – Agatha Christie
829. Maigret e o sumiço do sr. Charles – Simenon
830. Maigret e a morte do jogador – Simenon
831. Dicionário de teatro – Luiz Paulo Vasconcellos
832. Cartas extraviadas – Martha Medeiros
833. A longa viagem de prazer – J. J. Morosoli
834. Receitas fáceis – J. A. Pinheiro Machado
835. (14). Mais fatos & mitos – Dr. Fernando Lucchese
836. (15). Boa viagem! (4) – Dr. Fernando Lucchese
837. Aline: Finalmente nua!!! – Adão Iturrusgarai
838. Mônica tem uma novidade! – Mauricio de Sousa
839. Cebolinha em apuros! – Mauricio de Sousa
840. Sócios no crime – Agatha Christie
841. Bocas do tempo – Eduardo Galeano
842. Orgulho e preconceito – Jane Austen
843. Impressionismo – Dominique Lobstein
844. Escrita chinesa – Viviane Alleton
845. Paris: uma história – Yvan Combeau
846. (15). Van Gogh – David Haziot
847. Maigret e o corpo sem cabeça – Simenon
848. Portal do destino – Agatha Christie
849. O futuro de uma ilusão – Freud
850. O mal-estar na cultura – Freud
851. Maigret e o matador – Simenon
852. Maigret e o fantasma – Simenon
853. Um crime adormecido – Agatha Christie
854. Satori em Paris – Jack Kerouac
855. Medo e delírio em Las Vegas – Hunter Thompson
856. Um negócio fracassado e outros contos de humor – Tchékhov
857. Mônica está de férias! – Mauricio de Sousa
858. De quem é esse coelho? – Mauricio de Sousa
859. O burgomestre de Furnes – Simenon
860. O mistério Sittaford – Agatha Christie
861. Manhã transfigurada – L. A. de Assis Brasil
862. Alexandre, o Grande – Pierre Briant
863. Jesus – Charles Perrot
864. Islã – Paul Balta
865. Guerra da Secessão – Farid Ameur
866. Um rio que vem da Grécia – Cláudio Moreno
867. Maigret e os colegas americanos – Simenon
868. Assassinato na casa do pastor – Agatha Christie
869. Manual do líder – Napoleão Bonaparte
870. (16). Billie Holiday – Sylvia Fol
871. Bidu arrasando! – Mauricio de Sousa
872. Desventuras em família – Mauricio de Sousa
873. Liberty Bar – Simenon
874. E no final a morte – Agatha Christie
875. Guia prático do Português correto – vol. 4 – Cláudio Moreno
876. Dilbert (6) – Scott Adams
877. (17). Leonardo da Vinci – Sophie Chauveau
878. Bella Toscana – Frances Mayes
879. A arte da ficção – David Lodge
880. Striptiras (4) – Laerte
881. Skrotinhos – Angeli
882. Depois do funeral – Agatha Christie
883. Radicci 7 – Iotti
884. Walden – H. D. Thoreau
885. Lincoln – Allen C. Guelzo
886. Primeira Guerra Mundial – Michael Howard
887. A linha de sombra – Joseph Conrad
888. O amor é um cão dos diabos – Bukowski
889. Maigret sai em viagem – Simenon
890. Despertar: uma vida de Buda – Jack Kerouac
891. (18). Albert Einstein – Laurent Seksik
892. Hell's Angels – Hunter Thompson
893. Ausência na primavera – Agatha Christie
894. Dilbert (7) – Scott Adams
895. Ao sul de lugar nenhum – Bukowski
896. Maquiavel – Quentin Skinner
897. Sócrates – C.C.W. Taylor
898. A casa do canal – Simenon
899. O Natal de Poirot – Agatha Christie
900. As veias abertas da América Latina – Eduardo Galeano
901. Snoopy: Sempre alerta! (10) – Charles Schulz
902. Chico Bento: Plantando confusão – Mauricio de Sousa
903. Penadinho: Quem é morto sempre aparece – Mauricio de Sousa
904. A vida sexual da mulher feia – Claudia Tajes
905. 100 segredos de liquidificador – José Antonio Pinheiro Machado
906. Sexo muito prazer 2 – Laura Meyer da Silva
907. Os nascimentos – Eduardo Galeano
908. As caras e as máscaras – Eduardo Galeano
909. O século do vento – Eduardo Galeano
910. Poirot perde uma cliente – Agatha Christie
911. Cérebro – Michael O'Shea
912. O escaravelho de ouro e outras histórias – Edgar Allan Poe
913. Piadas para sempre (4) – Visconde da Casa Verde
914. 100 receitas de massas light – Helena Tonetto
915. (19). Oscar Wilde – Daniel Salvatore Schiffer
916. Uma breve história do mundo – H. G. Wells
917. A Casa do Penhasco – Agatha Christie
918. Maigret e o finado sr. Gallet – Simenon
919. John M. Keynes – Bernard Gazier
920. (20). Virginia Woolf – Alexandra Lemasson
921. Peter e Wendy *seguido de* Peter Pan em Kensington Gardens – J. M. Barrie
922. Aline: numas de colegial (5) – Adão Iturrusgarai
923. Uma dose mortal – Agatha Christie
924. Os trabalhos de Hércules – Agatha Christie
925. Maigret na escola – Simenon
926. Kant – Roger Scruton
927. A inocência do Padre Brown – G.K. Chesterton
928. Casa Velha – Machado de Assis
929. Marcas de nascença – Nancy Huston
930. Aulete de bolso
931. Hora Zero – Agatha Christie
932. Morte na Mesopotâmia – Agatha Christie
933. Um crime na Holanda – Simenon

934. **Nem te conto, João** – Dalton Trevisan
935. **As aventuras de Huckleberry Finn** – Mark Twain
936(21). **Marilyn Monroe** – Anne Plantagenet
937. **China moderna** – Rana Mitter
938. **Dinossauros** – David Norman
939. **Louca por homem** – Claudia Tajes
940. **Amores de alto risco** – Walter Riso
941. **Jogo de damas** – David Coimbra
942. **Filha é filha** – Agatha Christie
943. **M ou N?** – Agatha Christie
944. **Maigret se defende** – Simenon
945. **Bidu: diversão em dobro!** – Mauricio de Sousa
946. **Fogo** – Anaïs Nin
947. **Rum: diário de um jornalista bêbado** – Hunter Thompson
948. **Persuasão** – Jane Austen
949. **Lágrimas na chuva** – Sergio Faraco
950. **Mulheres** – Bukowski
951. **Um pressentimento funesto** – Agatha Christie
952. **Cartas na mesa** – Agatha Christie
953. **Maigret em Vichy** – Simenon
954. **O lobo do mar** – Jack London
955. **Os gatos** – Patricia Highsmith
956(22). **Jesus** – Christiane Rancé
957. **História da medicina** – William Bynum
958. **O Morro dos Ventos Uivantes** – Emily Brontë
959. **A filosofia na era trágica dos gregos** – Nietzsche
960. **Os treze problemas** – Agatha Christie
961. **A massagista japonesa** – Moacyr Scliar
962. **A taberna dos dois tostões** – Simenon
963. **Humor do miserê** – Nani
964. **Todo o mundo tem dúvida, inclusive você** – Édison de Oliveira
965. **A dama do Bar Nevada** – Sergio Faraco
966. **O Smurf Repórter** – Peyo
967. **O Bebê Smurf** – Peyo
968. **Maigret e os flamengos** – Simenon
969. **O psicopata americano** – Bret Easton Ellis
970. **Ensaios de amor** – Alain de Botton
971. **O grande Gatsby** – F. Scott Fitzgerald
972. **Por que não sou cristão** – Bertrand Russell
973. **A Casa Torta** – Agatha Christie
974. **Encontro com a morte** – Agatha Christie
975(23). **Rimbaud** – Jean-Baptiste Baronian
976. **Cartas na rua** – Bukowski
977. **Memória** – Jonathan K. Foster
978. **A abadia de Northanger** – Jane Austen
979. **As pernas de Úrsula** – Claudia Tajes
980. **Retrato inacabado** – Agatha Christie
981. **Solanin (1)** – Inio Asano
982. **Solanin (2)** – Inio Asano
983. **Aventuras de menino** – Mitsuru Adachi
984(16). **Fatos & mitos sobre sua alimentação** – Dr. Fernando Lucchese
985. **Teoria quântica** – John Polkinghorne
986. **O eterno marido** – Fiódor Dostoiévski
987. **Um safado em Dublin** – J. P. Donleavy
988. **Mirinha** – Dalton Trevisan
989. **Akhenaton e Nefertiti** – Carmen Seganfredo e A. S. Franchini
990. **On the Road – o manuscrito original** – Jack Kerouac
991. **Relatividade** – Russell Stannard
992. **Abaixo de zero** – Bret Easton Ellis
993(24). **Andy Warhol** – Mériam Korichi
994. **Maigret** – Simenon
995. **Os últimos casos de Miss Marple** – Agatha Christie
996. **Nico Demo** – Mauricio de Sousa
997. **Maigret e a mulher do ladrão** – Simenon
998. **Rousseau** – Robert Wokler
999. **Noite sem fim** – Agatha Christie
1000. **Diários de Andy Warhol (1)** – Editado por Pat Hackett
1001. **Diários de Andy Warhol (2)** – Editado por Pat Hackett
1002. **Cartier-Bresson: o olhar do século** – Pierre Assouline
1003. **As melhores histórias da mitologia: vol. 1** – A.S. Franchini e Carmen Seganfredo
1004. **As melhores histórias da mitologia: vol. 2** – A.S. Franchini e Carmen Seganfredo
1005. **Assassinato no beco** – Agatha Christie
1006. **Convite para um homicídio** – Agatha Christie
1007. **Um fracasso de Maigret** – Simenon
1008. **História da vida** – Michael J. Benton
1009. **Jung** – Anthony Stevens
1010. **Arsène Lupin, ladrão de casaca** – Maurice Leblanc
1011. **Dublinenses** – James Joyce
1012. **120 tirinhas da Turma da Mônica** – Mauricio de Sousa
1013. **Antologia poética** – Fernando Pessoa
1014. **A aventura de um cliente ilustre *seguido de* O último adeus de Sherlock Holmes** – Sir Arthur Conan Doyle
1015. **Cenas de Nova York** – Jack Kerouac
1016. **A corista** – Anton Tchékhov
1017. **O diabo** – Leon Tolstói
1018. **Fábulas chinesas** – Sérgio Capparelli e Márcia Schmaltz
1019. **O gato do Brasil** – Sir Arthur Conan Doyle
1020. **Missa do Galo** – Machado de Assis
1021. **O mistério de Marie Rogêt** – Edgar Allan Poe
1022. **A mulher mais linda da cidade** – Bukowski
1023. **O retrato** – Nicolai Gogol
1024. **O conflito** – Agatha Christie
1025. **Os primeiros casos de Poirot** – Agatha Christie
1026. **Maigret e o cliente de sábado** – Simenon
1027(25). **Beethoven** – Bernard Fauconnier
1028. **Platão** – Julia Annas
1029. **Cleo e Daniel** – Roberto Freire
1030. **Til** – José de Alencar
1031. **Viagens na minha terra** – Almeida Garrett
1032. **Profissões para mulheres e outros artigos feministas** – Virginia Woolf
1033. **Mrs. Dalloway** – Virginia Woolf
1034. **O cão da morte** – Agatha Christie
1035. **Tragédia em três atos** – Agatha Christie
1036. **Maigret hesita** – Simenon
1037. **O fantasma da Ópera** – Gaston Leroux
1038. **Evolução** – Brian e Deborah Charlesworth
1039. **Medida por medida** – Shakespeare
1040. **Razão e sentimento** – Jane Austen
1041. **A obra-prima ignorada *seguido de* Um episódio durante o Terror** – Balzac
1042. **A fugitiva** – Anaïs Nin
1043. **As grandes histórias da mitologia greco-romana** – A. S. Franchini

1044. **O corno de si mesmo & outras historietas** – Marquês de Sade
1045. **Da felicidade** *seguido de* **Da vida retirada** – Sêneca
1046. **O horror em Red Hook e outras histórias** – H. P. Lovecraft
1047. **Noite em claro** – Martha Medeiros
1048. **Poemas clássicos chineses** – Li Bai, Du Fu e Wang Wei
1049. **A terceira moça** – Agatha Christie
1050. **Um destino ignorado** – Agatha Christie
1051. (26).**Buda** – Sophie Royer
1052. **Guerra Fria** – Robert J. McMahon
1053. **Simons's Cat: as aventuras de um gato travesso e comilão – vol. 1** – Simon Tofield
1054. **Simons's Cat: as aventuras de um gato travesso e comilão – vol. 2** – Simon Tofield
1055. **Só as mulheres e as baratas sobreviverão** – Claudia Tajes
1056. **Maigret e o ministro** – Simenon
1057. **Pré-história** – Chris Gosden
1058. **Pintou sujeira!** – Mauricio de Sousa
1059. **Contos de Mamãe Gansa** – Charles Perrault
1060. **A interpretação dos sonhos: vol. 1** – Freud
1061. **A interpretação dos sonhos: vol. 2** – Freud
1062. **Frufru Rataplã Dolores** – Dalton Trevisan
1063. **As melhores histórias da mitologia egípcia** – Carmem Seganfredo e A.S. Franchini
1064. **Infância. Adolescência. Juventude** – Tolstói
1065. **As consolações da filosofia** – Alain de Botton
1066. **Diários de Jack Kerouac – 1947-1954**
1067. **Revolução Francesa – vol. 1** – Max Gallo
1068. **Revolução Francesa – vol. 2** – Max Gallo
1069. **O detetive Parker Pyne** – Agatha Christie
1070. **Memórias do esquecimento** – Flávio Tavares
1071. **Drogas** – Leslie Iversen
1072. **Manual de ecologia (vol.2)** – J. Lutzenberger
1073. **Como andar no labirinto** – Affonso Romano de Sant'Anna
1074. **A orquídea e o serial killer** – Juremir Machado da Silva
1075. **Amor nos tempos de fúria** – Lawrence Ferlinghetti
1076. **A aventura do pudim de Natal** – Agatha Christie
1077. **Maigret no Picratt's** – Simenon
1078. **Amores que matam** – Patricia Faur
1079. **Histórias de pescador** – Mauricio de Sousa
1080. **Pedaços de um caderno manchado de vinho** – Bukowski
1081. **A ferro e fogo: tempo de solidão (vol.1)** – Josué Guimarães
1082. **A ferro e fogo: tempo de guerra (vol.2)** – Josué Guimarães
1083. **Carta a meu juiz** – Simenon
1084. (17).**Desembarcando o Alzheimer** – Dr. Fernando Lucchese e Dra. Ana Hartmann
1085. **A maldição do espelho** – Agatha Christie
1086. **Uma breve história da filosofia** – Nigel Warburton
1087. **Uma confidência de Maigret** – Simenon
1088. **Heróis da História** – Will Durant
1089. **Concerto campestre** – L. A. de Assis Brasil
1090. **Morte nas nuvens** – Agatha Christie
1091. **Maigret no tribunal** – Simenon
1092. **Aventura em Bagdá** – Agatha Christie
1093. **O cavalo amarelo** – Agatha Christie
1094. **O método de interpretação dos sonhos** – Freud
1095. **Sonetos de amor e desamor** – Vários
1096. **120 tirinhas do Dilbert** – Scott Adams
1097. **124 fábulas de Esopo**
1098. **O curioso caso de Benjamin Button** – F. Scott Fitzgerald
1099. **Piadas para sempre: uma antologia para morrer de rir** – Visconde da Casa Verde
1100. **Hamlet (Mangá)** – Shakespeare
1101. **A arte da guerra (Mangá)** – Sun Tzu
1102. **Maigret na pensão** – Simenon
1103. **Meu amigo Maigret** – Simenon
1104. **As melhores histórias da Bíblia (vol.1)** – A. S. Franchini e Carmen Seganfredo
1105. **As melhores histórias da Bíblia (vol.2)** – A. S. Franchini e Carmen Seganfredo
1106. **Psicologia das massas e análise do eu** – Freud
1107. **Guerra Civil Espanhola** – Helen Graham
1108. **A autoestrada do sul e outras histórias** – Julio Cortázar
1109. **O mistério dos sete relógios** – Agatha Christie
1110. **Peanuts: Ninguém gosta de mim... (amor)** – Charles Schulz
1111. **Cadê o bolo?** – Mauricio de Sousa
1112. **O filósofo ignorante** – Voltaire
1113. **Totem e tabu** – Freud
1114. **Filosofia pré-socrática** – Catherine Osborne
1115. **Desejo de status** – Alain de Botton
1116. **Maigret e o informante** – Simenon
1117. **Peanuts: 120 tirinhas** – Charles Schulz
1118. **Passageiro para Frankfurt** – Agatha Christie
1119. **Maigret se irrita** – Simenon
1120. **Kill All Enemies** – Melvin Burgess
1121. **A morte da sra. McGinty** – Agatha Christie
1122. **Revolução Russa** – A. S. Smith
1123. **Até você, Capitu?** – Dalton Trevisan
1124. **O grande Gatsby (Mangá)** – F. S. Fitzgerald
1125. **Assim falou Zaratustra (Mangá)** – Nietzsche
1126. **Peanuts: É para isso que servem os amigos (amizade)** – Charles Schulz
1127. (27).**Nietzsche** – Dorian Astor
1128. **Bidu: Hora do banho** – Mauricio de Sousa
1129. **O melhor do Manoel do Taurino** – Santiago
1130. **Radicci 30 anos** – Iotti
1131. **Show de sabores** – J.A. Pinheiro Machado
1132. **O prazer das palavras** – vol. 3 – Cláudio Moreno
1133. **Morte na praia** – Agatha Christie
1134. **O fardo** – Agatha Christie
1135. **Manifesto do Partido Comunista (Mangá)** – Marx & Engels
1136. **A metamorfose (Mangá)** – Franz Kafka
1137. **Por que você não se casou... ainda** – Tracy McMillan
1138. **Textos autobiográficos** – Bukowski
1139. **A importância de ser prudente** – Oscar Wilde
1140. **Sobre a vontade na natureza** – Arthur Schopenhauer
1141. **Dilbert (8)** – Scott Adams
1142. **Entre dois amores** – Agatha Christie
1143. **Cipreste triste** – Agatha Christie

IMPRESSÃO:

Pallotti
GRÁFICA EDITORA
IMAGEM DE QUALIDADE

Santa Maria - RS - Fone/Fax: (55) 3220.4500
www.pallotti.com.br